都 市 文 化 研 究 译 丛

上海市高水平地方大学建设项目－上海师范大学中国语言文学学科成果

上海市高水平地方大学重点创新团队"文化转型与现代中国"成果

都市文化研究译丛编委会

主编
董丽敏

编委
毛尖　倪伟　詹丹　薛毅　董丽敏

为资本主义算账

小职员创造的世界

[美]迈克尔·扎基姆 著

潘泉 译

上海人民出版社

出版说明

　　都市文化研究是一门新兴的前沿学科，主要研究现代都市文化的缘起、变化和发展的规律。它与文化研究、都市研究、社会学、地理学、历史学、文学等学科紧密相关。都市文化研究在中国的兴起，也与中国经济、社会、文化的发展密不可分，我们期待着这门学科在中国生根、发展，能以中国经验为基础，放眼世界，取得新的突破，并积极参与中国的都市文化建设。为达到此目的，大规模地译介国外的都市文化研究成果，不仅是必需的，而且也是很紧迫的。他山之石，可以攻玉，学科的自主和创新，必定要建立在全面了解已有成果的基础之上。

　　都市文化研究译丛不仅包括一批都市文化研究、文化理论的经典著作，也包括显示出最新发展动向的近作，我们注重在理论方法上有重要启示意义的名家名著，也注重对某种现象作实证性研究的学术专著，同时计划译介一些概论性的著作。总之，只要是对中国的都市文化研究有参考价值的作品，都在我们译介的范围内。我们吁请海内外的学者、专家对我们的工作提出意见和建议，吁请更多的翻译家加入我们的行列。

上海师范大学中文系

2018 年 6 月

献给 Netanel、Itai、Aviya 和 Shira

献给 Zivya

目录

致　　谢

本书是一部充满雄心的跨学科史，其自身忠实地反映了其主题，因为资本主义最值得自我夸耀的，正是其将手推车和实物交易同社会经验整体关联起来了这件事。 在撰写本书的过程中，我发现自己向读者讲述的，常常是难言之隐之类的话题，而非资本本身，反之亦然，这会让读者对我就经济学问题究竟要说什么感到相当惊愕，乃至迷惑。 假如我最终就 19 世纪美国的道德与物质、"玛门①与男儿气概"之间的互动给出了个令人信服的论述，那其能成功很大程度上也要归于这些场合的话题，更宽泛地说，要归功于诸大学招徕远近宾客，让他们展开对话这一弥足重要的实践。

同两位杰出的现代经济史学家，罗伊·克赖特纳（Roy Kreitner）和乔纳森·列维（Jonathan Levy）在别处的对话对我所受的训练至关重要，我要感谢他们在本书尚未草就时，为回应我的作品所付出的时间和才智。 我还要感谢受芝加哥大学出版社之邀的匿名读者为手稿之一二审所付出的努力。 与此同时，蒂姆·梅内尔（Tim Mennel）指导完成了这项研究，也是本研究最耐心、最敏锐的读者。 凯瑟琳·费达什（Katherine Faydash）以敏锐的洞察力为终稿校对。

吉尔德-雷尔曼美国史研究所（The Gilder-Lehrman Institute in American History）在本研究的初期提供了资金支持。 尽管有着国际上

---

① Mammon，古迦勒底语，意思是财富，《新约》中耶稣用来指责门徒贪婪时所用的词，指的是财富的邪神，诱使人为了财富互相杀戮。 ——译者注

的学术抵制和国内政治反应所带来的压力，以色列科学基金会（Israel
Science Foundation）仍然坚定不移地致力于人文主义项目，并为这个项
目提供了资助。 在本书所讲述的历史中，我将为其贡献致以敬意。

导言

小职员问题

沃尔特·惠特曼在 1855 年的第一版《草叶集》的封面上，印上了
自己本人的粗野相片。用《纽约论坛报》的话说，这肖像照呈现出诗
人之为"社会上一个桀骜不驯地自诩'浪子'的典型阶级"的一员……
的没有格调的漫不经心和廉价服饰。事实上，惠特曼对于自己的浪子
的身份非常明确：他在后来被称为"自己之歌"的这首诗的开头写道：
"我优哉游哉邀请我的灵魂，弯腰闲看一片夏天的草叶。"①惠特曼试图
以惹人注目的方式，扭转 19 世纪中叶上流阶级所钟情运用的道德谴责
的表达方式，这正是一种修辞性的挑发，使他的诗学能够产生如此惊人
的共鸣。[1]

那个时代盛产浪子。有文学浪子、扬基人浪子、法兰西浪子、绅
士浪子、普通浪子和乡下浪子——纳撒尼尔·霍桑在布莱顿牛犊集市
(Brighton Cattle Fair)上观察到的最后一种浪子，"[总]在等某个朋友请
他们喝酒"。然而，游手好闲本质上还是一种大都会现象，即漫步于城
市的大道、码头、公园和博物馆，成为任何人在想肆意侮辱别人时现成
的诨号。年轻的纽约出身的保守主义者乔治·坦普尔顿·斯特朗
(George Templeton Strong)将"所谓的"民主制的最糟糕的倾向，都归
咎于浪子，可《南方文学信差》(*Southern Literary Messenger*)却控告
说，他所鼓吹的恰恰是个"崇高的社会平等学说"。浪子以恬不知耻地

---

① 译文参考《草叶集》，邹仲之译，上海译文出版社 2015 年版，第 36 页。——译
者注

咒人和抽雪茄而闻名。 他们对律法漠不关心，对一般的公共道德也表现得若即若离。 在个人习惯方面，他们都离奇古怪，甚至可以说是粗鲁不恭。 他们无法抗拒台球和酒吧，而且即使谈不上哲学意义上的逸世，其自我陶醉也是令人抓狂的。 他们所穿着的立领也十有八九布满污渍。[2]

这一波波的谩骂并非毫无逻辑。 浪子之于美国人日常会话中被广泛提及——即其广泛传播，同对闲散和懒惰的指责相一致——证明了一个新的劳动问题的出现：工业革命激起了一场勤业意义上的危机。 浪子因其"目的是以尽可能少的精力来度过这个世界"，表现出了某种对富有生产性的努力和劳动价值理论的坚决驳斥，后者可以说长期以来一直贯穿于共和主义思想和美国的政治实践。 1837 年，《妇女之友》（*Ladies Companion*）在一篇关于这一主题的文章里诙谐地指出："适合人类的唯一真正的工作就是吃和睡。 在这个问题上，浪子们做到了知行合一。"然而，数年后，《纽约每日时报》①指出，浪子与时代进步息息相关："在野蛮的社会状态下，游手好闲的人无疑是稀缺的；事实上，他们存不存在都是可疑的。"这与彼时形成了鲜明的对比，"在文明的良性影响下，他们的数量以百倍之急速增长"。 文章继续指出，游手好闲并不比"任何行业的至臻至美"更来得差。[3]

因此，在资本的时代，"适合人类的真正工作"成了一个公开的问题。 正因为如此，那些高谈阔论的阶级才会止不住地因美国人开始"不耐烦外出辛勤工作"而感到焦躁。 亨利·沃德·比彻（Henry Ward Beecher）于 1846 年出版的畅销书《给年轻人的七课》（*Seven Lectures to Young Men*），以一篇论勤业与游手好闲的布道作为开篇，警告说，社会的根基之下，"有害的沉淀"——换句话说，一个不断扩大的宁愿晚睡也不愿挥犁的懒鬼阶级——正在结成。 比彻的激辩的特色在于，他运用了一个国民性的修辞——保守派和激进派都在用——来抨击钱太多太好

---

① 即今《纽约时报》的前身。 ——译者注

赚所造成的破坏性影响。约瑟夫·鲍德温(Joseph Baldwin)在他的《阿拉巴马和密西西比的繁荣时代》(*Flush Times of Alabama and Mississippi*)一书中写道:"涌向金色圣殿的做法已成为普遍现象",而一位来自波士顿的牧师、医生、统计学家和政治经济学作家,杰希·奇克林(Jesse Chickering),似乎与西南边疆的投机热相隔甚远,他向当地读者感叹道:"我们已经明显成了一个商业共同体。"奇克林的意思是,劳动和成果之间曾经不言而喻的关系正在瓦解,贸易似乎开始倒反天罡,成为实业的基础。[4]

另一位博学之士在谈到商品形式的螺旋效应时评论道,积累的逻辑驱动人们买进以卖出,"卖出以买进更多",这种逻辑已经蓄势待发,准备对经济的主权加以控制。因此,《知识宝库》(*Treasury of Knowledge*)指出,如果店主和制造商不能借由其产品产生剩余,那么从一开始,上架出售这些商品就没有什么意义了,因为"这些人只能靠利润过活"。在这样的体系中,财富的主要目的是创造更多的财富,因为这个缘故人们才会制造各种东西。[5]

但是,是谁创造了那个能让所有的产品都相应地转化为如此之多的剩余价值的市场?南北战争后,联邦政府统计局局长弗朗西斯·沃克(Francis Walker)通过分析 1860 年的全国人口普查报表,发现了这个问题的答案。这些报表揭示出,美国的工业产品"从生产者到交付给消费者间的一系列交换,平均不可能少于三次,而开销和利润的百分比……必须达到其原初成本的百分之五十。多么了不起的事实啊"!这些事实之所以能引起沃克的注意,是因为它们表明,像林肯所述的那种人们"一方面不要求资本的恩惠,另一方面也不要求佣工和奴隶的恩惠……就能将全部产品据为己有"的表面看来蒸蒸日上的反奴隶制的理想,实际上却受制于那些本身不生产任何有价值产品的企业。因此,商业生活的卫道士的主张是——比如查尔斯·爱德华兹(Charles Edwards)在《亨特商人杂志》(*Hunt's Merchant's Magazine*)的首卷中所写的——贸易比所有其他经济部门都享有明显的优势,因为它"无需生产或制造

3

任何物品的劳苦"就能增加一个国家的财富。换句话说，在未开垦的山坡上翻出石头，以应对种植的准备，或许还可以算作美利坚文明的决定性时刻残存下来，但这种繁重的吊货工作也越来越依赖于银行家、中介人、代理商和批发商这些专门处理他人的生产性努力的剩余物的办公部门。弗朗西斯·沃克在他的人口普查数据调查中继续说道，事实上，直接参与将全国的工业产品推向市场的活动的人数不少于75万。[6]

所有这些买卖行为催生了一个庞大的"商人小职员"阶层，这个通称性的命名法，统括的是在会计室、信贷机构、进口行、经纪公司、信托公司、法务事务所、保险中介、拍卖行、储蓄银行、零售商店、批发仓库和诸多时代的新兴"大理石宫殿"中就职的年轻人，他们一天到晚盘点库存、记账、展示货品、递送账单、分发样品、支付进口关税、计算利息费用，还要抄写出源源不断的信函，将广泛分布于全国的商人和制造商联系在一起，就不断变化的交易条件进行机会主义的谈判。埃德加·爱伦·坡注意到了这一现象，并称其为办公桌主义（deskism），"因为没有更好的词了"。事实上，这个词再好不过，因为它敏锐地赋予了商业管理以理论学说的地位，而且它还承认了抄写员的摩登部落的日益壮大的优势地位，这些人"伏于案牍，从'早迄露水之晚'，日复一日，没有间歇"，缅因州班戈市一位名叫本杰明·福斯特（Benjamin Foster）的年轻杂货店职员证实，存在着对现代的"文书机器"大批量产出的需求，而"文书机器"的设计，目的恰恰在于将物质世界转化为交易中可通约的单元。[7]

到1855年，小职员已成为曼哈顿第三大（男性的）职业，仅次于小工和仆人，包含了"成千上万的以某种方式来靠笔谋生的人"，被誉为美国的"会计室祭司"的本杰明·富兰克林·福斯特（Benjamin Franklin Foster）（不要将他与那位来自班戈的年轻人混为一谈）为他的商学院找到了大量的入学候选人，该学院于1837年在百老汇开办。沃尔特·巴雷特（Walter Barrett）在他的《纽约市老商人》（*Old Merchants of New York City*）一书中也观察到了人才和企业从新英格兰农村向商业中心的大规模移动。"不是所有人都成功了，但总是有些人取得成功，这就足以维系那去纽约斩获文员职位的雄心"。 其他报道称，"挣的工资比砌砖工低一半"的柜台销售职位的招聘广告，甫一贴出，六小时内就收到了来自 50 名应聘者的回应，"每个人都渴望进入这个领域，在商界一试身手"。 20 岁的威廉·霍夫曼（William Hoffman）刚从纽约上州（Upstate）的一个农场来到纽约，他说："只要是正直的活计，我都愿意去做，比方说卖东西、算账或数钞票"，他得到消息说曼哈顿的一家绸布商行有一个空位，却发现当天早上已有 20 人先他一步去应聘了。 事实上的数字往往要大得多。 1859 年冬，查尔斯·弗伦奇（Charles French）为父亲开在波士顿的五金店发布了一则招聘启事，结果收到了两百份应聘回复，几个月后查尔斯自己开店时，则收到了三百多份。他最终雇佣的是一名来自上新英格兰地区的年轻人，而这人很快又跳槽去了普罗维登斯做新的活。[8]

查尔斯·布里格斯（Charles Briggs）在其于 1839 年出版的《哈里·弗朗哥历险记：大恐慌的故事》（*Adventures of Harry Franco：A Tale of the Great Panic*）中对新兴的工业经济进行了精辟的描述：所有的这些商品贩卖者和账目计算者都受雇来管制一个所谓的"快速财产"的体系。布里格斯指的是，越来越多的商业义务一俟该笔交易完成，即自动解除，从而使缔约双方能够恢复以前的自主权，而无需再顾及彼此。 源自传统公益信条的诸种自由——例如给亲属和社群开出同样公平公正的价格——结果成了任何寻求计算自身最大利益的人的要务。 财产曾经是家户互惠、尊重和约束的厚重网络的基石，但却因此变成了匿名者间仅通过价格浮动的等价物而产生联结的各种不稳定关系的可替代对象。拉尔夫·沃尔多·爱默生在 1841 年提出的"依赖财产……就是缺乏自立"的论点，明显地体现了这一发展的革命性特征。 这最为精辟地概括了自耕农理想的消亡，后者依赖于一个相反的逻辑，即财产是个人和政治正直的最可靠保证。[9]

亨利·沃德·比彻用了个很恰当的——但也可以说是最不恰当

5

的——比喻来斥责后农业时代的年轻人：太多人的人急于揠苗助长，"他们受所谓的精明、狡猾和大胆的投机是更有男子气概的致富之道的信念的挑发"。《纽约论坛报》也发表社论说，"优秀、活泼的伙计们本可以每人在很短的时间内开垦出50英亩的西部森林，并在十年内拥有房屋、农场、妻子和孩子，可实际上呢，他们却在闷热的销售室里忙忙碌碌，递送胶带和丝带，为印花布和细毛料用尽自己的聪慧"，这实在是一种耻辱。 同时，弗吉尼亚·佩妮（Virginia Penny）在《女性就职》（*Employments of Women*）一书中将女性贫困归咎于这些人。 她解释说，之所以有这么多年轻人从事小职员和推销员的工作，是因为"他们懒惰，不想从事艰苦的工作"。 然而，霍勒斯·格里利（Horace Greeley）担心，既然不参加体力劳动也能更舒适地谋生，为什么还会有人参加"名副其实的体力劳动"呢？ 纽约讽刺月刊《名利场》（*Vanity Fair*）以一串格外恶毒的惠特曼式的打油反驳道："我是个软弱而娘娘腔的柜台伙计。""我喜欢游手好闲，撒些关于绸布的谎。"[10]

　　亨利·戴维·梭罗在表达自己对现代性之偏爱相对价值而非绝对价值的忧虑时也提到，店员问题作为"不安、紧张、喧闹、琐碎的**19世纪**"的典型症状而生。 就连《亨特商人杂志》也对全国青年被市场革命势力批发一样地征入其中之事表示关注。 该杂志问道："是什么魅力把这么多年轻人吸引到会计室"，"又是什么魅力将这么多稚嫩的男孩推到柜台后面"？ 这一魅力在于，能够摆脱来自户口管制的检查、告诫和约束，转而享有契约自由，而这一自由同时还能提供与曾经的以土地谋生相差无几的另类生活。 美国人素来认为，种植和制造物品不仅仅是物质生活的一个部类——他们认为在生产性劳动里有着使文化得以可靠地、良性地自我再生产的手段——因此，那种为销售所驱动的、致力于获取昙花一现的边际利润的生存方式，无疑预示了一切照旧的生活的终结。 这么多稚嫩的男孩从早到晚在干的仅仅是个"写下数字"和"记下……每一捆、每一卷和每一箱的职业"，这预示着共和国的工业和经济的关键理念出现了危机。"税收增加、租金上涨、产品再次加价，"有人不无讥讽地指出，公众对于这些服务于码尺和账册的仆人，有着过度的兴趣，"我们的愤慨应该发泄在谁的身上？ 当然是那些小职员。 是谁发动战争？ 是谁征取税赋？ 是谁抬高租金？ 舍小职员其谁？"[11]

价，"有人不无讥讽地指出，公众对于这些服务于码尺和账册的仆人，

当然，围绕"交易"组织社会生活的愿景只是美国文明几种相互竞争的方案之一。 腰缠万贯的民主党激进派（Locofocos）、西部农民、新英格兰的超验主义者（transcendentalist）和南方奴隶主，都为国家的未来提出了自己的设想。[12] 然而，1855 年的《合众国民主评论》（*United States Democratic Review*）却总结说："人类**本性**……在**现代小职员**的身上得以体现。"例如，霍雷肖·阿尔杰（Horatio Alger）笔下的"邋遢鬼迪克"（Ragged Dick），作为工业化时代自立者的典范，他发现摆脱艰苦的擦鞋匠生活的唯一通途，是提高自己的阅读、写作和算术能力（"最多学到算利息"），以期能在商店或"会计室"找到活计。《斯克

7

里布纳月刊》(*Scribner's Monthly*)随后指出，到 19 世纪 70 年代，"小职员"已成为"几乎所有靠工薪过活的人"的通称，成了嵌入市场关系之中的人口的化身。 当然，格奥尔格·齐美尔在概括现代资本主义的来临时说道，并不存在使社会变迁从"稳定和绝对"转向"运动和关系"的最真实的推动者。 小职员是妥协、无常、无根浮萍的，并且随商业繁荣和萧条的周期浮沉，换句话说，小职员并不只是在创造市场。 他自身也不过是自己创造出的诸多产品中的一个。 班戈的杂货店职员本杰明·福斯特也证实了这一点，他指出自己对"财富有着不可抗拒的冲动"，这种冲动使他放弃了"找个农场定居，过上安全、可靠、满足的家庭生活"的前景。 美国人口耳相传说，任何人都有可能成为资本家，这种可能性"激励着就连街头的报童也奋发努力"，正如大众所了解到的那样，美国绝大多数商人都"起家于办公桌或柜台之后"。 这并不意味着每个人都真的成了资本家。 然而，这确实意味着每个人都变身为资本——或者我们今天很随便地将其称为"人力资本"——使他们自己的生活变成效用和企业的主体。[13]

工联主义者和新和谐公社激进分子只能梦想着在美国的社会结构中实现这样的变革，乍一看，这似乎是辉格主义对资本通过商业小职员崛起而获得统治地位的描述，但事实确实如此。 他离开土地、进入商店的轨迹揭示出的是将利润动机加以驯化，并使之转为社会交往的实际基础所需的宏大尝试。 卡尔·波兰尼在《大转型》一书中指出："要使亚当·斯密的'简单而自然的自由主义'与人类社会的需要相协调是一项极其复杂的事务。"①事实上，如果认为这是件简单的事，就等于接纳了市场自身关于货车和实物交换的超然地位的意识形态巧计。 换句话说，垂死的白人资本家的权力和特权也是自己打拼出来的，因为这种全新的经济形式的惊人崛起既不是自然的，也不是预设的，它无情地践踏了支持社会秩序的时间、物质、道德和政治界限，将苹果变为橘子，把

① 译文参考《大转型：我们时代的政治与经济起源》，冯钢、刘阳译，浙江人民出版社 2007 年版，第 120 页。 ——译者注

纽约上州的黄油化为法国的丝绸披肩，把健康的农家子变成面黄肌瘦的小职员。[14]

尽管资产阶级蔑视传统，但他们也是狂热的制度建设者，他们试图解决市场社会的核心难题，即如何在管控商品交换的持续混乱的同时，又不将从这种混乱中所获的收益付诸东流。换句话说，资产阶级在破坏旧权威的源泉的同时，并无意破坏权威的威信本身。因此，快速财产的拥护者们投入了巨大的道德和物质的气力，试图将建立在产品和人员的永恒运动之上的商业机会的离心系统转化为关于礼节的可靠基础，并将匿名的各方间不断的利益交换的拔河比赛改变为共同性和联合体的源泉。事实上，这才是小职员最重要的任务，其于大众关注的焦点的冉冉升起——给利润原则服务的海报男孩——证明了贸易的湍流如何被重铸为稳定的关键，个人的雄心如何不再对人类文明构成威胁，而是相反，被确认为人类文明最自然的表现形式，以及相互协作如何建立在金钱利益的基础上。[15]

因此，随之而来的故事自身就是一部关于赢家的自下而上写就的叙事。这是一部关于资本的社会史，它构成了一种另类的庶民研究——不是试图将社会的边缘者从统治意识形态的失忆中拯救出来，而是转而去寻找这种失忆的日常根源，去探索一种以商业交易的形式，决绝却又令人信服地重塑了公众生活的文化体系的细枝末节。这不仅仅关乎资本周转率、次级乘数效应或津贴反馈过程的功能，而且还包括档案系统、苯胺油墨、簿记技术、人寿保险费、薪资谈判、个人日记条目、肠胃疾病、人口普查栏目和邮资耗费。这些似乎看上去都是些程序性的琐事，事实上也差不多就是如此。但是，它们同时也是新兴的统治阶级的关键业务，而这个统治阶级会将社会经验建立在可互换性、非个人性和易变性等对商品来说至关重要的那些公理之上。卡尔·马克思在1849年写道："这种无秩序状态的总运动就是它的秩序"①，他指的是

---

① 译文参考《雇佣劳动与资本》，中共中央马克思恩格斯列宁斯大林著作编译局译，人民出版社1961年版，第23页。——译者注

劳动力市场的价格的巡回流动本性(peripatetic nature)。 这样一来，马克思就指出了一条关于整个资本主义文明的总括性箴言，借由这条箴言，"产业无政府状态"成了"均衡"的源泉。[16]结果，在一个绝对者褪去了的时代，账簿底线成了真理的代名词，市场的普遍等价交换和相互异化的无情逻辑嫁接到我们对美好生活的感知上。

注 释:

199　　　[1]《纽约论坛报》上的批评者是 Charles Dana. *New York Tribune*，July 23，1855；Walt Whitman，*Leaves of Grass*(New York：W. W. Norton，1965)，28。 同样可参照对惠特曼的攻击，如 Maximilian Schele De Vere，*Americanisms：The English of the New World*(New York：C. Scribner & Co.，1872)，141。 据称，惠特曼因"浪子本性"而被《曙光报》(*Aurora*)解雇。 Hans Bergmann，*God in the Street：New York Writing from the Penny Press to Melville*(Philadelphia：Temple University Press，1995)，79。

[2] Hawthorne,引自 Clement Eaton, ed.，*The Leaven of Democracy：The Growth of the Democratic Spirit in the Time of Jackson*(New York：George Braziller，1963)，125；George Templeton Strong，November 5，1838，in *The Diary of George Templeton Strong：Young Man in New York*，*1835—1849*，ed. Allan Nevins(New York：Macmillan，1952)；*Southern Literary Messenger 9*，no.4(April 1843)，198。

John Russell Bartlett 在 1848 年关于"浪子"的报道中说："这个美国特有的词在过去二十年中逐渐被广泛使用"。 Bartlett，*Dictionary of Americanisms：A Glossary of Words and Phrases*，*Usually Regarded as Peculiar to the United States*(Hoboken，NJ：John Wiley & Sons，2003)，209.浪子是"美国特有"的问题吗？ 与闲逛者进行比较，或许能发现有趣的文化历史。 见 Charles Baudelaire，*The Painter of Modern Life and Other Essays*，ed. and trans. Jonathan Mayne(New York：Da Capo，1964)。

[3] *Ladies Companion*，September 1837；*New-York Daily Times*，December 10，1852.更一般的，可以参考 Andrew Lyndon Knighton，"Idle Threats：The Limits of Productivity in 19th-Century America"(PhD diss.，University of Minnesota，2004)。

[4] "Impatient of Hard Work" in Horace Bushnell，"Age of Homespun," in *Litchfield County Centennial Celebration*(Hartford，CT：Edwin Hunt，1851)，123；Henry Ward Beecher，*Lectures to Young Men*(Boston：John P. Jewett，1846)，15—48，and sediment on 38；Joseph G. Baldwin，*The Flush Times of Alabama and Mississippi*(New York：D. Appleton & Co.，1854)，87；draft of speech，box 4，writings and speeches，Misc. 1821—1851，n.d.，Chickering Papers，Special Collections，Duke University，Durham，NC。

[5] Edwin Freedley，*How to Make Money*，*Being a Practical Treatise on Business*(London：Routledge，Warner and Routledge，1859)，41—42；W. Chambers and R.
200 Chambers，*Treasury of Knowledge*(New York：A. S. Barnes & Co.，1849)，75.马克斯·韦伯写道，资本主义承载了"一种观念：认为个人有增加自己的资本的责任，而增加资本本身就是目的"①。 Weber，*The Protestant Ethic and the Spirit of Capitalism*(1904；New York：Scribner's，1958)，51.

[6] Francis Walker，"American Industry in the Census," *Atlantic Monthly 24*，no.146(December 1869)，691—692；Lincoln，引自 Eric Foner，*Free Soil*，*Free Labor*，

---

① 译文参考[德]马克斯·韦伯:《新教伦理与资本主义精神》，于晓、陈维纲等译，生活·读书·新知三联书店 2007 年版，第 35—36 页。 ——译者注

Free Men：The Ideology of the Republican Party before the Civil War（New York：Oxford，1970），30；Edwards，in *Hunt's*，vol.1（October 1839），291（以下注释以 *Hunt's* 指涉 *Hunt's Merchant's Magazine*）。关于现代工业资本主义的商人根源，见 Sven Beckert，*Empire of Cotton：A Global History*（New York：Knopf，2014），199—242。

［7］Edgar A. Poe，"The Man of the Crowd"（1840），in *The Norton Anthology of American Literature*，2nd ed.（New York：W. W. Norton，1985），1：1382；Charles H. Foster，ed.，*Down East Diary by Benjamin Browne Foster*（Orono：University of Maine at Orono Press，1975），12；Jacques Derrida，*Paper Machine*（ Palo Alto，CA：Stanford University Press，2005）.卡夫卡在谈到他在工人意外保险机构办公室的日常工作时写道："我的生活类似于这样一种惩罚：每个学生必须根据自己的办公室要职来写下（至少是重复）同样毫无意义的句子十遍、一百遍甚至更多遍；只不过对我而言，这种惩罚只有这样的限制：'你能忍下多少遍就写多少遍。'"引自 Roy Fuller，"A Normal Enough Dog：Kafka and the Office，" in *The World of Franz Kafka*，ed. J. P. Stern（London：Weidenfield and Nicolson，1980），193。

［8］*Journal of the Geographic and Statistical Society*，July 1859，213；B. F. Foster，*Prospectus of the Commercial Academy*（New York：183 Broadway，New York，1837）；"oracle" in *New-York Daily Times*，May 21，1853；Joseph Alfred Barrett，*Old Merchants of New York City*（New York：M. Doolady，1865），56—57；*American Phrenological Journal*（April 1853），74；"ready to turn my hand" 引自 Brian P. Luskey，*On the Make：Clerks and the Quest for Capital in Nineteenth-Century America*（New York：New York University Press，2010），33；William Hoffman，Diary（1847—1850），March 31，1848（New-York Historical Society）；Charles Edward French，Journal（1859）（Massachusetts Historical Society，Boston），6，15—16。关于小职员的数目，参见 Stuart Blumin，*The Emergence of the Middle Class：Social Experience in the American City*，1760—1900（Cambridge：Cambridge University Press，1989），73—78；Luskey，*On the Make*，5—11；据 Mary Ryan 统计，1817 年至 1850 年间，纽约州商业重镇尤蒂卡的小职员人数增加了 7 500%，见 *Cradle of the Middle Class：The Family in Oneida County，New York，1790—1865*（New York：Cambridge University Press，1981），108，167，178—179。1850 年的联邦人口普查报告显示，农民和工人是全国（男性）人数最多的职业，其次是木匠、水手、文员和商人。换句话说，到 19 世纪中期，"商人职业"已经与手工业职业持平。*Hunt's*，vol.34（February 1856），173。

［9］Charles Frederick Briggs，*The Adventures of Harry Franco：A Tale of the Great Panic*（New York：F. Saunders，1839），16. Freeman Hunt："船在码头停太久，社会就会变得阴沉"。Hunt，*Lives of American Merchants*（New York：Hunt's Merchant's Magazine，1856），1：xxxviii；Ralph Waldo Emerson，"Self-Reliance"（1841），in *Norton Anthology of American Literature*，2nd ed.（New York：W. W. Norton，1985），1：908.同样可参见 Jeffrey Sklansky，*The Soul's Economy：Market Society and Selfhood in American Thought*，1820—1920（Chapel Hill：University of North Carolina Press，2002），33—72。

［10］Henry Ward Beecher，*Lectures to Young Men，on Various Important Subjects*，3rd ed.（New York：J. C. Derby，1856），26—29；*New York Tribune*，May 7，1845；Virginia Penny，*The Employments of Women：A Cyclopaedia of Woman's Work*（Boston：Walker，Wise & Co.，1863），126；Horace Greeley，*Hints toward Reforms*（New York：Harper and Bros.，1850），360；*Vanity Fair*，March 17，1860.关于"官僚制"成了一个表示不屑和轻蔑之词的来龙去脉，请参见 Ralph Kingston，*Bureaucrats and Bourgeois Society：Office Politics and Individual Credit in France，1789—1848*（London：Palgrave Macmillan，2012）。

［11］Henry David Thoreau，*Walden；or，Life in the Woods*（1854；New York：Holt，Rinehart，and Winston，1963），275；*Hunt's*，vol.7（October 1842），349；*American Whig Review*，vol.15（May 1852），472；"税收增加"见 T. De Witt Talmage，*Behind the Counter：A Sermon to Clerks*（Philadel-phia：George H. Hartman，1866），14。

［12］奴隶主对美国的憧憬，更具体地说，这种憧憬与资本主义的关系，值得进行更多的讨论，哪怕是边缘性的讨论，如果仅仅是因为它已成为近期学术界关注的焦点的话。虽然在全球南方经济的枢纽地带的管理上不乏小职员的身影，但仍不清楚小职员在内战前

201

11

的美国代表的社会关系的全盘商品化，是不是奴隶社会的人格化症状。 当然，在资本主义对美国传统物质和文化生活结构的持续破坏中，奴隶制在 19 世纪余下的时间和 20 世纪中的作用微乎其微。 关于这些问题的更详细讨论，参考 Michael Zakim, "Capitalism and Slavery in the United States," in *Routledge History of Nineteenth-Century America*, ed. Jonathan Daniel Wells(New York：Routledge, 2017)。

［13］ *United States Democratic Review*, February 1855, 119; Horatio Alger Jr., *Ragged Dick；or，Street Life in New York with Boot Black*, ed. Hildegard Hoeller(New York：Norton, 2008，1868), 85—87; *Scribner's Monthly*, vol.1(February 1871), 361; Georg Simmel, *The Philosophy of Money*, ed. David Frisby, trans. Tom Bottomore and David Frisby(London：Routledge, 1990), 103; Foster, *Down East Diary*, 109 (May 13, 1848).任何人都可以成为资本家，参见 Gary J. Kornblith, "Self-Made Men：The Development of Middling-Class Consciousness in New England," *Mas-sachusetts Review* 26, nos.2—3(1985), 469。

［14］ Karl Polanyi, *The Great Transformation：The Political and Economic Origins of Our Time*(Boston：Beacon Press, 1944), 140.

［15］ 关于美国资产阶级成功克服自业自得的尴尬处境的出色论述，请参阅 Sklansky, *Soul's Economy*；Thomas Augst, *The Clerk's Tale：Young Men and Moral Life in Nineteenth-Century America* (Chicago：University of Chicago Press, 2003); Roy Kreitner, *Calculating Promises：The Emergence of Modern American Contract Doctrine* (Stanford, CA：Stanford University Press, 2007); Jonathan Levy, *Freaks of Fortune* (Cambridge, MA：Harvard University Press, 2012)。

［16］ Karl Marx, "Wage Labor and Capital" (1849), in *Selected Works*(New York：International Publishers, n.d.), 1：261.

第一章

文书工作

所有关于美国经济的简史都指出，到了 19 世纪 30 年代，美国的总
财富开始出现大幅增长。 从布法罗、辛辛那提、匹兹堡、路易斯维
尔、纳什维尔、圣路易斯、加莱纳和莫比尔到东西南北各端，小麦、面
粉、玉米、黄油、猪肉、烟草、大麻、煤炭、铅和棉花的运输量增
加——运输成本降低。 在这场收敛价格和边际利润的乱局中，原材料
交换为成品，而时人戏谑道，美国变成了"不过一张从缅因到得克萨斯
的大柜台"。 对所有这些汹涌澎湃的商业活动的关心并非为以买卖物
品为生的狭义的商业代理人阶层所独有。 贸易正在成为广大公众实际
关心的问题，在一个日益由资本、信贷和抵押品，遑论"市场效率"驱
动的经济中，公众的面包是靠自己挣来的，而且常常是自己种出
来的。[1]

这一工业革命以码、吨、箱、件、捆、扎、桶、小桶、包、盒和板
条箱为单位盘点造册。 这些定量测量也是定性过程中的一个程式，它
将杂七杂八的货物转换成一套标准的可比较价值，将贸易重塑为一种更
加普遍和抽象的关系网格，远胜于之前在旧式交换体系的集市和季节性
交流会上所了解到的任何东西。《亨特商人杂志》赞美了这种产品充盈
的非物质化特征，它以现代港口仓库的效率为例，这里每天都有价值数
万美元的商品易手，但"能感受到的喧闹……最多无过于文静的小职员
喊人去拿走一捆捆授权书"。 这些业务依赖于对文件的严密管理，这种
管理于某家专门从事将西部农产转运给东部的托运商和家用买家的经纪

10　行的日常行政要务中体现得殊为明显。 四位合伙人——其中三位低级
合伙人分派到面粉、谷物和棉花"部门"——手下有一位出纳负责监督
办公室的运作，一位簿记主管负责汇总实时销售和采购的"流通账目"
（accounts current）。 相应地，协助他们工作的还有两个簿记小职员，负
责按商品明细记录商行的所有交易，还有个录入员，负责维护高级合伙
人的"私人账簿"，包括专门投资项目和增补性质的合伙安排。 与此同
时，一名管理收货和配送的小职员负责记录运费和仓储费，这两个费用
构成了该行业务活动的第二份流水账户，记录每天参与"零售"的销售
员团队的协商交易的直接结果。 随后，一名收款人负责跟进报酬的承
索，包括给粮仓经营者、城里的称重员和各种货物的检查员的汇款。
他还负责递送公司自己的账单和收据，在 10 点到下午 3 点之间拜访客
户，再前往银行，最后回来向出纳报告支付的情况。[2]

　　这种商业数据的重组流动支撑着这个时代不断加速的金钱和商品的
流通，促使一位在 19 世纪中叶颇为多产的畅销指南作家塞缪尔·威尔
斯（Samuel Wells）宣称，纸张是"有史以来发现的最方便的材料"。 由
成堆的担保契据、销售票据、委托书和存货清单等构成的一个外延颇为
广阔的辅助性目录，对于物质进步的重要性，丝毫不亚于工业繁荣最常
见的标志——一码又一码的哑光法兰绒、绚丽格子呢和绢布斜纹布。
事实上，没有对簿记的这种谨慎处置，资本主义就无法运作，这就是为
什么与之相伴的档案化进程，远非现代生活中的碎屑。 真的，笔"比
剑更有力量"，莫顿（A. Morton）在给新的钢制笔尖套装宣传时如是说，
这同时意味着小职员碌碌无为的办公桌工作——赫尔曼·梅尔维尔笔下
的华尔街小职员巴特比也提到，"夜以继日、焚膏继晷，不住地抄
写……沉默寡言，脸色苍白，像台机器一般"①——成为这个时代的标
志性行为。 在纽约商业图书馆，查尔斯·爱德华兹对听众讲道，不需
要制造任何物品，贸易也能增加国民的财富，其自得溢于言表，但其前

---

　　① 译文参考[美]赫尔曼·梅尔维尔：《水手比利·巴德：梅尔维尔中短篇小说精
选》，陈晓霜译，新华出版社 2015 年版，第 8 页。 ——译者注

途仍然不免跋涉。[3]

制造市场

这些跋涉如下所示，在 1849 年 12 月的一个上午，爱德华·泰勒 (Edward Tailer)受所属公司利特尔·奥登(Little Alden)的委托，来到 纽约海关，他安排卸下了 65 箱外国制造的披肩，它们是公司即将推出 的春季清单里的主要产品。爱德华遇到了一堆离不开办公桌的官员， 他们负责将大量进口货物运进运出港口，为货物在美国市场的流通做准 备。为此，所有商品都有指定的关税类别和价格，从而可以估价并且 用现金或担保债券支付关税。此外，还需要办理许可证、清关手续和 退税证明，然后加以会签连署和认证。对商品进行检查，并与报单进 行核对，如果对原始单据的准确性产生怀疑，则重新进行检查。当 然，所有这些杂项业务都为联邦政府带来了收入。它们还为规范国家 经济发展提供了一种有效的手段，尽管这种手段也存在争议。更为根 本的是，海关署的办事员将批发库存这一庞大集置转录为货币价值的 共同分母，从而方便其从一个所有者转移到下一个所有者。这样一 来，有助于建立贸易所需的诸条件。[4]

本杰明·福斯特——他处于全国商业化食品的产业链的另一端，或 者说起点——也是如此，1847 年的他是缅因州班戈市一家杂货店的唯一 一名小职员。"我过去一季度的劳动……几乎令人难以置信。"本杰明在 回顾了自己在短短几个月的时间里写满的四百多页交易日记账后总结 道。然而，会计工作远未结束。所有这些条目都必须经过审核，并独 立登记财务结果到分类账，而且每条过账都要经过审核。只有到了这 个时候，本杰明才能编制出商店当季的最终收支平衡表，并列出简明扼 要的行和列，使由银行家、进口商、批发商和零售商组成的跨大陆财团 发行的九十天即期票据与在内陆和转口港之间流通的经济作物和家庭需

11

求的六个月、十二个月和十八个月的节奏相协调。 本杰明在账户网格中如此安排价值流，实际上是以一种颇有效率的方式将时间和空间扁平化，将经济转化为可严格计算的债权与债务、利润与亏损的对子。[5]

因此，也许铁路和电报能称得上是在资本主义革命早期的这几十年间形成的新"信息基础设施"的最突出表现，但是提货单、库房收据、运输记录、每周的贸易报告和定期收费表对于工业时代爆炸性的业务量来说同样重要。 事实上，如果没有"现代商业工具"在手，怎么可能有人能玩得转美国内战前金融界的"千沟万壑"——比如说，一个商人签给别人的期票，一旦得到第三方背书，就成为可转让的通货？ 这些现代商业工具包括索引和摘要，它们能提供可靠的有关关税利率、运输代理人的责任和破产听证修订程序的即时更正后的信息。 风险经济所产生的取消抵押品赎回权、判定债项、州衡平法院诉讼以及对债权人的私下转让，类似也依赖于由票据、账单和汇票等构成的连贯的书面轨迹。 与此同时，日报上刊登的"市场评论"和"近期价格"提供对证券、主要产品不断变化的价格和其他各种商品日益扩大的市场覆盖的概述。 事实上，这些清单并不包含某个新的种类的信息，但它们的系统性流通却是一个全新的事件。 保险业的快速发展也是如此，它反映了信息不足带来的成本上升。[6]

事实证明，所有这些商业票据的语义对于交换的物流同样不可或缺。 期票上照例写下诸如"合计和个别""就所得价值而言"和"承兑"之类的咒语，在分别开给汇款人、承兑人和背书人的票据副本上，还附加了"第一""第二"和"第三"的序列名称，如果其上再加笔"供与先生们联系之需"的增补的加密字样，这些票据接下来还能流通。一旦出票人得知期票已签发，就会在抵押证券上贴上各种个人同意的字样，通常用红色墨水书写——"根据建议""按建议"和"无进一步建议"——并且要想让汇票从一个交易者转到第三者，汇票的准确总额、日期和原始地址也是必不可少的。 当商业交往的传统范式被强调形式和可读性的新兴重视所取代时，这类期票文学的简写和缩写汇编——另一个常见的条目，"E.E."即"错误除外"也会插入发票中，以保护持有人免于无意中带入文本里的文字错误——获得了前所未有的意义。事实上，沦为书面的商业义务却被美国法院赋予了更高的证据性地位，法院越来越坚持"把一切付诸纸上"。[7]

因此，一位波士顿的干货证券交易商就如何在不断扩张的充斥着无名代理商的经济中做生意的诸要求评价道："也许，从来没有像现在这样，'卖家需要千百个心眼'。"例如，不再可能通过研究交易对象的神色，或依靠任何其他曾被视为完成交易必备的历史悠久的做法来推断其意图。一位资深批发商抱怨现代商业关系的非个人性质道，"当'公司'不代表任何人时，我连一件交易的例子都会想不起来"。脸面的价值丧失了亲切感，换句话说，围绕着大量无形的相关事实，互惠交换被重构了，每个商人——或者更准确地说，每个商人麾下的小职员——都试图将其"协调成一个连贯而令人满意的整体"。只有这样，在对文件进行适当整理之后，才有可能将易读性施加于市场，并将深思熟虑的行动过程铭刻于经济之中。只有先回答一系列基本问题——"做了什么？目前案子的情况如何？下一步该怎么做？应该怎么做？"——自我最大化的代理人们才有希望实现他们的梦想。信息存储的分级方法就是怀揣这样的目标而开发的，它通过颜色或文件格，或通过能提供足够的分类灵活性的黄铜合页的标签进行编码，以便根据贸易的流动条件进行重新排列。事实证明，这些交易的细枝末节的交叉索引记录既高度稳定，又高度机动，能够实现"比较无畏又令人惊奇的对主题的把握"，这也是同时代人描述妥当整理的文件的增值品质。[8]

这种现代抄写间还没有被冠以"文书工作"的称谓，后者到了20世纪已成为官僚管理惯例化的普遍性简称。但在1870年，《纽约星报》（New York Star）尖锐而又讽刺地指出，在纽约市，簿记员比簿还多。内战期间，美国的"知识经济"已经稳固建立，通过专精信贷、通信、运输和保险的信息产业的广阔网络，以及马克斯·韦伯所说的对"下级官员和文书人员"等职业化官僚的培训而得以运行，而这些官僚

13

恰恰承担了这一新的指挥和控制的体制。 托马斯·科克伦（Thomas Cochran）曾解释说，商业信息的生产和传播变幻莫测的增长不亚于一场"商业革命"，它成为"新的政治—商业体系"的基础，而这一体系又给这一时代里蒸汽和钢铁所带来的其他更为壮观的革命奠定了实践基础。 事实上，如果没有这种以知识为导向的基础设施，现代工业这一事业的服务性就会大打折扣——同时也不那么有利可图。[9]

因此，《亨特商人杂志》建议读者："您应努力建立一套对自己的文件的编排系统，以确保其能被随时查阅。"这些看似小事，"做起来也是小事，除非您忽视了"。 借用马克斯·韦伯的另一套关于理性行政技术的词汇册来说，这类实践——例如，规定每封信函制作三份传真件，以防一份在邮寄过程中丢失，而第三份则存档，以确保双方使用的是同一文本——使通信摆脱了熟人之间独异的口语流，转而追求精准、明确、连续、谨慎和从属关系。《亨特商人杂志》进一步指出，正是这种"方法上的能力"使记录不至于变成"一堆乱七八糟的东西"，这也是为什么那些将这些信条应用到办公惯例中的商人在生意上最为成功，也是为什么《费城商人》（*Philadelphia Merchant*）同时断言，未能定期记录自己的活动是"世界上每个商业城市中十分之九的破产者"的成因。 威廉·罗斯（William Ross）在 1852 年出版的《会计师自用本和商人手册》（*Accountant's Own Book and Business Man's Manual*）中总结了当时风行的职业观点，他宣布，商业是一个习惯问题，其灵魂在于系统。"就像蒸汽机上的飞轮，规律性使生命的运动保持稳定不断——使机器能够毫无阻碍地工作。"罗斯的科技隐喻是对新的交易条件的恰当调用，因为这些隐喻将商业管理视作推动资本主义经济的核心生产项目——市场的生产——的力量之源。[10]

因此，尽管不断加强的文书工作看似致力于将交换的骚动纳入可管的控制之下，但实际情况恰恰相反。 市场并不是一个需要通过人工信息科技来规范和规律化的有生命的系统，它本身就是一个人工物。 也就是说，生意通过发明市场而治理着市场。 在为交换而生产之前，必须先建立起实际的交换体系，通过悬置商品的所有其他属性，只保留让商品可以相互替代的属性，建立起让商品两两"相遇"的结构，马克思当时就谈道："在商品互相交换以前，它们必须首先在头脑中，其次在言语中，转化为棒。""商品在被交换以前，必须进行评价。 为了评价商品，就必须使它们彼此保持一定的数字比例。"①[11]这样看来，小职员似乎只生产了没有价值的东西。 事实上，他正忙于建立价值体系，这一体系被安排为一个易变的价格指数，用于协调每个拥有财产权的人的不懈供求所产生的无法确定的杂乱交易。 这种经济是一种文化成就，而非自然力量，这意味着市场是典型的工业事件，是对物质世界的人为重构。

商业知识本身也很快现身为一种商品，即以出售为目的而生产的商品。 信用报告是这一新兴的交换价值最著名的例子，尤其是因为这种做法给许多该时代的人留下了深刻印象，即这是对他人的私有权事务的一种大不恭的、甚至是非法的侵入。 但该体系的支持者认为，能够买到关于陌生贸易伙伴财务状况的可靠情报，点亮了大众市场不透明、不露面的特质，使其成为一种可行的贸易结构。 这没有什么不恭敬的。一名对此表示支持的观察家对纽约商业征信事务所的活动满溢赞美之情地写道："一人所知，人尽皆知"，该机构所属30名下级职员一直在曼哈顿的交易所街工作——又在波士顿（1843年）、费城（1845年）、巴尔的摩（1846年）、辛辛那提（1849年）、圣路易斯（1850年）和新奥尔良（1851年）增设了分支机构——每天从现场寄来的财务报告不计其数，需要他们去复印和编目。 因此，就算是手段有限的乡村小店的所有者和业主也可以享有"整个市场的范围"，能够与任何为其资产和信用史积极存档的人进行交易，而不必将其采购对象限制在寥寥几个私人熟知的批发行。"甚至足不出户就能买到东西"，人们注意到市场体系已延伸到每个地方，因此不再有地域限制了。[12]

①　译文参考《政治经济学批判大纲（草稿）第一分册》，刘潇然译，人民出版社1975年版，第75页。 ——译者注

在这个充斥着产品的日益非物质化的世界里，纸上的事实取代了地上相应的事实，成了可操作的现实。老道的交易商仍记得迈克尔·波义耳(Michael Boyle)在珍珠街和少女巷巡视时的做法，一边"在一袋银两的重压下气喘吁吁"，另一边还要收取当月到期的各种票据。波义耳的老派做法让位于按标准化范畴排列的无形记录的体系，可以以无限大的便利进行复制、输送和传播。那些"一如往昔，用笨重的天平称量银两"的场景，被一种纸质设备的摘要所取代，这种设备的运作既是档案性的也是行动性的，它波澜壮阔地丰富了这个时代的"脑力劳动"，不亚于蒸汽机之增进了人类的体力做功。布鲁诺·拉图尔论及现代科学在处理经验信息的技术成就时说："时间中的所有一瞬和空间中的所有地点都可以于另一个时间、另一个地点得以收集"，事实证明这种技艺同做生意也一样息息相关。资本主义实际也同样受到启蒙运动之抽象化偏向的影响，这使人类能够从事件的杂流中提炼出其组成部分，然后再将其重新配置成更有用的模式。因此，利物浦、纽约和新奥尔良在书就的页面上，相距仅一英寸，这使得资本主义交换的非凡规模日益成为一种常规操作。[13]

因此，作为新时代的符号和惯例，书桌和账本可堪与机器媲美。书面文档之易控同市场之易塑相匹配，揭示了纸张与利润之间的密切亲和。当然，事实证明，文书工作也是纸质货币的重要补全：这两个体系都显示出超越距离、重塑关系并将权力重新集中在掌握信息者的手中的非凡能力。文档的统治及其全面的知识生产的基础设施随后影响了商业劳动的再分工，终结了全能商人(all-purpose merchant)的时代。在早期的全球贸易体系中，资本家往往要有自己的船只，同时还要有自己运转批发和零售交易的环路。他们自己进口、出口、融资和投保自己的货物。许多人还给外国商铺充当代理人，为当地工匠乃至农民注资。到了工业经济时代，船东、银行、运输、投/融资和营销被重组为独立的业务，缩小经营所需信息的范围以加强资本家对业已成为不同者的贸易部门的实际掌控，成了一种普遍做法。[14]

经纪行就是一个很好的例子，它们分别从事特定类型的商品、特定类别的买家或国内特定地区的交易。 有些代表外国企业。 还有一些向本国制造商提供贷款、折扣、预付款（有时还提供自身的文书）的同时，也专门从事国内产品生产。 这些金融活动甚至促使许多商行完全放弃商品销售，转而专注于资本市场，后者本身由"信息壁垒"所构成，充斥着鱼龙混杂的票据、证券、贷款、房地产、金银条和保险的中介人。 还有一些交易中介人，专门从事货物到达市场之前的分级，或者从事将运往内陆仓库的大宗货物细分为更好管理的运单，他们仅限于经营单一产品线——例如，牛犊、棉、药、染料、香料、水果、干草、麻、金属、油、米、雪茄、纸头、茶、烟草、葡萄酒、木材或"中国货"等——之后这些商品就成了用于信贷交易的渠道。 在这些不断扩大的交换网络中，股票经纪人作为另一个重要齿轮崭露头角。 他们购买大量，或在甚至没有实际购买的情况下转让大量商品，提供给缺乏资源的当地零售商（这些人只能小额购入）。 同时，他们还准予赊欠，以优惠的贴现率接受来自内陆城市的票据和支票，这使他们某种程度上成了银行家。 通过这种方式，他们加快了专业化程度低得多的拍卖系统的衰落，而在19世纪20年代之前，拍卖系统是在全国范围内运送消费品的主要渠道。

这种宽泛的新生意结构并没有减少贸易中固有的风险。 事实上，总体而言，工业时代的商人比先辈们更容易受到市场动荡的影响，因为他自己局限在更狭窄的经济部门。 这就很大地限制了他在遇到做生意中不可避免的威胁和压力时所能应对的范围，无论这些威胁和压力是源自变化的风尚、上涨的税负、高昂的信贷，还是影响了账单到期的客户支付能力的农作物歉收。 换句话说，事实证明，专业化对于交换的合理化和标准化市场至关重要，但它同时也为争先恐后来创业的雄心勃勃者提供了机会。 与此同时，出于同样的原因，它也加剧了竞争，而竞争现在将由越来越小的比较优势决定。 著名商业作家埃德温·弗里德利（Edwin Freedley）在《实用商业论》（*Practical Treatise on Business*）中指出，在新的贸易体系中，"利润的占比将逐渐减少，但利润的总

17

量……却会空前庞大、令人震惊"。 一名干货证券交易商在评论国内布匹市场时同样表示，成功与搞砸之间的差距往往是"只有5%到7.5%还是能有10%"的问题。 知识经济自身无情地缩小了利润空间，加剧了商业对信息的依赖。[15]

这就是为什么《亨特商人杂志》宣布，"繁荣的基础"建立在"巨量增加的现代设施，以及传播和获取所有同贸易相关的全面而正确的信息"之上。 这些现代设施——通常称为会计房或办公楼——就同一条名副其实的流水线一样运转，用于制作、汇总、复刻和传输那些开始被称作"头脑资本"的文档。 大多数会计房最初都在住宅区。 例如，美国第一银行的曼哈顿分行就曾开业于某人的私人住宅中。 相比之下，20年后，作为以商用目的全面重建的华尔街的一部分，第二银行的办公楼按部就班地建起。 文艺复兴时期的宫殿式设计取代了希腊复兴时期的神庙，成为整个社区商业场所首选的建筑风格。 这并不仅仅征示着对联邦党的新古典主义的审美反叛。 事实证明，新的建筑风格也能更好地适应不断扩大建筑面积、增加楼层和重新布置内部空间的经济形势，以满足租户不断变化的要求，使其在已成为标志性商业区的黄金地段争得一席之地。 因此，在1850年，华尔街前部的一个区块就聚集了17家独立的银行公司、57家律师事务所、21家中介公司、11家保险公司以及各色公证处、代理商、进口商、经纪商，当然还有文具商。 办公室"套间"的租赁市场迅速发展起来，套间里"装有煤气和其他各种便利设施"，还包括新发明的"声音管"，使经理合伙人无需离开办公桌就能与地下室的搬运工和销售室的小职员进行交流。 用于保护文档和钞票的各种保险箱也很常见，自动锁和用于控制谈话和记录的访问权限的独立房间也是如此。[16]

所有这些办公活动催生了大量技术外溢，包括单人站立式办公桌、双人柜式办公桌、坐式办公桌（搭配九格或十五格的鸽笼式文件架，以及可以上锁或不能上锁的抽屉）。 此外，还出现了可以旋转和倾斜的"办公椅"，以及成本较低的没有任何家具装饰的"会计室凳"。 镇

THE COUNTING ROOM.

(Geo. P. Rowell & Co's Advertising Agency, No. 40 Park Row, N. Y.)

纸、支票裁纸刀、擦笔布（羊毛类的比起丝的或棉的更受青睐，因为丝的或棉的容易在笔尖上留下纤维）、削笔刀、尺子、复印刷、润湿碗、吸墨纸（其吸多余墨水的作用，还没有保护纸页免于脏手之污来得重要）、废纸篓、封口蜡（包括涂有摩擦后点燃的可燃材料做的小棒，设计出来一次使用后就丢弃）、封口机、纸张固定器、（用于将支票加入交易日记账时夹住支票的）信夹、写字板、空白单据和信封盒、业务名片、文书和信件的收件箱、（用于存放别针、薄片、铅笔和钢笔的）各种托盘，以及跨度 12 个月或 16 个月周期的"会计室日历"——所有这些都成了标

20

准的商务工具。[17] "方形墨水瓶""图书馆墨水瓶"和"银行家墨水瓶"的不断扩大的清单也同样如是，这些墨水瓶在设计上有着较窄的颈部，可以防止挥发，而其身较浅，则可以防止笔的上部沾满墨水，从而避免手指染黑和文档弄脏。 办公室用的墨水瓶几乎都以软木塞住，这样城市的煤灰和灰尘就不会使混合物最终变稠。 好品牌的内部还衬有橡胶，以便在持续、匆忙的蘸笔过程中保护笔尖。[18]

PRIVATE OFFICE.

(Geo. P. Rowell & Co's Advertising Agency, No. 40 Park Row, N. Y.)

当然，工具还包括纸张，不管是胶合、亚麻还是涤纶材质的，纸张之多孔和柔韧都是其效用之关键所在。 最好的账簿用蓝色直纹纸来自英格兰。 它的明胶层，可以刮擦表面来轻松擦除错误。 不过，欧陆品牌在通信方面更受青睐。 纸页上釉有粉末和松香皂，下笔更不油腻，更有信手之感，也减少了笔尖的锋利边沿造成的磨损。 无论哪种情况，产品都不应该有异味或对天气变化过于敏感。 同用于报纸和书籍的纸张相比，用于办公室的纸张，原料需要更精细、更洁白的碎布，这就意味着其生产过程要来得显著复杂。 19世纪20年代，办公用纸生产本身实现了机械化，能够以每分钟7.5米到12米的惊人速度将液态纸浆转化为均匀的书写页面，产出的产品有更耐用的织纹，能更好地防止渗墨。 烘干机、定型机、分切机、切割机和压光机仍然是完成这一过程所必需的设备，新开发的能使分类账簿和抄写本以及其他各种的空白表格标准化的画线科技同样重要。 自行封口的信封也是首次出现，这"避免了不必要的折叠"，大大节省了时间，这一特性为这项发明赢得了1853年纽约万国工业博览会的一席之地。 而且，机制纸张的品质，非常匹配钢笔的日益广泛使用。[19]

手上作业

21

这些笔取代了传统的羽毛笔。 然而，过渡远非一蹴而就。 在1841年的《纽约论坛报》里，海登（Hayden）金属笔尖的代理商可能会在刊登的广告中宣布"鹅毛笔已被取代"，但著名剧作家威廉·邓拉普（William Dunlap）却证实，他在适应这种工具时遇到了不断的挫折。 他的经历也能代表许多其他人历来的主张，即有透明笔管的坚硬的羽毛笔，有着足够的年限，"还能即刻萃取羽翼上自然蕴含的水和油"，仍然是最好的书写工具。 S.H.布劳恩（S. H. Browne）在《商业手册》（*Manual of Commerce*）中指出："很难将羽毛笔的弹性传递给金属。"

B.F.福斯特的商业学院还专门开设了现代笔法课，他注意到最近开始上手新的钢制设备的人的手会长期处于痉挛状态。[20]

羽毛笔不仅更加柔韧，为执行写作本身的要求，它还可以析出或细或宽的笔触，塑造出更符合手头文件的生产需要的任何角度。确实，金属更不耐重活，而羽毛笔只要从笔杆边上削下两三片薄片，就能轻松地恢复活力，这种操作可以用笔刀重复多次，而不必延长切口，因为这会改变笔管的长度和重量之间的比例，从而破坏系统的平衡。1820年后，还能买到各种等第的现成做好的羽毛笔。羽毛笔一旦磨损就可以简单替换，随着涌向全国各地会计室的庞大文职劳动后备军逐渐丧失制笔技能，这一特征也越来越有用。在钢制笔尖制造商一侧，他们既努力复刻精良的羽毛笔所特有的"柔软感"和"挥洒自如"，也努力强调科技创新的独特优势，即金属的流动性和耐久性，在19世纪50年代苯胺油墨的发明解决了腐蚀问题后，这一点变得更加明显。[21]

当时，金属笔已成为商业书写的主要工具，笔尖上的细缝大大提高了其书写自由度，在设计上也匹配文书工作的规格。例如，福里(Foley)的金笔尖甚至"胜于钢笔"，它有各种尺寸和样式，可满足银行家、商人、簿记员、编辑和保险代理人的特殊需要。同样，托马斯·格鲁姆公司(Thomas Groom & Co.)产的最大1号笔最适合"粗体和快速书写"的要求，而中尺寸2号和3号指定用于写信，4号推荐用于精细写作或"女士使用"。波士顿柯默商学院（Comer's Commercial College)指导学生购买柯默钢笔的全套产品以及《柯默笔法指明》(*Comer's Penmanship Made Easy*)，而P.R.斯宾塞(P. R. Spencer)则在19世纪50年代末成为该领域的权威，不出所料地开始兜售各色签名笔尖，因为它们适合他广受欢迎的书写方法。[22]

在书写技术方面最具意义的机械创新是将笔尖、笔杆、笔架和墨盒组合成一个称为"自来水笔"的工具，可以随身携带，随时使用。自来水笔的起源可以追溯到近两百年前，但更早的版本需要一个外置的漏斗来装载墨水。从这时开始，钢笔这一机关才成功地安装上一个可靠

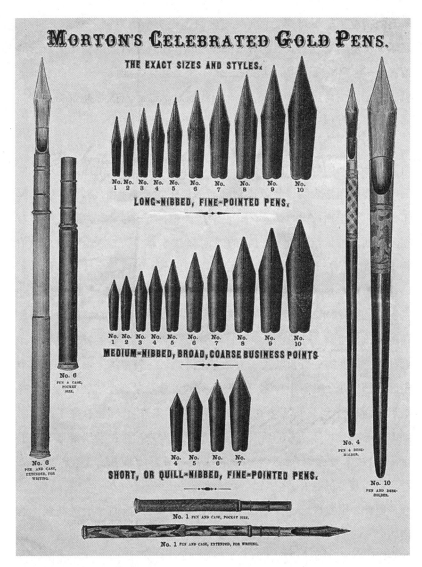

金属笔尖是一个巨大的涂鸦者阶层的新工具,他们管理着资本主义最重要的生产项目——市场的生产。

的蓄水部件。 显然,一支能够自行装填的笔能够满足大规模生产的流转动态以及为工业界所普遍强调的"速度经济"。 自来水笔也因其操作相对简便而得到推广,因为墨水不再与手指相接触(这在以前必须不断蘸笔的情况下是不可避免的）。 飞溅问题也类似地得到了缓解。 一旦装填了优质的混合液，就能有效减少墨渍，而且混合液浓稠化成液滴的情况——这会减慢书写的速度——也不怎么频繁，如此一来，自来水笔就真真正正值得广告商的赞誉。 与此同时，也有人抱怨其价格昂贵，而且在书写过程中容易意外干涸或无法淌出所需的墨量。[23]

所有这些新硬件都为资本主义扩张的"书写业务"服务。 乔治·凯利（George Cayley）在日记中写道："办公室里，待抄的信巨多。"他简明扼要的语法表明，业务逐渐升高的要求挑战着他的书写能力。 阿尔伯特·诺里斯（Albert Norris）也做了类似的记录："要为商店等等写很多东西，恐怕给自己的刊物的时间会越来越少。"与此同时，罗伯特·格雷厄姆（Robert Graham）整个上午都在威廉·阿斯平沃尔（William Aspinwall）的曼哈顿会计室撰写通信抄本，直到 11 点半邮件寄出。 下午则用来抄录发票或流通账目，或再抄更多的信件拷贝到公司的通讯簿上。 来邮也需要编制索引和归档，并要附上补充说明，详细注明"信件的处置，以及……又寄往何处"。 爱德华·泰勒去了三个街区外的"办公桌前工作"，他将 37 页的发票抄录到存货明细簿上，晚饭后又回来写了 27 份需要在第二天寄出的出差账目。"我抄完了存货明细簿，把本月 8 号以来的所有销售额都张贴出来，并在发票簿上写下了全部码数，"爱德华总结这忙碌的办公室一日道，"我只有寥寥片刻来思考自己或其他的存在。"[24]

因此，工业世纪，潦草信笔的人泛滥成灾。 他们"纸上高谈，送诸四海"的能力不啻为文明进步的一大特征。 根据时人的报道，这让塞阔雅①哑然，她随后为切罗基人发明了字母表，以期跻身现代民族之林。 威廉·奥尔科特（William Alcott）在他的《人类之手的结构、使用与滥用》（*Structure，Uses and Abuses of the Human Hand*）一书中讲述了一个类似的故事，他指出，在 17 世纪的弗吉尼亚，波瓦坦部族原本

24

---

① 塞阔雅（Sequoyah，约 1767—1843）为美洲切罗基印第安人著名语言学家及通才，以发明切罗基文字闻名于世。 ——译者注

没有获得重要战俘约翰·史密斯赎金的实际手段。出于显而易见的原因，派史密斯去詹姆斯敦宣布自己的释放条件是毫无意义的。波瓦坦也不能派遣特使，因为特使肯定会被迫透露部落的行踪。最终是史密斯本人提议由他写一封信，详细说明交换的条件。"半信半疑却又对此充满好奇的野蛮人接受了这个提议，"奥尔科特解释道，"在指定的地点，在指定的日子，他们找到了一切想要的东西。然后，史密斯被释放了。"读者们无疑会得出这样的结论，对于未识字的新大陆原始居民来说，这样的通信不啻真正的奇迹。事实上，现代人的感官也同样为之倾倒。B.F.福斯特就赞美了笔之"无论在多么遥远的地方，都能将无论何种智识传递给他人，而隐秘性则近乎奇迹"的独特能力。这种书写的共时性质——允许言说在同一时间栖居于无限的表面，以一种语境替代另一种语境，在同代的各种轨迹间穿行，同时为本或线性的现实赋予愈发宽阔的时间性和价值之集簇——以格外扣人心弦的方式展示了人类对自然世界日益增长的控制。[25]

这种控制的基础是信件的恰当撰写，即"知道该说什么，怎么说"，使其成为商务人士"无与伦比"的成就。这就解释了为什么爱德华·泰勒在"为了写成我将寄出的第一封信，在早上足足花了一两个小时"一事上，会如此激动。爱德华的信很快就寄给了新奥尔良的一位联系人："（我）候其返信而心焦。"通行的书信格式规定，回信启头处，应直接提及前函的日期、主题和发件地，以及影响该问题的任何其他先行信函。事实上，同样的反身性会影响整个通信，因为通信也会相应地组织成由离散的文段组成的地册式（cadastral）序列，以平行的顺序反映彼此关注的问题，因而波士顿博伊德和图伯商学院（Boyd and Tubb's Commercial Institute in Boston）在商业信函领域所提供课程的传单广告中宣称，这能充当"过去的记录[和]未来的节律"。这种惯例使商业信函变成了一种预先印制的表格，尽管安陈于一空白页上，但其设计却旨在实现相称信息的无缝交换，而这正是相称价值的无缝交换之条件。[26]

为此，B.F.福斯特在他的《小职员指南》（*Clerk's Guide*）中刊行了诸多典型文选，为各种商业情景提供正确的"商业信函的编排和措辞"之模本，这些情景包括解散和建立新的合伙关系、追讨债务、暂停付款、抗议账单、提交汇票、汇款、购买保险、查询滞留港口的货物、报告市场状况、宣布派送未能抵达，以及向代理人和代表分发流通账目。这种标准化的书信模板有助于商事摒弃多余的修辞——"文字之浪费即时间之浪费"，让事实为自己说话——福斯特这样告诫他的读者："用朴实、大胆的撒克逊语。"《美国商人》（*American Merchant*）则进一步阐述了一种抛却故作姿态、建立在"当今的功利时代"之自明价值之上的商业交互。 没有比这更好的例子来说明市场经济之话语基础是如何与市场经济本身相辅相成的了。 事实上，商业交换之文化权威恰恰建立在这种"明确无误"的展演之上，亚当·斯密已将这种伦理视为语言"精确性"新体验的源泉，这种语言能够将人与人之间的关系重新建立在一个透明的、因而更加合乎伦理的基础之上。 埃德温·弗里德利在《如何赚钱》（*How to Make Money*）一书中同样指出："精美的文字令人啼笑皆非，而冗长的文字则令人乏味。"他还敦促商行清除办公室中的昂贵装置和点缀性楣饰。[27]

所有这些功利性的论述都预示着文书共和国之历史新篇章。 事实上，在美国，私人信件的价格长期以来一直居高不下，这是因为国家致力于补贴公共事物的流通，尤其是报纸，所谓的"市民和农民廉价、有用而令人愉快的伴侣"。 19 世纪 40 年代和 50 年代的一系列邮政改革大大降低了邮寄信件的价格，从而颠覆了这一信条。 换句话说，"廉价邮费"仍然是公共生活的中心原则，但其政治逻辑却倒转了。 现在，价格削减后的个人通信将确保所有人的"普遍受益"。 任何相关的收入上的亏损则通过增加邮件的利用来弥补，主要通过商业利用，对商人来说电报的高成本使其作用仍限于报价、紧急订单和信息更新。 更重要的是，联邦政府用统一的邮政资费覆盖整个大陆，鼓励无限制的连通感，从而在系统的价格结构中完全消除了地理因素。 这意味着任何重量不超过 15 克的信件，无论从缅因、得克萨斯还是加利福尼亚寄出，都

26

只需贴同样三美分的邮票。 这些背后粘胶的新邮票，印制了数百万枚，充当了预付费配送的全国网格(这个时代"空间之消灭"的另一种表现形式)之技术基础设施，同时不再要求收件人货到付费才能收件，提高了大规模传播的质量。 戴维·亨金(David Henkin)认为，这种创新反映了隐私权在资产阶级共和国中日益重要的地位。 这些私人通信的很大一分都是专门用于商业主题的——当时估计高达所有私人通信的90%——这一事实揭示资产阶级共和国很大程度上正成为一个商业经营项目，或者更确切地说，其公民之间的交流越来越多地献给了买卖的迫切需要。[28]

"**商业写作**可谓左右世界！"P.R.斯宾塞就这样不无夸张地说道。由于其内容有时效期限，因此，手上工作不仅旨在生产源源不断的通信之流，还要在实时实现其最佳价值。 B.F.福斯特观察到，"年轻人一进会计室，就会被告知，写得这么慢是无法满足要求的"。 据估计，快速书写者可以在60秒内写出30个词，这需要笔杆每分钟移动5米。 福斯特在他的《最佳笔法教学法范文》(*Prize Essay on the Best Method of Teaching Penmanship*)中进一步指出，这种东西闻所未闻："也许略同此理：三十年前也没有人见过用蒸汽推动的轮船。"这是一个恰当的工业类比，S.A.波特(S. A. Potter)在当时另一本流行的笔法手册中也警告人们不要在笔上挤太多墨水，因为"一如包工头在修建铁路时用的泥土越多，修建铁路花时间就越长"，将文字诉诸纸上也是如此。[29]

这种概括性描述激发了人们去尝试利用"化学和机械技术的简易组合"来在"所需时间和设备几乎不超过当今手写一份摹本所需的时间和设备"的条件下制作摹本。 寻找这种自动化复制方法的过程还涉及詹姆斯·瓦特、克里斯托弗·雷恩和本杰明·富兰克林等人的创造灵感，他们的创意既发自商业用途，也发自机械改进的启蒙风气，尽管这两种动机日益成为一种共同的本体论。 因此，到19世纪初，人们已经可以使用复写纸了。 这种"多层书写器"(manifold writer)提供了一种简便易行的复制铭文的方法，"如果需要"，甚至无需墨水即可生成同一文档的两份副本。 其成果也不易更改或擦除，因此1841年美国学会年度 27

展的评委们对这一"非常巧妙、非常有用的技术"不乏溢美之词。 但是，由于制备"碳素墨水纸"的油脂氧化后，多层书写器也会散发出令人讨厌的气味，因此这种墨水纸并未被广泛采用。 此外，由于技术原因，复本只能用铅笔或铁笔制作，因此无法留下带墨的"原件"，故而其质量也不太可靠，暴露在空气中往往会褪色，难以辨认。[30]

对机械复制之文化的持续兴趣也催生了"复写机"（polygraph），1804 年，查尔斯·威尔森·皮尔（Charles Willson Peale）兴奋地报道说，这种设备既不需要"大量的劳动，也不对手指造成限制"。 新技术也没有使用特殊油墨或经过特殊处理的纸张。 相反，它将第一支笔的运动转移到连接着第二支笔的人工手臂上，第二支笔然后对这一文本生成完全相同的版本，或者说"在同一时刻……生成两份原件"——皮尔进一步吐露这项发明的奇妙效果。《费城公报》（*Philadelphia Gazette*）同样认为复写机是"一种一经发现，就会令人吃惊道，人没有复写机怎么可能活得下去呢的东西"。 皮尔本人很快获得了英国原始专利在美国的使用权，并在费城著名的自然历史博物馆旁建立了一个工作室，开始生产该产品，他将早期的模型寄给了托马斯·杰斐逊，后者对于自己浩繁的通信档案而言是个一丝不苟的档案员，他在回复中提出了改进建议，并随后将复写机用于个人用途。[31]

然而，顽固的设计缺陷同样也限制了该设备的广泛应用。 例如，制作可读复本需要两笔的平行排列，但由于木质书写表面的不规则，被证明是一个难以实现的目标。 不过，即使调整得当，人工手臂也不太可靠。 其线条的开头往往模糊不清，页面底部的文字也是如此。 而且，由于没有人能在关注复本状况的同时有效地观察自己的写作进度，所以当人工手臂用完墨水时，往往没人注意到。 试图采用自来水笔来解决这一问题的尝试并不成功。[32]

19 世纪 30 年代，出现了另一种复制书面文档的方法，即"会计室机"（counting house machine），这成了第一台专门设计出来满足办公室重度生产需求的设备。 这种"印刷抄机"（press copier）比多层书写器或复写机昂贵也笨重得多，因为它需要特殊墨水和预处理的纸张。　新撰写的文本将与空白纸张或装订成册的复写簿一起放入机器中，复写簿的书页由棉纤维和黏土填料制成，能更好地附着在原稿表面，还经过鞣酸处理，使墨水转移到空白页时颜色变深。　随后，抄机拧紧关闭，这就完成了印刷。　各种各样的压平机，包括重量不到 2 000 克的便携式压平机，提供了各种功率和操作迅捷性。　所有这些机器都给出了减轻连续写作负担的期许，从而促使《科学美国人》（*Scientific American*）认可这个系统征示了"小职员开支的大量节省"，必将为各地的商行所接受。　果不其然，1849 年，费城威廉·曼恩公司在成立后数年内就成功售出了一千台这种抄机，同时还售出了两万本抄写簿和三千个用于特殊抄写纸之预湿的加湿器。　查尔斯·弗伦奇就是买家之一，他经常受命使用这种新设备将信函打入乔治·H.格雷公司的通信簿中，而这种新设备还引起了查尔斯·巴贝奇（Charles Babbage）的注意，他在其开创性研究《机械和制造业经济学》（*Economy of Machinery and Manufactures*）中描述了其原理。[33]

为了节省边际时间，小职员要一次性随机印刷一批新近撰写的文本——假设公司拥有足够大功率的抄机——而不是将每份文本都各自复制到一个专门的备忘簿中，再按照相应公司的身份、交易类型或特定的贸易分支分类组织，这就需要采用新的存储和检索方法。　换句话说，印刷抄机展现出了压缩文件的极度倾向，因为按照简单的制作顺序将文件合并到抄本中要有效得多。　新的办公室信息流管理系统也相应开发出来，确保"方法上足以胜任"，能够方便地查阅与数以百计的其他序列处理过的记录存放在一起的文件。　这种机器驱动的分类法也不能以制作日期为基础，因为这仍然会包含大量的没有任何相关关系的杂项文档。　相反，每个文本都要用特别的活页号码编制索引，并按页码各自分页。[34]

然而，印刷抄机对办公室工作的影响有限。　例如，如果将文字转印到抄本上耗费了太多墨水，原件往往会变得难以辨认。　事实证明，给抄写纸加湿的过程也过于复杂，湿度过高或过低都会导致纸张湿漉漉或起皱。当机械装置闭合时，纸张往往会移动位置，导致抄件模糊或污损。换句话说，印刷抄机和复写机都无法满足不断升级的写作需求，当然，多层书写器也不行。即使是新成立的美国内政部，也在19世纪50年代购买了许多抄机，并继续以十美分/百字的价格聘用编制以外的抄写员，以处理联邦政府自身不断增加的文书工作。[35]

因此，在速度和数量双重需求的驱动下，为缓解办公室的生产瓶颈而持续进行的尝试，其关注重心更少地在于工具，而更多地在于书写技巧。"大胆、自由、迅捷的手"成了实现这一目标的首要手段。它相当于缝纫这一传统技艺在男性身上的对应物，但由于商品形式的"快速性质"，它的发展速度已快到无法辨认。P.R.斯宾塞对于完成度上乘的商业笔迹如此评价道：它的比例优美，"既有吸引力，又很实用"。事实上，商务书写之所以吸引人，是因为它很有用，是一种制造系统的成果，后者的效用既体现在其生产的标准性质上——这个时代的所有新笔法体系都声称以人类生理学的普遍模式为基础——也体现在其产品上。不出所料，由普罗维登斯的银行家、商人和簿记员组成的联盟公开支持将波特和哈蒙德（Potter & Hammond）的《修订版商务书写系统》（*Revised System of Business Penmanship*）供该市公立学校使用，因为"样式非常简单，可以非常容易和快速地掌握"。随之而来的"平实、整洁的信件"有意识地摒弃了装饰和华丽，转而追求"精确和敏锐"，从而与商业本身的工具性语法相匹配，并可以与其他形式的工业工程相比拟——例如，与成衣的标准化样式或机器零件的可互换夹具相比较——这与为满足文书工作的大规模生产需求而开发的科技相衬。[36]

因此，19世纪20年代末，詹姆斯·吉尔德（James Guild）受到来自佛蒙特的学生们的请求，请他教他们"生意手"，为此，吉尔德创造了一种自己设计的能加快书写速度的风格。事实上，早在几年前，本杰明·霍华德·兰德（Benjamin Howard Rand）就在他的《商业笔法全新体系》（*New and Complete System of Mercantile Penmanship*）中将"行书"（running hand）带到了美国，特征是回环和倾斜的笔迹，而这在以前被认为是女性化的。 但是，由于速度已成为优先考虑的问题，而且如果不牺牲宝贵的生产时间，就无法将笔从页面上移开，因此回环（写法）已不可避免。 到 19 世纪 30 年代中期，B.F.福斯特开始推广一种英国改进者约瑟夫·卡斯泰尔（Joseph Carstairs）书写的"美式系统"，后者是另一位推崇速度的巨擘，该系统进一步回避了将笔从纸上移开的需要，同时还减少了生成每个字母所需的笔画数。 P.R.斯宾塞意识到"在蒸汽和电力的时代，笔尖必须迅速地滑动"，因此引用了一种凝练的类似风格，其词尾出现的 y 和 g 可以不加任何回环而直接收笔。 笔画径直向下或轻松向左弯即可。 斯宾塞还建议采用简化形式的大写字母，以加快收笔速度。 到了 19 世纪 50 年代，教育家们开始反对"为追求速度牺牲一切"的书法体系，福斯特本人也从早先的卡斯泰尔狂热中退却，波士顿商业学院也认可了一种"中庸"的风格，努力在早先的圆体字和现代的行书之间取得平衡——"既有前者的可读，又有后者的快速"——但书写合理化或工业化的尝试仍在快速延续。[37]

在宣扬早期版本的信息高速公路时，《普通学校杂志》（*Common School Journal*）照此宣布："从一页页工整的手写体之上轧过的感觉就如同飞驰在平滑坚实的高速公路上。"与此同时，斯宾塞将节拍器纳入他的笔画练习中，并将这一系统称为"chirythmography"（一个由希腊语中"时间""手""书写"三个词根构成的新词），据说最早是在奥尔巴尼商学院发展起来的。 毫无疑问，这种方法带有早期泰勒制的色彩。 笔画之机械化的一致性有效地将字母表分解为一系列可互换的脱离了词语本身的意义的基本手部动作的集合。 斯宾塞解释说："我们可以看到，所有字母，无论长短，所需的动作次数都相同，都是在完全相同的时间内收笔的。"沉重、散漫、模糊和不确定的标记被抹去，而一个人产出的文本会越来越像另一个人写的。《福斯特初级临摹本》（*Foster's Elementary Copy-Books*）也是受同样的规范化理想启发而创作的，它"以数学级精确度"测量线条的斜度，并将这些指标应用于惯用手每次向下运动的粗细度、上下转折一致性以及每个字母之间的最佳间距，以字母 o

30

的宽度为标准。 福斯特然后根据这些正式生产的需要重新排列了字母表，将"短字母"（a、c、e、i、m、n、o、s、u、v、w 和 x）排在"长字母"（b、d、f、g、h、k 等）之前的排列顺序使语言充满了时代之效用性，从而满足了《北美评论》（*North American Review*）早先发出的将科学和系统引入国家笔法教学的呼吁。[38]

31 所有这些文字处理都依赖于一种显然是打字机的前身的印刷版式规范。 弗里德里希·基特勒在其著名的《留声机、电影、打字机》一书中强行推进了其反对主张，认为后者带来了"无休止复制的现代循环"，将键盘变成了工业异化的场所，剥夺了语言的固有内容，从而对文字造成了破坏。 然而，这样的叙事给了机械发明过多的能动性。 事实上，机器并没有创造资本主义。 是资本主义创造了机器。 和这个时代许多其他致力于加速生产率的机械创新一样，打字机在 19 世纪 70 年代最终融入了办公室工作，它同女性操作员一起，强化了一个箭在弦上的过程，一个由商业逻辑而非任何自发的技术所影响的过程，并且这一点明显体现在手动笔的深化使用上。 1847 年，本杰明·福斯特在班戈的办公桌上宣布："写！ 写！""不管是真理还是寓言，文字！ 文字！小职员从不思考。"[39]

赫尔曼·梅尔维尔还提供了有关这种加速的技术细节：

> 如果为放松背部而将桌盖板顶起来成锐角状，差点碰到自己的下巴，然后在上面写字，好像将一幢荷兰房子的陡屋顶当成桌子用，这样他又说，他胳膊里的血流没法循环了。如果他将桌子降到齐腰高，然后屈背在上面写字，他的背部又要疼痛了。①[40]

B.F.福斯特解释说，这种酸痛是传统的手书系统造成的，它让书写者于纸上休息手臂。 这种旧式的做法会使手指疲劳，破坏字母的平行

---

① 译文参考《水手比利·巴德：梅尔维尔中短篇小说精选》，陈晓霜译，新华出版社 2015 年版，第 5—6 页。 ——译者注

性，同时也拖慢了收笔。 高效的书写需要更加严格的体力劳动分工，为此福斯特设计了一系列练习，使手臂、手掌和手指的运动密切协调。因此，手指直接负责控制细线类操作，而前臂则为手掌提供必要的力量，伸展的下垂臂则指挥所有源自肩部的更大范围的动作。 这些力学原理推动了时人皆向往的大胆自由的风格，这又建立在废除"痉挛和柔弱的习惯"的活跃体格之上，否则就会缩小笔的半径，迫使写作者每次抬腕时都要移动重心。 福斯特高兴地宣布了手臂的解放："为了跟上书写进度而将手转向右侧，并从一个点猝然抽到另一个点……这一重大缺陷已被完全根除。"如今手臂可以"毫不费力地"自由活动，书写字母。 出于类似的目的，P.R.斯宾塞建议，单词起手的曲线应始自每行的底部下方开始，并在较短字母的中线上方结束。 这最符合书写手的"自然动作"，而这种自然动作只有通过有意识的训练才能实现。[41]

32

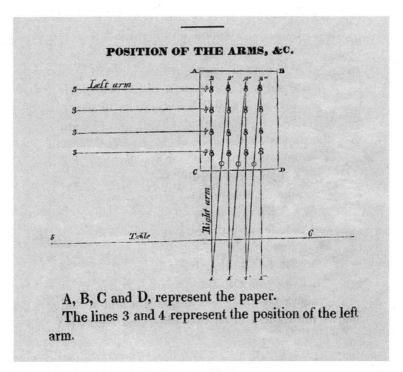

出自本杰明·富兰克林·福斯特的《实用笔法》(*Practical Penmanship*，1830)。

亚当·拉普(Adam Rapp)在他的《科学笔法综合体系》(*Complete System of Scientific Penmanship*)中也指出:"所有的书写员都知道完美掌控手臂带来的不可估量的好处。"事实上,为了获得这样的如臂指使,整个身体都动员起来了。斯宾塞叮嘱说,嘴巴要张开,因为这样舌头和下巴才能跟上笔的运动。与此同时,S.A.波特在《笔法详解》(*Penmanship Explained*)一书中声称,腿部和胸部与手臂和手指一样,对良好力学来说都是不可或缺的。比如说,如果双脚牢牢地粘在地上不动,下行的笔画也会变得更加精确,因此,一些专家建议使用站立式书桌,并促使本杰明·福斯特在 1849 年花了"非常昂贵"的 1.25 美元购买了一个支架用以将自己的写字台升高:"给我带来了很多方便"。关于在平面还是斜面上工作的相对优势,抑或是确定椅子的正确高度,又或者是估算书写者头部与书页之间的最佳距离,都有类似的计算方法。同时,纸张本身要严格地与肘部并行,以确保文字列的规整。这也有助于将身体向前推,防止书写者过度弯腰,因为弯腰会使肩膀变圆,胸部痉挛,呼吸道阻塞,使书写者几乎不可能长时间——至少半小时——保持单一姿势,同时也会影响书写过程中任何挪移身体的尝试。斯宾塞由此得出结论:"姿势赋予力量",尽管他并不认为有必要双脚着地。[42]

事实证明,在会计室执笔称得上一项雄心勃勃的人体工学项目。因此,那个时代的所有书法系统都基于 B.F.福斯特所宣称的"哲学和解剖学原理",正如 S.A. 波特所说,这是一种实现"自由、轻松、不受约束的风格"的综合方法,首先使"书写肌肉的快速运动"成为可能,他自己的教学法就可以最熟练地使用书写体。自由与控制的结合对于个性和高效的文书工作同样重要,这就是为什么正确的写作风格通常有助于让我们成为"更好的人",威廉·奥尔科特说道。乔治·温彻斯特(George Winchester)将一套热身练习——"肌肉规训者"(muscular disciplinarian),纳入他的《理论与实践笔法》(*Theoretical and Practical Penmanship*),指导学生从左到右描摹一序列的非形象线条图案 50 次,再从右到左描摹 50 次，温彻斯特向其练习法的订阅者解释说，练习的目的是在思想和行动之间开展及时快速的沟通，这套练习强调了这种关系。 与之相似，B.F.福斯特也向学生推荐"大手"练习，但"并不仅仅为了练习而练习"，而是因为这些练习也成了"训练和规训思想或身体的一种手段，使其能够完成其他事情"。 塞缪尔·威尔斯在他的手册《如何做生意》（*How to Do Business*）中认为，正确的笔法是"自我培育（self-culture）之工作的辅弼"。 换句话说，一如布尔乔亚在书写字母之时，也在形塑他们。[43]

美国内战前，20 岁的威廉·科贝特（William Cobbett）安坐在一家律师事务所的凳子上，在上面抄写契约和合同，他就是这种阶级形成之手书过程的典型代表。 他那笨拙、不谙世事的手更能适应农活，这一点从他留下的散落在书页上的大量污点和擦除就表现得非常形象而明显。 这些都需要有意识而一丝不苟的纠正，这取决于威廉能否成功地将其努力固着在对手指的精细到毛细血管的规制上，而这反过来又依赖于他能否有意地将整个自我身体投入手头的业务中去。 这一依赖于不断增加的书面记录的经济所需的"不知不觉、毫不费力的"文件书写，究竟是让威廉成了机器的附属，还是让这种附属变成了机器本身的一部分？ 乔治·温彻斯特所认为的对于现代大规模生产——及现代人格——都至关重要的肌肉规训，再加上 B. F.福斯特在《范文》中所阐述的崇高的**"手的掌控"**，两者都展现了资本主义的劳动分工对个人身体的肢解，即使是在会计室这种表面上彬彬有礼、非机械化的环境之中。 在 1838 年，有一位年轻的小职员写道："和叔叔一起去他的办公室，给他献上手臂的奥援"，这确证了拉尔夫·沃尔多·爱默生一年前发出的悲叹："人从政治经济学的角度来看就是一双手。"[44]

当然，这双手也是使人区别于野兽，"是最适合智能动物的工具"，早在盖伦那宗师级的人体解剖学研究中，就被挑明了。 手上作业是人类的鲜明成就，是文明化进程的标志，也是共和文化的基石。 然而，

这一胜利不再由强壮的

> 臂膀所承载,由坚毅之自负的笔锋横扫所代,

> 迅疾之镰所引之下,确乎如一道光束。[45]

小职员苦练出来的**手的掌控**,代表了一种独特的现代形式的人为技艺,其衡量标准不再是与物质世界的生产性的触碰,而是将这一物质世界——包括其自身——转化为抽象道具的能力。

账本底线

簿记是文书工作的另一个基础。 事实上,这是一种早在商业书写之前就存在的古老技术,是文艺复兴时期的一项文化成就,旨在提高早期合股公司和合伙商行监督其贸易活动的数量和范围的能力。 事实证明,同样的系统在监督工业时代企业催生的不断增生的细节和空前庞大的数字方面也有力且得心应手,以美元和美分的标准来衡量资产、图绘流动性并规制时间性。 弗雷德里克·贝克(Frederick Beck)在《青年会计师指南》(*Young Accountant's Guide*)中指出,"随时都可以方便、快捷、清晰地理解和了解……商人的真实状况",账目对 19 世纪贸易的交错维度做出了实际贡献。 新的合伙制和商业实践的公司制形式在引导投资和限制财务责任方面发挥着关键作用——从而使风险更易承受——35 也越来越依赖于这些账目程序。 例如,商行为了"迅速……了解"自己的状况,动用了各种各样的存货明细簿、合伙簿册、交易日记账和日志——抑或是交易日记账形式的日志——以及销售账簿、发票账簿、账单账簿、现金账簿和分类账。 佣金业务主要依靠流通账目来计算付款时间表和起草票据、汇票、订单和汇票。 代运业务通常会诉诸收发货记录,而中介人、交易行、银行、汽船公司(包括湖运汽船公司)、证券

交易商和零售商——对他们而言交易日记账、日志和发票通常可以合到同一个登记簿上——都类似地依赖于对账目的妥善处理。 弗雷德里克·贝克进一步解释说，"就像机械技艺学徒使用的工具一样"，伴随账目而来的抄本构成了在市场上行事的根本工具。 事实上，账目的序列就像众多驱动着"变革的引擎"的紧密校准的齿轮一样运作，这也是为什么账簿配备有特殊的装订，能够经受各色办公室人员之手不断翻阅的物理磨损。[46]

然而，只有当构成"各个而且是全体账户的真实状态"的庞杂的数字——负债、收入、成本和资产的"群岛"——被持续不断地记录下来，才能了解这一真实状态。 这种勤奋表现为一种资产阶级式的自负，同贵族的漫不经心以及更原始的贸易文化对天意的被动依赖毗邻并置。 因此，詹姆斯·布莱克（James Blake）才会花一整天的时间在办公室里寻找"借由过去三年间我的资产负债表而显现出殊异的那一确切的点"。 B. F.福斯特在《簿记的起源与发展》（*Origin and Progress of Book-keeping*）一书中指出，正是这种以"就像欧几里得的诸命题一样可证实且普遍的"命题为依据的严格的投入产出类型学，让布莱克等人得以描绘出资本在经济中循环、带着或往往不带增补价值而回到资本所有者手中所经的盘根错节的交换途径。 这就是为什么历史学家长期以来将"账户的科学"视为资本主义自身发展的根本条件。[47]

在众誉为复式记账法的度量标准中，每笔业务交易都要上记录两次。 也就是说，每笔交易由两次交换组成。 在第一次交换中，某物被记入借方。 这就意味着，还有别的东西要记入贷方。 倘一家公司以1 000美元的价格出售100件亚麻羊毛交织男式夹克，账簿中记下贷方是出库的夹克，借方是入账的现金。 正是这两条记入项之间的对应关系，产生了涵盖整个企业的"结果的均衡"，簿册有条不紊、一碗水端平地平静记录着支出和收入，如果有人试图让数字解释总体情况，账目则顽固地拒斥数字累加。 要是把所有的账目汇编起来，那么货币经济

36

41

的全貌才会得以显现，因为一家公司的借方总能同另一家公司的贷方对得上，将所有账目串联在一个巨大的交换链条里。因此，克里斯托弗·哥伦布·马什（Christopher Columbus Marsh）在他的《复式簿记科学》（*Science of Double-Entry Book-Keeping*）一书中宣告，账目能独一无二地展现"有着优美规律性的复杂业务的迷宫"，以此对平衡分类账做了个结构性的承诺；事实证明，后者特别擅长将离散的质性转换为普遍的数量，然后将这些量化还原为可用于销售的可通约价值的单一图式，五百页的日志过账提炼成几行财务摘要，然后成为可得的物质现实之最可靠版本。因此，不断波动的价值标志——无论是福尔摩斯先生的细平布、布朗先生的五金、劳埃德先生的杂货，还是琼斯先生 30 天后见票即付的票据——都成为秩序甚至确定性的源泉。[48]

这种自负标志着与早先的交换文化中盛行的专项易货账册的巨大差异。例如，美国英属时期的贸易及其附带的债权债务的表清单罗列方式，就是首先要专门生成连续的事件摘要。由此产生的目录簿与后来的资本家们为衡量流量之流变和实现对整体的概要把握而审查出的二次方程式论没有什么共同之处。当然，跨大西洋航行所产生的成本和收益也需要系统性记录，但在 18 世纪，几乎没有人努力利用这些数字来建立商行水平上的连续的活动报告。事实上，业务本身就是一个无定形的实体，因为商人的资产由多种独立形式的财富混杂组成，除了从杂七杂八的贸易经营事业中获得的总收入外，还包括个人放贷利息、遗产收入，甚至是家族嫁妆的价值。在这种情况下，不可能建立起临时性的结平账目，尤其是因为分类账始终未能区分将收入从资本区别开来。衡量商品的价值的增额、评估未完成项目造成的损失抑或使收据与支出相符，同样也是不切实际的。固定资产——例如，建筑物和船舶——在账簿上会保留多年，乃至永远。类似地，坏账按全额成本计算。个人股份所值的变化要么增值计入收入或减值计入支出，使得计算后世所谓的净利润者在当时显得徒劳无益。同时，这些对商业知识的限制都还是算可以接受的，因为贸易的基础在于财富之流动而非积累，换句话说，

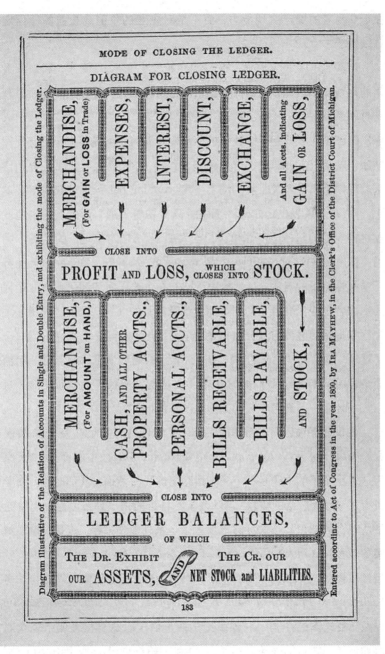

出自伊拉·梅修（Ira Mayhew）的《实用簿记》（*Practical Book-keeping*），1860 年（第 60 版）。

38　在于交易者的资产变现能力，而不是对企业的价值或权益的任何定期总结。[49]

　　1820年前后的某时起，这一切开始发生变化。债务人和债权人之间的划线变得更为普遍，两者也不再总是同一人，而且更多地通过现金支付联系在一起。收入和资本投资之间的区分也越来越多地被纳入考虑，而账册则不再专于留驻一整个待售商品的序列编年，而是有规律地结账，以便产出定期性资产和债务小结。对衡量资产变现能力和偿付未兑现票据来说至关重要的动态平衡（running balance）也获得了普遍使用。资产负债表也是如此。那些"只关注着流通"而生产的制造业企业也需要新的归档严密性和认识论发明。与之对应地，固定资本同目前"在用"的资本分离开了。租金、存货、原材料，甚至雇佣劳动都成了系统性测量的对象，后者致力于同时在企业层面和细化到物件层面上揭示出各色经济变量之间非如此就难以察觉的互换，进而这些相互关系会逐渐揭示出整体与部分之间的新关系。这使得资本家们可以"一目了然地"观察到"业务的整体结果、事务的确切情况，或者用一句简短而中肯的话来说：'我们如何立身'"，这句话概括了克里斯托弗·哥伦布·马什眼中的充满雄心的知识生产系统的实际效果。[50]

　　仅仅几年前，马什在其于1835年付梓的《簿记和资产负债表研究》（*Study of Book-Keeping, with a Balance Sheet*）中解释说，"大家认为这本小册子的主题是……一个黑暗之谜"。然而，从那时起，商业账目有了"如此广泛的需求"，以至于不再可能说"有人可能不需要它名下所包含的知识"。马什自己出版了一系列教学书籍，包括《单式簿记实务教程》（*Course of Practice in Single-Entry Book-Keeping*）（不久就以增订版再版，新增了合伙制部分）、《银行簿记及合股账户理论与实务》（*Theory and Practice of Bank Book-Keeping, and Joint Stock Accounts*）以及《复式簿记科学》（"谨献给小职员们"），这直接证明了公众对学习如何结平账目的兴趣之增长。亨利·帕特森（Henry Patterson）刚刚受雇于曼哈顿的 W.N.西摩有限公司（W. N. Seymour & Co.），成了小职

员，因而每周二晚上他都要去参加一个复式簿记的学习小组，其固定参
与者包括"克莱恩夫妇、安·玛丽亚、特纳和埃德加"。 S.W.克里滕登
(S. W. Crittenden)为回应这一大众化的教学需求，出版了一本《簿记基
础论》(*Elementary Treatise on Book-Keeping*)，指导用户在现金账簿中
过账的手续。 一旦掌握了这些基本技能，就有可能进一步学习分类账
和资产负债表，再进一步就有资格学习克里滕登出的高中版和会计室版
本的《单式和复式记账法归纳实务论》(*Inductive and Practical Treatise
on Book-Keeping by Single and Double-Entry*)。 欧文·希区柯克(Irvine
Hitchcock)是另一位在该领域活跃的教育家，他感到自豪的是，自己成
功地将"商人的语言，而不是幼稚的方言"整合到了《簿记新教学法》
(*New Method of Teaching Book-Keeping*)，而这本书的特征是在每个学习
单元的末尾进行总结回顾。 在《簿记新教学法》关于日志分录的一章
的结论部分，他考验学童们，现金采购价值 1 000 美元的商品应如何记
在账簿里。 如果用票据代替现金，同样的一笔采购应如何记账？

> 但是，如果在采购货物时支付了 500 美元现金和 500 美元的票
> 据呢？ 如果在现金以外的票据部分，你给的是塞缪尔·阿切尔欠你
> 500 美元的票据，而不是自己所有的？ 如果采购上述的物品时用的
> 是簿记账户(buy on Book Account)？ 如果你事后清算并以现金存入
> 账户？ 如果给的不是现金，而是你自己的票据？[51]

这些不同的**课程**、**论文**和**方法**都没有提供一种独特的记账技术，只
是提供了一种据称能更好学习标准记账的图式，一如 B. F.福斯特宣传
他自己的独有方案时所说，是"一种改进的、更有效的技艺的理论和实
践教学方法"。 例如，福斯特对那些过分施加重要性于从属账簿而忽视
"分类账"的体系不屑一顾，因为后者是一张最全面、最复杂地体现了
企业的所有交换关系的分形表。 然而，塞缪尔·克里滕登在捍卫他的
《基础论》的组织原则时同样充满魄力，因为它是以现金账簿为基础

39

的，每笔商业交易最初都列在现金账簿上。 这种方法必然会"迫使学生依靠自己的脑力资源"，迫使他去把握每次实际交换的内在逻辑及其对公司资产、负债和资本的影响，以确定所报告的销售是否应转入日志、销售账簿或流通账目。 詹姆斯·贝内特（James Bennett）在他的《美国实用簿记体系》（*American System of Practical Bookkeeping*）中肯定了这种强调账户之为何和如何的做法，"要记好日志条目，首先必须完全理解其所依存的商业交易"。[52]

40　　　理解每笔交换的潜在结构，而不是简单地死记硬背所谓的将借方记在分类账的一边、贷方记在分类账的另一边的规则，这种做法与当时旨在努力培养每个人自己的推理和概括官能的社会改革的格式塔是一致的。 霍勒斯·曼（Horace Mann）在一篇关于《一般学校教育的手段和目标》的文章中解释道，这些是理性思维的基石，是从"简单元素……循序渐进，达到融合结果"的关键。 曼事实上是在以另一种方式总结基于同样的自然理性信条的账目理论，这也是为什么簿记也被纳入了曼历年提出的具有里程碑意义的课程创新中。 将商业交易的原始数据口述给学童的教学计划也相应地得以开发，学童们随后即被指导如何"身为吏属"来正确记录这些杂乱无章的细节。 这位来自马萨诸塞的教师接着道，一旦掌握诸记交易日记账的技巧，"让他们做一个分类账，然后'过账'到这个账上"。

　　B. F.福斯特在他的《商业簿记简论》（*Concise Treatise on Commercial Book-keeping*）中也采纳了同样的教学法，他建议给每个学生分配一笔名义上的个人资本——以票据的形式分配，"以便具有货币的外观"，因为这显然会达到"更好的效果"——他们要把这笔资本作为商业资产来管理，当然也就需要全面的核算。 早先的"把学习者操练成一台计算机器"的习惯被草率地摒弃，取而代之的是更开明的鼓励学生"理性思考并理解他正在做或将要做的事情"的方法，一如对福斯特计划的交口称赞中的众人所阐释者。 与之类似，克里滕登的《簿记基础论》因其坚持内在于账目并且能自然而然地"引领理性官能"的"平实又哲思的原则"而受赞。[53]

　　C. C.马什谈到复式记账法在新一代美国人的社会化上发挥的作用时说，簿记将培养出自由而负责任的能动者。 长期以来，商业正统认为簿记最好是寓教于劳，而马什本人则是这种正统的坚定批判者。"在那个把某人培养出来的会计室里，他也许可以正确地记账，"马什在反对这种偏狭时争辩道，"但由于任何其他会计室里的业务都可能完全不同，一旦他的处境改变，有能者就成了无能。"而对于在全面的理论下受训的人来说，情况并非如此："他对任何业务的账目都游刃有余。"簿记因此实现了工业化，即建立在标准化和可互换性原则之上，"就像欧几里得原理一样可证实并且普遍"，这样做的结果是统一的，不再取决于被指派去簿记者的个人身份。 这种透明度将账目变成一门科学，同时也使小职员劳动力的大规模市场有了实际可能。[54]

　　因此，涌出了许多告诫性的故事，警告那些拒不管教自己簿里的数字的老派重商主义者，等着他们的将是凄惨的宿命：其商行所存续的特立独行的"象形文字簿"在结算时将被事实证明为毫无用处。 类似的寓言故事则讲述了一些值得尊敬的商人因计算贴现失误而面临商业崩盘的悲惨遭遇："这一问题无论在任何时代、任何商业分支，都需要来自经验丰富的会计师的切身躬行的智慧。"一位被迫破产的干货批发商，詹姆斯·奥尔登(James Alden)承认了对这种财务专业知识的日益增长的需求。"我了解……业务，"奥尔登在 1842 年提交给法院的一份宣誓书中称，但"我不是一个很好的会计师，没有受过会计教育，除了自己掌握的知识外，没有任何对账目的知识"。 这种缺陷很常见，以至于1852 年福斯特的商学院为那些"熟悉商业细节"却缺乏关于"复式记账法原理的合格知识"的退伍军人专门开设新课程。 同样的情况也促使J.B.克兰(J. B. Crane)购买了一本詹姆斯·贝内特的《美国实用簿记体系》，以提高自己对应收账款的利息收缴程序的掌握，从而加强对其造纸厂的赊销成本的控制。[55]

　　托马斯·琼斯(Thomas Jones)在他自己的复式记账学习法里解释

道，所有这些演算根本上是一个"排列的问题"，这让他获得了美国学会的奖项。严格来说，这些账目本身就是一种逻辑练习，用于将交易列入其相关类别。"因此，每一类物品都各得其所，而了解这些位置和每种合集的对象，就是了解了计划。"19 世纪 50 年代，布朗兄弟的商业银行公司就公司账簿中记录坏账的最佳方法展开的争论，揭示了这一计划的深层结构。规则在于，债务被列为资产，是因为它属于欠公司的钱。在这方面，这些资产主要使银行的高级合伙人受益，他们的收入是根据这些资产的价值计算的。但是，由于有些债务是坏账，很可能永远收不回来，合伙人实际上得到的是"没有完全收到"、以后也不会拿到的滞纳款。这意味着他们把不存在的钱装进了自己的腰包，这样的做法是对那些未被纳入公司利润共享中的人的歧视，同时也威胁到公司的偿付能力。这种做法引起了银行内部的抗议，最终导致设立了一个单独的"暂记账户"（suspense account），用于列出有问题的债务。该暂记账户将高级合伙人的个人资本账户勾销，根据坏账的金额减少他们的所得。然而，勾销的金额并不包括整个款项。部分债务作为实际资产保留在账簿上，因而在公司的资产负债表中显示为所得，从而还是使合伙人的腰包鼓了起来。[56]

42　　布朗兄弟公司在对立的个人利益之间做出的这种妥协，成了公司事实上的财务状况。它与任何"物质"现实无关——与债务之为拖欠的法律地位无关，也与对债务毫无价值的实际承认无关。但是，这种物质性本身就是妄加推论，因为没有人能够在某一特定日期实际变卖其持有的所有资产，以确定任何特定时间点的"真实"市场价值。那么，什么才是价值的基础呢？债权人、债务人、货物、收据和现金之间的结平依赖的是什么？实际上，它所依据的不是别的，而是公司自己在账簿中关于何为结平的特殊版本的安排。托马斯·琼斯解释道，无论这些类别是多么有趣，甚至是多么武断，只要它们严格、系统地遵守计划的分类法或事实的"安排"，它们就符合会计标准。如果所有部分都表现得与一个共通的治理逻辑一致，将美元符号的关联带入一个稳定的均衡，这就能确保账簿的连贯性。 因此，事实证明，为某些债务发明一个名为暂记账户的新实体是一个最实用的解决方案，尽管它揭示出账户的科学完全是一种人为现象。

当然，这也并不矛盾。 这种人工性与市场经济总体上的人为本质相吻合。 换句话说，布朗兄弟的运作建立在由贴现、现金流、成本、收入、收款和债权组成的资产负债表的基础上，而反过来，资产负债表却又建立在该公司已经建立的、赋予了该公司计算、设计、判断和辩解——也就是在经济中行动——的能力的诸范畴之上。 1857 年，沃伦·斯宾塞（Warren Spencer）在布法罗商业学院的一次演讲中重提了当时颇受欢迎的口号"知识就是力量"。 这并不是隐喻。 商业只能基于所知者来运作，这使得分类账的价值生产恰恰成了市场经济的生产资料。 这一过本身就极其切实，因为能实际指导公司行动的诸范畴首先就是由公司发明的。 结果，同义反复成了这一体系的优势所在，这一体系展现出"比音符更完美"的和谐，证明了会计并不需要更多的参照物。[57]

并非所有人都对这一新兴秩序感到满意。 约瑟夫·霍普金森（Joseph Hopkinson）在其于 1832 年发表的《关于商业诚信原则的演讲》（"Lecture upon the Principles of Commercial Integrity"）中，对这种形而上学埋怨道："所谓的商业交易比起空想好不了多少。"霍普金森是联邦巡回法院的一名法官，他对市场上流通的"卖方未付款"而随即又被卖给那些开具了"永不付款"的票据的顾客的商品数量日增感到不安。各方对信贷关系的这种滥用嘲弄了相互交换的信条，甚至嘲弄了内在价值的概念。 针对《亨特商人杂志》1844 年在字里行间抛出的"给会计师们的问题"，也有人提出了类似的抗议。 读者问：来自公司的商品应该按成本定价，还是按当前账面价值定价？ 举个例说，B. F.福斯特等人从 19 世纪 30 年代起就开始推广后一种做法，认可它更符合动态经济的使用需要，在动态经济中，关于支出、贷记和借取的决策不能等待商业活动的完整周期之后再确定实际价值，而库存现金或按成本计算的资

43

产总和等相对有形的衡量标准，至少可以部分反映出商人和制造商为寻求最佳资本回报而可利用的资源。[58]

然而，在根据当前账面价值计算商品价值时，可能会招致商品的名义价值低于其原始成本的可能，从而导致账目上"显示**未售**商品的**明显损失**"！ 这引起了相当大的警觉。 反之，如果现值高于原始成本，那么账簿上就会在"'未售'者"记一笔所得。 无论哪种情况，实际上都完全是似是而非的，因为它脱离了为货物付出的实际支付，并进一步证实了商品体系对交易原则的颠覆性影响。"他卖满世界的商品——他雇满满一店的小职员——他在门前把箱子堆得山一样高——他拿了一大叠纸——他在银行里有浩如烟海的生意——他总是在处理现金"——然后他破产了。 这一串越来越常见的商业事件似乎违背了常识。 更重要的是，它预示着一种为这样一个世界而校准的新版本的常识，《美国颅相学杂志》在1848年指出，"旧的（世界）正在轰然倒塌，新的正在革命中出现，犹如魔术"，而同年《共产党宣言》名言是，"一切……固定的东西都烟消云散了"①。 实际上，《亨特商人杂志》的专栏刊登的《给会计师们的问题》，并不仅仅是专业人士思考如何在账簿中正确列出资产价值的最佳方法时遇到的技术性干扰。 相反，它们是关于首先该如何确定价值及其目的的一系列根本性挑战。 内在价值和其曾经所倚的劳动以及共和主义式的、将财产和基于财产的固定的社会秩序相提并论的做法殊途同归，其可能性正在被市场本身"持续且几近千变万化的波动"所淘汰。[59]

在1837年出版的法国大革命史中，托马斯·卡莱尔遗憾地指出："纸张是用曾经存在过的东西的破布做成的"，这是创建一个摆脱绝对主义的世界的决定性事件。 现代经济将真理从先前的超验意义领域中驱逐出来，并将其重置于每个人的"想象力"之中，这让绝对价值商业体制的忠实拥趸经受了类似的倦怠，甚至是恐惧感，这就是霍勒斯·布

---

① 译文依照《共产党宣言》，中共中央马克思恩格斯列宁斯大林著作编译局译，人民出版社2018年版，第31页。 ——译者注

什内尔（Horace Bushnell）在 1851 年赞颂逝去的"朴素时代"时对同时代人的斥责，因为他们放弃了等价交换的农业传统，在这种传统中，价值由每个人为满足其需求而付出的实际努力决定。布什内尔申辩说，因此，社会正在滑离唯实论的控制，落入唯名论的手中，他的意思是，社会秩序越来越多地成了人类自身的亵渎习性的一个机能，而不是上帝原初造物的一面镜子。这就将真理重铸为一种嵌进事实上的前因及其可辨识的后果中的本土经验或偶然性。在 19 世纪末一篇专门论述"知识社会学"的文章中，埃米尔·涂尔干最终对这种可塑性评价道："我们也该理所当然地问自己，它源自何处［以及］有什么益处。"格奥尔格·齐美尔在他的《货币哲学》中也阐述了同样的市场伦理。他在谈到资本时代理性的工具性来源时写道："我们以'真理'的名义令得那些表象崇高……激发了我们有益的行为。"①由此引申，效用将决定这些表象中的何者被确立为现实。[60]

1849 年，《亨特商人杂志》发表了一份关于海关货物估价的报告，进一步体现了这一做法。里面解释道，"发票价格，甚至商品实际所付的价格，绝不是公平的市场价值的真正标准"。这种不符可能是为了支付少一点关税而虚报价格造成的。对负责执行国家关税法的人来说，问题并不小——对于研究现代交换经济的现象学的历史学家来说更为要命——交易自身的不同波动有着导致同样的虚假价格的可能。[61]

负责征收进口关税的当局实际上认为，市场上的应有价格并非实际市场价格。当然，这种"估价过低"的声明是悍然不顾朴素理性的。购买一件商品所支付的金额怎么会不是其"公平的市场价值"的蔚为真正的标准呢？然而事实是，资本主义经济并不是这一或那一交易的机能。它甚至不是一种基于市场交换自身的制度，而是基于将市场交换纳入控制或加以解释的一般需要。因此，所谓有规章的"市场价值"与其说与付给商品的价格的流动性，倒不如说与管理这种流动性的企图 45

---

① 译文参考《货币哲学》，陈戎女、耿开君、文聘元译，华夏出版社 2018 年版，第 62 页。——译者注

有关。 在这种情况下，一个由五名商人（获选基准是他们"正直和公平交易"）组成的委员会，受命审查针对海关官员的估价提出的任何质疑。 依旧存在的分歧最终取决于港口收税员自己，如果选择较低的估价——这将减少联邦政府的收入——他"要在声明中说明理由，并转呈给[财政]部备案"。 为确定"公平、无私"的商品价格，一个三层级的监管机构建立起来，但事实证明现实的市场交易并不公平、无私，遑论可靠。 但是不要误解：港口的这些新安排并不是倒退回了早先的以公正价格和集体对公共财富的控制为基础的道德经济学时代。 相反，建立这些安排是为了促进致力于无限制地积累资本的竞争市场体系的运作，且隐隐承认这一体系的运作往往会自绝根基。 实际上的事实证明，公平的市场价值不过是另一种由政府裁断所创建的名义上的账目范畴，建立在对一致的、可预测的关税的需求之上，以"确保在不同港口行动的统一性"。 与布朗兄弟公司一样，联邦国家发觉自己在发明市场标准以支撑交易的"千变万化的波动"。[62]

因此，约瑟夫·霍普金森用"空想"来抨击谴责现代商业交换的**事前**（*ex ante*）性质，这样的说法是有误的。 真相是，19 世纪中期在美国最受推崇的经济学作家亨利·凯里（Henry Carey）引用当时最受推崇的英国经济学家约翰·斯图亚特·密尔的话说，"政治经济学的推理从假定的前提出发——这些前提可能完全没有事实根据，而且并不假装与政治经济学本身普遍符合"。"账目的科学"正是建立于这样的一些前提之上，就像一种工具而发挥机能，"恰如机械工艺学徒的工具一样"，用于生产物质关系，而不仅仅是测量后者。 随之而来的是，登记商业交易的"适当场所"并非最能反映商业交换而是最能整合商业交换的场所，而且在整合的同时还在很大程度上创造了这一交换。 确实，分类账结果之彻底的清晰性仅仅进一步表明了其被设计制造出来的状态，因为这种平衡在自然界中是很少见的。 B.F.福斯特在他的《笔法体系》中断言，这是一个"体系的时代"。 账目凸显了他的断言，因为它展示了金融记录的体系如何强于现实，或者更准确地说，这样一种体系如何——

在这种情况下，一种知识经济如何将独一的质性差异转化为普遍的货币
价值——成了现实。分类账可能引来一个剥离了自然价值的世界，但
这个世界借由这一分类账，又成为可辨识真理的场所。[63]

只有放弃绝对价值，转而追求名义价值，才能达致普遍性。账簿
正是将之实现的手段，它可以清点和计算越来越多种类的商品（包括坏
账在内的无形商品），进而显示出一切事物都可以被真真正正地市场
化。它把交易变成了统一的场论，在这之中所有事物都可以通过指派
价格而变为可清点——或者说，变为可认知。因此，市场本身不再受
到任何特定的时间或地点的限制，而是在这里、在账目行行列列尽职尽
责铭刻下的记录中，找到了最为有形的存在。在这里，各方汇聚一
堂——在这里，有血有肉的价值化为抽象的等价物，使商品交换成了经
济的近义词。[64]

然而事实证明，簿记不仅足以发明市场，还能使市场自然化，这对
资本主义革命至关重要。簿记通过将大量的个人购置（和个人购置欲）
组织为涵盖所有社会行动者的单一宇宙——将短期、利己的手推车和实
物交易转变成世俗乃至"科学的"广泛秩序——还有助于对处于市场体
系核心的潜在的不稳定的二元性的综合：平衡与运动、自由与控制、个
体性与普遍性。企业可能会耗尽股本，导致给个人生活造成创伤又扰
乱企业秩序的破产，但在范式的层面上，复式记账法可以解释这些现
象——而且往往可以预测之——使这种明显的市场失败成了完全正常的
事件。换句话所，破产成了疏于正确记账的结果。一如托马斯·琼斯
在他的《作为普通教育分支的簿记分析》中所证实的，一种发明于 14
世纪的能够揭示"普遍自明的真理"的知识形式，在 19 世纪获得了前
所未有的重要性，否则它就会被深埋在大量自我本位的数字符号之
间。账本底线成为价值的价值观，因为它对所有人都认同的、为追求
重要机会而进行的全国性自由竞争进行了结构性制约，将资本自身擢
升为社会秩序和物质秩序的源泉，换句话说，也就是将其擢升进入了
资本主义。[65]

注 释:

201 ［1］Douglass C. North，*Structure and Change in Economic History*（New York：W. W. Norton，1981）；Robert Greenhalgh Albion，*The Rise of New York Port*（New York：Charles Scribner's Sons，1939）；"Maine to Texas" in *Hunt's*，vol.39（October 1858），411.当然，"市场效率"是一种公然的时代错乱，也是本研究对经济史学科的唯一表示。有关后者的更多信息，可参见 Joel Mokyr，"The Industrial Revolution and the New Economic History," in *The Economics of the Industrial Revolution*，ed. Joel Mokyr（Totowa，NJ：Rowman & Allanheld，1985），1—51。

202 ［2］*Hunt's*，vol.15（October 1846），339；F. R. R［eed］，*Experience of a New York Clerk*（New York：F. R. Reed，1877），27—37.关于更古早的交换系统，请参见如 Keith Tribe，*Land*，*Labour and Economic Discourse*（London：Routledge & Kegan Paul，1978）；and Margaret Schabas，*Natural Origins of Economics*（Chicago：University of Chicago Press，2005）。

［3］Samuel Wells，*How to Write：A Pocket Manual of Composition and Letter-Writing*（New York：Fowler and Wells，1857），7；Noah J. T. George，*The Gentleman's Pocket Companion，or … Useful Forms of Writing*（Concord，MA：Hill and Barton，1831）；Morton ad in *St. Cloud Democrat*，December 29，1864；Herman Melville，"Bartleby, the Scrivener: A Story of Wall-Street," *Putnam's Monthly*（November 1853），550；*Hunt's*，vol.1（October 1839），291.本着同样的精神，梅尔维尔在他的故事中再次提到了文明"从双手长剑到单手鹅毛笔"的转型，"The Paradise of Bachelors"（1855），in *Pierre；or，The Ambiguities … Uncollected Prose*（New York：Library of America，1984），1258。

［4］Edward N. Tailer，Diaries，November 24 and December 17，1849，and January 15，1850（New-York Historical Society）；*Hunt's*，vol.1（October 1839），291；"Chapters from the Experiences of a Merchant," *Hunt's*，vol.15（October 1846），343—344，347；James D. McCabe，*Lights and Shadows of New York Life*（Philadelphia：National Publishing Company，1872），843—847；North，*Structure and Change*，35—37.

［5］Charles H. Foster，ed.，*Down East Diary by Benjamin Browne Foster*（Orono：University of Maine at Orono Press，1975），15，16，121，219，220—221，229，297，287—288.因此，事实证明经常与资本主义经济联系在一起的"时间的消逝和距离的消亡"的报道是夸大其词。倒不如说，资本主义标志着时间性的鼎盛，而非崩溃，这是因为时间获得了前所未有的弹性、延展性和多维性，将账簿上的日月记录以及钟表对工厂车间工时的规定变成了组织和重组人类关系的有力手段。距离也是如此，它在工业化市场中也发挥着至关重要的作用。例如，正是由于东部农场地力用竭的土壤间的距离，才使得西部土地的高产在全球经济中具有如此重要的经济意义，从而促使东部的耕种者从谷物转向畜牧业。相反的论点见 John J. McCusker，"The Demise of Distance: The Business Press and the Origins of the Information Revolution in the Early Modern Atlantic World," *American Historical Review* 110（2005），297。

［6］"千沟万壑"出自 *American Merchant*（July 1858），141；"现代商业工具"参见 *American Merchant*（June 1858），79；James R. Beniger，*The Control Revolution：Technological and Economic Origins of the Information Society*（Cambridge，MA：Harvard University Press，1986），11—12，123—127，130—131，132—144，153—168，173—177；Thomas C. Cochran，*Frontiers of Change：Early Industrialism in America*（New York：Oxford University Press，1981），10，24—25，37—39；C. W. Moore，Diary，218—219（Special Collections，New York Public Library）。关于铁路和电报，请参见，例如 Richard John，"Recasting the Information Infrastructure for the Industrial Age," in *A Nation Transformed by Information：How Information Has Shaped the United States from Colonial Times to the Present*，Alfred D. Chandler Jr. and James W. Cortada，eds.（New York：Oxford University Press，2000），68—86。

［7］*American Merchant*（May 1858），15，and（July 1858），131—132；B. F. Foster，*Clerk's Guide；or，Commercial Correspondence*（Boston：Perkins & Marvin，1837），185—201；Morton J. Horwitz，*The Transformation of American Law*，1780—1860（Cambridge，

MA：Harvard University Press，1977），177—179，181—182，193.根据威廉·A.奥尔科特在《青年指南》中的说法，"更清楚明确的会说，**不，我从来没有告诉过你这样的事情**，正因为如此，在签订合同时不能太精确"。 William A. Alcott, *Young Man's Guide* (Boston：Lilly，Wait，Colman，and Holden，1834），118.

[8]资深观察者见 *Hunt's*，vol.18（May 1848），506；"协调"见于"A Dry-Goods Jobber in 1861," *Atlantic Monthly*，vol.7（February 1861），209；"做了什么"见 *Hunt's*，vol.15（November 1846），484；"对主题的把握"见 *Hunt's*，vol.15（November 1846），483。

[9] *New York Star* 引自 commonplace book，box 6，Daniel F. Child Papers（Massachusetts Historical Society）；Max Weber，"Bureaucracy," in *Essays in Sociology*，ed. H. H. Gerth and C. Wright Mills（New York：Oxford University Press，1946），197；Thomas C. Cochran，"The Business Revolution," *American Historical Review* 79，no.5（December 1974）。可参考 JoAnne Yates，*Control through Communication：The Rise of System in American Management*（Baltimore：Johns Hopkins University Press，1989）。

[10]"对自己的文件的编排"，见 *Hunt's*，vol.15（November 1846），483；Weber，"Bureaucracy," 214；"方法上的能力"见 *Hunt's*，vol.15（October 1846），383，384；Philadelphia merchant in Edward J. Balleisen，*Navigating Failure：Bankruptcy and Commercial Society in Antebellum America*（Chapel Hill：University of North Carolina Press，2001），51。 Marshall W. Meyer，"The Growth of Public and Private Bureaucracies," in *Structures of Capital：The Social Organization of the Economy*（Cambridge：Cambridge University Press，1990).关于商业计划，参考 Martin Giraudeau，"Seeing Like an Entrepreneur：The Dupont Family's Business Models for America（1797—1802）," *Journal of the Early Republic*（forthcoming）；Wm. P. M. Ross，*The Accountant's Own Book and Business Man's Manual*，*2nd ed*.（Philadelphia：Thomas，Cowperthwait & Co.，1852），11。 Frank H. Knight 说："收集、消化和传播经济信息的可用形式，是与我们现代大规模社会组织相关联的令人震惊的问题之一。"参见 *Risk，Uncertainty，and Profit*（1957；repr.，Mineola，NY：Dover Publications，2006），261。

[11] Karl Marx，*Grundrisse：Foundations of the Critique of Political Economy*（London：Penguin，1993），142.

[12]"一人所知，人尽皆知，"见 *Hunt's*，vol.24（January 1850），50；"30 名下级职员"见于 Scott A. Sandage，*Born Losers：A History of Failure in America*（Cambridge，MA：Harvard University Press，2005），101；支店开张，参见 Roy A. Foulke，*Sinews of American Commerce*（New York：Dun & Bradstreet，1941），290—291.关于市场与地方之间的关系，见 Jean-Christophe Agnew，*Worlds Apart：The Market and the Theater in Anglo-American Thought，1570—1770*（New York：Cambridge University Press，1986）。

[13]迈克尔·波义耳，见 Philip Hone，"Reminiscences of New York," *New-York Mirror*，February 20，1841，63；"一袋银两"参见 *Hunt's*，vol.1（October 1839），294；Michael E. Hobart and Zachary S. Schiffman，*Information Ages：Literacy，Numeracy，and the Computer Revolution*（Baltimore：Johns Hopkins University Press，1998），4—6，90—91，103；Bruno Latour，"Visualization and Cognition：Thinking with Eyes and Hands," in *Knowledge and Society：Studies in the Sociology of Culture Past and Present* 6（1986），22—23。可参考 Lisa Gitelman，*Paper Knowledge：Toward a Media History of Documents*（Durham，NC：Duke University Press，2014），3—4；Jacques Derrida，*Paper Machine*（Stanford，CA：Stanford University Press，2005）。

[14]本段和以下两段中的信息借鉴了 Glenn Porter and Harold C. Livesay，*Merchants and Manufacturers：Studies in the Changing Structure of Nineteenth-Century Marketing*（Baltimore：Johns Hopkins University Press，1971），5—6，9，17—18，24—33，74—75；Beniger，*Control Revolution*，138—141，151，156；B. F. Foster，*The Merchant's Manual*（Boston：Perkins & Marvin，1838），36—42；*Wilson's Business Directory of New York City*（New York：John F. Trow，1856），iv；Joseph J. Klein，"The Development of Mercantile Instruments of Credit in the United States," *Journal of Accountancy* 12，nos.6—8（October—December 1911），321—345，422—449，526—537；Pierre Gervais，"Background Discussion：What Is the 'Industrial Revolution'?"（unpublished manuscript）。

204　　　[15] Freedley 引自 Harvey J. Wexler, "Business Opinion and Economic Theory, 1840—1860," *Explorations in Entrepreneurial History* 1, no.3 (March 1949), 15; James W. Kimball, *The Dry-Goods Jobbers* (Boston: Commercial Agency, n.d.), 7。

　　　[16] "繁荣的基础"见 *Hunt's*, vol.42, no.4 (April 1860), 516; "头脑资本"见 Granville Sharp, *Prize Essay on the Application of Recent Inventions collected at the Great Exhibition of 1851*, *to the Purposes of Practical Banking* (London: Waterlow & Sons, 1852), 1, and see 5—7, 15, 41—43; Lois Severini, *Architecture of Finance: Early Wall Street* (Ann Arbor, MI: UMI Research Press, 1973), 24—26, 52—59, 74—75; *Doggett's New York City Street Directory for 1851* (New York: J. Doggett Jr., 1851); *New York Journal of Commerce*, July 10, 1849; 参见 *New-York Times* 上的"办公室出租"的广告, March 15, 1854; Deborah S. Gardner, "The Architecture of Commercial Capitalism: John Kellum and the Development of New York, 1840—1875" (PhD diss., Columbia University, 1979), 101—119; *New York as It Is*, *in 1834* (New York: Disturnell, 1834), 18—19; William M. Thayer, *The Poor Boy and Merchant Prince*; *or*, *Elements of Success* (Boston: Gould and Lincoln, 1857), 121—123; Siegfried Giedion, *Mechanization Takes Command: A Contribution to Anonymous History* (1948; New York: W. W. Norton, 1969), 56。

　　　[17] American Desk Manufactory, *Catalogue* (New York: The Manufactory, 1873), 1—2 (Winterthur Library, Winterthur, DE); Gretchen Townsend, "Working Chairs for Working People: A History of the Nineteenth Century Office Chair" (MA thesis, University of Delaware, 1987), 16—35; Foster & Lee, Furniture Dealers (Trade Catalogues, American Antiquarian Society—hereafter AAS—Worcester, MA); Stuart Blumin, *Emergence of the Middle Class: Social Experience in the American City*, *1760—1900* (New York: Cambridge University, 1989), 93—100, 340; Corlies, Macy & Co. Stationers, *Catalogue*, n.d. (Winterthur Library); Maynard & Noyes, "Black Writing Ink," ink, box 1 (Warshaw Collection of Business Paraphernalia, Smithsonian Institution, Washington, DC; hereafter Warshaw Collection); Barnes & Burr's Spring Circular to the Trade (AAS); Adel Millicent Smith, *Printing and Writing Materials: Their Evolution* (Philadelphia: Self-published, 1904), 161; Orrin N. Moore's Premium Inks, ink, box 1 (Warshaw Collection); Dolbear & Bros., penmanship, box 1 (Warshaw Collection); Michael Finlay, *Western Writing Implements in the Age of the Quill Pen* (Wetheral, UK: Plains Books, 1990), 59—62; John Murphy & Co. General Printing and Publishing Establishment (Baltimore), 1850, broadsides (AAS).

　　　[18] S. A. Potter, *Penmanship Explained*; *or*, *The Principles of Writing Reduced to an Exact Science* (Philadelphia: Cooperthwait, 1866), 21; Platt R. Spencer, *Spencerian Key to Practical Penmanship* (New York: Ivison, Phinney, Blakeman & Co., 1869), 18; *Subject-Matter Index of Patents for Inventions Issued by the United States Patent Office from 1790—1873*, *Inclusive* (Washington DC: Government Printing Office, 1874), 779; Joyce Irene Whalley, *Writing Implements and Accessories* (Detroit: Gayle Research Co., Book Tower, 1975), 86; Finlay, *Western Writing Implements*, 48.

　　　[19] *Hand-Book for Home Improvement*, *comprising How to Write*. *How to Talk*. *How to Behave*. *How to do Business* (New York: Samuel R. Wells, 1875), 9; Cathleen A. Baker, *From the Hand to the Machine: Nineteenth-Century American Paper and Mediums—Technologies*, *Materials*, *and Conservation* (Ann Arbor, MI: Legacy Press, 2014), 13—18, 203; Adel Millicent Smith, *Printing and Writing Materials: Their Evolution* (Philadelphia: By the author, 1904), 161; Paper and Stationery Warehouse, John Marsh, Boston, 1835—1852 (AAS); Rich & Loutrel ad in *Wilson's Copartnership Directory* (New York, 1855); "Everyday Actualities—No. XVII," in *Godey's Lady's Book* (March 1854), 199—202; forty feet in Joel Munsell, *A Chronology of Paper and Paper-Making* (Albany, NY: J. Munsell, 1857), 103, 133; "不必要的折叠", 参见 C. R. Goodrich, ed., *Science and Mechanism* (New York: Putnam's, 1854), 176—180。

205　　　[20] "取代羽毛笔"见 *New York Tribune*, September 1, 1841; *Diary of William Dunlap* (New York: New-York Historical Society, 1930), 3:829; "萃取水"见 Adam

Wm. Rapp, *A Complete System of Scientific Penmanship* (Philadelphia: M. Fithian, 1832), 25; S. H. Browne, *The Manual of Commerce* (Springfield, MA: Bill, Nichols & Co., 1871), 313; B. F. Foster, *Prospectus of the Commercial Academy* (183 Broadway, New York, NY, 1837), 4—5; B. F. Foster, *Foster's System of Penmanship; or, The Art of Rapid Writing Illustrated and Explained, to Which Is Added the Angular and Anti-Angular Systems* (Boston: Perkins, Marvin & Co., 1835), 62—66; *History of the Invention and Illustrated Process of Making Foley's Diamond Pointed Gold Pens* (New York: Mayer, Merkel & Ottmann, 1875), 46。1853 年，巴尔的摩的墨菲文具店仍在广告中出售各种鹅毛笔。John Murphy & Co. General Printing and Publishing Establishment(Baltimore), 1850 (AAS).甚至在 1875 年，人们还在宣称，虽然"羽毛笔现在几乎已经过时了……如果保养得当，没有比它更好的了"。*Hand-Book for Home Improvement*, 10.

［21］Dolbear & Brothers, *A Chirographic Atlas* (New York: Collins, Keese, & Co., 1837)；例如，丧失制笔技能见 Edward Everett Hale, *A New England Boyhood* (1893; repr., Boston: Little, Brown, and Co., 1964), 25; Whalley, *Writing Implements*, 43—44; Finlay, *Western Writing Implements*, 5, 10, 23。D. Hewett, *Self-Taught Penman*, 2nd ed.(Wilmington, DE: Robert Porter, 1818), 4.

［22］Whalley, *Writing Implements* 44; *History of the Invention*, 7—9; Thomas Groom & Co. advertisement in James Robinson, *Merchants', Students' and Clerks' Manual* (Boston: Thomas Groom & Co., 1856); Comer's Commercial College, *Annual Register* (1866), n.p.(cover of pamphlet); *Annual Register* (1865), 4, 6, 8; 斯宾塞的笔尖，参见 Charles H. Carpenter, *History of American Schoolbooks* (Philadelphia: University of Pennsylvania Press, 1963), 188; Mrs. L. C. Tuthill, *Any Thing for Sport* (Boston: Wm. Crosby and H. P. Nichols, 1846), 71; Frazar Kirkland, *Cyclopaedia of Commercial and Business Anecdotes* (New York: D. Appleton, 1864—1865), 2:686。

［23］"速度经济"见 Alfred D. Chandler Jr., *Visible Hand: The Managerial Revolution in American Business* (Cambridge, MA: Harvard University Press, 1977); Whalley, *Writing Implements and Accessories*, 60—67; Finlay, *Western Writing Implements*, 40—43; US Patent No.2, 877 (December 12, 1842); US Patent No.3, 253 (September 9, 1843); US Patent No.4, 927 (January 13, 1847); US Patent No.6, 672 (August 23, 1849); US Patent No.16, 496 (January 27, 1857)。

［24］"书写业务"见 Edward N. Tailer, Diaries, May 25, 1850(New-York Historical Society); Cayley, Diary, January 16, 1844 (New-York Historical Society); Albert Lane Norris, *Journal*, July 9, 1858 (Manuscript Collection, Winterthur Library); Graham, *Journal of Passing Events*, January 16, 1844, February 13, March 25, April 20, May 5 and 9, 1848(New-York Historical Society); Tailer, Diaries, December 18, 19, and 20, 1849, as well as February 11, and May 25 and 28, 1850。

［25］Jill Lepore, *A is for American: Letters and Other Characters in the Newly United States* (New York: Alfred A. Knopf, 2002), 66; William Alcott, *The Structure, Uses and Abuses of the Human Hand* (Boston: Massachusetts Sabbath School Society, 1856), 67; Foster, *Foster's System of Penmanship*, 10—11.更宽泛的内容见 John Guillory, "The Memo and Modernity," *Critical Inquiry* 31(2004), 108—132。

［26］"知道该说什么"参考 Bryant & Stratton, *Catalogue* (1859), 30, 37; Edward N. Tailer, Diaries, February 11, 1850; Foster, *Clerk's Guide*, iv, vi—vii, 25; Boyd & Tubbs Commercial Institute, Boston, 1861(Rare Book and Special Collections, Library of Congress)。

［27］Nathaniel Hawthorne, "The Custom-House" ("Introductory to 'The Scarlet Letter'"), in *Norton Anthology of American Literature*, ed. Nina Baym et al., 2nd ed.(New York: W. W. Norton, 1985), 1:1104; Foster, *Clerk's Guide*, iv, vi—vii, 25, 46—180, "文字之浪费"见 25; *American Merchant* (June 1858), 84—86; 亚当·斯密的部分引自 Guillory, "Memo and Modernity," 123; Edwin T. Freedley, *How to Make Money, Being a Practical Treatise on Business* (London: Routledge, Warner and Routledge, 1859), 56—57; Roger Chartier, "Introduction: An Ordinary Kind of Writing," in *Correspondence: Models of Letter-Writing from the Middle Ages to the Nineteenth Century, by Roger*

206

Chartier，Alain Boureau，and Cécile Dauphin(Princeton，NJ：Princeton University Press，1997)。关于修辞的终结，另见 Mary Poovey，*A History of the Modern Fact：Problems of Knowledge in the Sciences of Wealth and Society*(Chicago：University of Chicago Press，1998)。

[28] "公民和农民" 参见 Munsell，*Chronology of Paper*，43；"The Cheap Postage Question," *Young American's Magazine of Self-Improvement*(December 1847)，341，344；David M. Henkin，*The Postal Age：The Emergence of Modern Communications in Nine-teenth-Century America*(Chicago：University of Chicago Press，2006)，21—22。Pliny Mi-les，"History of the Post Office," *Banker's Magazine and Statistical Register*(November 1857)，337—345；"Practical Working of Cheap Postage," in *Hunt's*，vol.22(January 1850)，44—46；电报的有限使用见 JoAnne Yates，"Investing in Information：Supply and Demand Forces in the Use of Information in American Firms，1850—1920," in *Inside the Business Enterprise：Historical Perspectives on the Use of Information*，ed．Peter Temin(Chicago：University of Chicago Press，1991)，133；and James H. Madison，"Evolution of Commercial Credit Reporting Agencies in Nineteenth-Century America," *Business History Review*，vol.48，no.2(Summer 1974)，176. Allan R. Pred，*Urban Growth and the Circula-tion of Information：The United States System of Cities，1790—1840*(Cambridge，MA：Harvard University Press，1973)，81，93。

[29] Spencer，*Spencerian Key*，24；Foster，*Foster's System*，41；同样可参考89—104；迅速的执笔人见 Daniel F. Child Papers，box 6，commonplace book(Massachusetts Histor-ical Society)，1；151；B.F. Foster，*Prize Essay on the Best Method of Teaching Penmanship*(Boston：Perkins and Marvin，1835)，50；Potter，*Penmanship Explained*，22，25—26，29—30。

[30] Barbara Rhodes，*Before Photocopying：The Art and History of Mechanical Copying，1780—1938*(New Castle，DE：Oak Knoll Press，1999)，16—24("easy combinations" on 24)；Francis' Highly Improved Manifold Writer，1841—1842，broadsides(AAS)；Susan R. Stein，*The Worlds of Thomas Jefferson at Monticello*(New York：Harry N. Abrams，1993)，366；Nora Wilkinson，"Copycat Copiers?" *The Conveyer：Research in Special Col-lections at the Bodleian Libraries*(blog)，July 9，2014，http：// blogs.bodleian.ox.ac.uk/theconveyor/2014/07/09/copycat-copiers-frederick-folsch-ralph-wedgwood-and-the-impr-oved-manifold-writer/。

[31] Silvio A. Bedini，*Thomas Jefferson and His Copying Machines*(Charlottesville：University Press of Virginia，1984)，41—54，皮尔的引文见48；"two originals" in *Amer-ican Advertiser*，July 6，1804；"one of those things" in *Philadelphia Gazette*，June 13，1805；*New York Journal of Commerce*，January 3，1840。

[32] Bedini，*Thomas Jefferson*，54—55，190；Rhodes，*Before Photocopying*，16—18.

[33] "图文复制" 及编写版本参考 "Great men attention! ... Frank G. Johnson's portable letter copying press" (New York：John P. Prall，Printer，n. d.)，printed ephemera(Library of Congress)；Baker，*From the Hand*，208—209；Granville Sharp，*Gilbert Prize Essay*(London：Groombridge and Sons，1854)，211—227；Rhodes，*Before Photocopying*，29—39，63；"抄写信件" 参考 *Scientific American*，vol.2(1846)，48；Wil-liam Mann advertisement；Charles Edward French，Diary，Journal No.2，October 1 and 2，1859(Massachusetts Historical Society)；Charles Babbage，*On the Economy of Machin-ery and Manufactures*(London：J. Murray，1846)，92—93。

[34] Sharp，*Prize Essay*，212，220—221.

[35] Ibid.，222；*Hunt's*，vol.15(November 1846)，483—485；Rhodes，*Before Photo-copying*，4，8—10，12—13，18—21，24(quote)，60，63，82—83；Cindy Sondik Aron，*La-dies and Gentlemen of the Civil Service：Middle-Class Workers in Victorian America*(New York：Oxford University Press，1987).

[36] "左右世界" 参考 Spencer，*Spencerian Key*，89；"大胆、自由、迅捷" 见 Foster，*Prize Essay*，58；同一母题下的另一个说法是 "大胆、自由和商业化"。Bristow 笔法课程的广告参考 *New York Herald*，September 30，1839；*Potter and Hammond's Sys-tem of Business Penmanship*(Philadelphia：Cowperthwaite & Co.，1865)，n.p.；"平实、整

207

洁"参考 "Fulton & Eastman's Principles of Penmanship" in W. & R. Chambers, *Treasury of Knowledge*(New York: A. S. Barnes & Co., 1849), 24。

[37] "From Turnbridge, Vermont, to London, England," *Proceedings of the Vermont Historical Society*, vol.5, no.3(1937), 287; Benjamin H. Rand, *The American Penman*(Philadelphia: B. H. Rand, 1840), n.p.; Stanley Morison, *American Copybooks: An Outline of Their History from Colonial to Modern Times*(Philadelphia: Wm.F. Fell Co., 1951), 24—26; Foster, *Prize Essay*, 22, 32—33, 50—52, 57—60; Foster, *Writing and Writing Masters*(New York: Mason Brothers, 1854), n.p.; "迅速地"参见 Spencer, *Spencerian Key*, 93; "牺牲一切"参见 *Massachusetts Teacher*(July 1855), 213—214; Boston Mercantile Academy, *Annual Catalogue*(Boston: William White, 1857), 23; Littlefield, "Before Spencerian," *Print 3*, no.4(1945), 33—40; Carpenter, *History of American Schoolbooks*, 184。这个难题见 *Massachusetts Teacher*(April 1855), 113—117, and in the issues of July 1855, 213—218, and November 1855, 332—337, 213—214.Tamara Plakins Thornton, *Handwriting in America: A Cultural History*(New Haven, CT: Yale University Press, 1996), 55—58。

[38] "高速公路"出自 "Penmanship", *Common School Journal*, vol.1(March 1839), 65; Spencer, *Spencerian Key*, 143—145; B. F. Foster, *Foster's Elementary Copy Books*(Boston: Perkins, Marvin & Co., 1833); *North American Review*, October 1825, 451—453。更一般的可参考 Thornton, *Handwriting*, 47—55。在宣布 Folsom 的克里夫兰的商业学院的 1851 年开幕仪式的传单上, "Chirythmography" 也占了突出地位。参见 *125 Years of Education for Business: The History of Dyke College, 1848—1973*, chap.2(Cleveland, OH: Dyke College, 1973)。

[39] Friederich A. Kittler, *Gramophone, Film, Typewriter*, trans.Geoffrey Winthrop-Young and Michael Wutz(Stanford, CA: Stanford University Press, 1999), 198—199, 230—231; Foster, *Down East Diary*, 12, 121。同样可参考 Darren Henry, *The Iron Whim: A Fragmented History of the Typewriter*(Ithaca, NY: Cornell University Press, 2005), 134—143。

[40] Melville, "Bartleby," 548.

[41] Foster, *Prize Essay*, 22; Spencer, *Spencerian Key*, 92—93.

[42] Adam Wm.Rapp, *A Complete System of Scientific Penmanship*(Philadelphia: M. Fithian, 1832), 13—14; Potter, *Penmanship Explained*, 26—28, 13; Foster, *Down East Diary*, 230(November 10, 1849); Spencer, *Spencerian Key*, 24; "Writing Desks," *American Annals of Education*(March 1837), 123—125; "Luther's Writing Desk," *American Annals of Education*(October 1838), 457—464.

[43] Foster, *Foster's System*, vii; Potter, *Penmanship Explained*, 30; George W. Winchester, *Theoretical and Practical Penmanship, in Four Books*, rev. ed.(New York: Pratt, Oakley & Co., 1855); B. F. Foster, *The Origin and Progress of Book-Keeping*, 46 (London: C. H. Law, 1852); Samuel Roberts Wells, *How to Do Business: A Pocket Manual of Practical Affairs*(New York: Fowler and Wells, 1857), 31.更一般的可参考 Thornton, *Handwriting in America*。

[44] 科贝特部分参见 Alan Delgado, *The Enormous File: A Social History of the Office*(London: John Murray, 1979), 18; Foster, *Prize Essay*, 22, 24; Anonymous, Diary, 1834—1836, June 19, 1938 (Special Collections, Bryn Mawr College); R. W. Emerson, "Doctrine of the Hands" (1837), 引自 Wai Chee Dimock, "Class, Gender, and a History of Metonymy," in *Rethinking Class: Literary Studies and Social Formations*, ed. Wai Chee Dimock and Michael T. Gilmore(New York: Columbia University Press, 1994), 58。更一般的可参考 Jonathan Goldberg, *Writing Matter: From the Hands of the English Renaissance*(Stanford, CA: Stanford University Press, 1990)。

[45] "强壮的臂膀"参见 Mrs. Francis S. Osgood, "劳作"参见 *American Phrenological Journal*, vol.12(September 1850), 293—294. "在广阔的世界里, 是否有一个包含了同手一样奇异又复杂的机械的工厂呢? 参见 Alcott, *Structure, Uses and Abuses*, 116。也见 Francis Barker, *The Tremulous Private Body: Essays on Subjection*(Ann Arbor: University of Michigan Press, 1995), 70—80。

208

[46] Frederick Beck, *The Young Accountant's Guide*; *or*, *An Easy Introduction to the Knowledge of Mercantile Book-Keeping* (Boston: Stimpson and Clapp, 1831), 5; N. S. B. Gras, *Business and Capitalism: An Introduction to Business History* (1939; repr., New York: Augustus M. Kelley, 1971), 116—119; Sidney Pollard, *The Genesis of Modern Management: A Study of the Industrial Revolution in Great Britain* (1965; repr., Hampshire, United Kingdom: Gregg Revivals, 1993), 209—219, 221—222; Frederick Michael E. Hobart and Zachary S. Schiffman, *Information Ages: Literacy, Numeracy, and the Computer Revolution* (Baltimore: Johns Hopkins University Press, 1998), 148—150; G. A. Lee, "The Concept of Profit in British Accounting, 1760—1900," *Business History Review* 49, no.1 (Spring 1975), 10—17, 29—32.

[47] James Barnard Blake, Diary, March 5 and April 4, 1851 (Manuscripts, American Antiquarian Society); Foster, *Origin and Progress*, 15; Eve Chiapello, "Accounting and the Birth of the Notion of Capitalism," *Critical Perspectives on Accounting* 18 (2007), 263—296; B. S. Yamey, "Scientific Bookkeeping and the Rise of Capitalism," *Economic History Review*, 2nd ser., 1, nos.2—3 (1949), 99—113.

[48] "展现" 于 C. C. Marsh, *The Science of Double-Entry Book-Keeping* (New York: John C. Riker, 1857), 5; 重现于 *Duties of Employers and Employed, Considered with Reference to Principals and Their Clerks or Apprentices* (New York: J. S. Redfield, 1849), 23; "结果的均衡" 引自 John J. Williams, "A New Perspective on the Development of Double-Entry Book-keeping," in *The Development of Double-Entry: Selected Essays*, ed. Christopher Nobes (London: Routledge, 1984), 144。

[49] "音符" 参见 "What Constitutes a Merchant," *Hunt's*, vol.1 (October 1839), 286; Lee, "Concept of Profit," 9—10; W. T. Baxter, "Accounting in Colonial America," in *Studies in the History of Accounting*, by A. C. Littleton and B. S. Yamey (London: Sweet & Maxwell, 1956), 274—275; Pollard, *Genesis of Modern Management*, 211—223。

[50] Terry K. Sheldahl, "Foreword to C. C. Marsh's 1835 'Lecture on the Study of Book-Keeping,' with a Balance Sheet,' " *Accounting Historians Journal* 15, no.2 (Fall 1988), 201; Baxter, "Accounting in Colonial America," 278—281; Pollard, *Genesis of Modern Management*, 209—219, 221—222; Jonathan Levy, "Accounting for Profit and the History of Capitalism" (unpublished manuscript).

[51] Sheldahl, "Foreword," 5; C. C. Marsh, *The Science of Double-Entry Book-Keeping, Simplified* (New York: John C. Riker, 1857), 7, 8; Henry A. Patterson, Diary, September 1, 8, and 16, 1836 (New-York Historical Society); S. W. Crittenden, *An Elementary Treatise on Book-Keeping* (Philadelphia: E. C. & J. Biddle & Co., 1860), 5—8; Irvine Hitchcock, *A New Method of Teaching Book-Keeping* (Boston: Nichols & Hall), iii, 9.

[52] Foster, *Origin and Progress*, 6; Crittenden, *Elementary Treatise*, 6; James Bennet, *The American System of Practical Book-Keeping* (New York: B. & S. Collins, 1839), 12.

[53] Horace Mann, "Means and Objects of Common School Education," in *Lectures on Education* (Boston: Ide and Dutton, 1855), 41; *Massachusetts Teacher* (June 1852), 168, 170—171; Foster, *Concise Treatise on Commercial Book-keeping* (Boston: Perkins and Marvin, 1837), 11; "把学习者操练成一台计算机器" 出自 "Foster's Mercantile Agency Establishement", B. F. Foster, *Counting-House Assistant* (London: Charles H. Law, 1847), 8; "理性思考并理解他正在或将要做的事情" 参见 *New-York Daily Times*, March 28, 1853; "平实又哲思的原则" 参考 Boyd & Tubbs Commercial Institute, Boston, 1861 (Rare Book and Special Collections, Library of Congress). 学校改革参见 Rush Welter, *The Mind of America: 1820—1860* (New York: Columbia University Press, 1975), 276—297. 塞缪尔·威尔斯在引用另一位会计制度推广者和多产作家艾拉·梅修的话时指出，记账 "是每个有普通生活追求的人所必需的"。Wells, *How to Do Business*, 125.

[54] Marsh, *Science of Double-Entry*, 7; "某人" 于 Sheldahl, "Foreword," 191; Foster in *New York Daily Times*, March 28, 1853; Mann, "Means and Objects," 41; 同样可参考 25—26; *Massachusetts Teacher* (June 1852), 168, 170—171; Foster, *Concise Treatise*, 11; Marsh, *Science of Double-Entry*, 7. 同参考 Edward J. Burke, "Objectivity

and Accounting," *Accounting Review* 39，no.4(October 1964)，837—849。

　　[55] "象形文字簿"参考 Kirkland，*Cyclopedia*，2：672，677；奥尔登部分出自 Balleisen，*Navigating Failure*，52，70；福斯特部分出自 *New York Daily Times*，December 2，1852；克兰部分出自 Judith A. McGaw，"Accounting for Innovation: Technological Change and Business Practice in the Berkshire County Paper Industry," *Technology and Culture* 26，no.4(October 1985)，714。

　　[56] Thomas Jones in *Hunt's*，vol.1(September 1839)，257；Edwin J. Perkins and Sherry Levinson，"Partnership Accounting in a Nineteenth Century Merchant Banking House," *Accounting Historians Journal* 7，no.1(Spring 1980)，59—68.同样可参考 "Problems in Accountantship," *Hunt's*，vol.7(December 1842)，567—569。

　　[57] 斯宾塞部分，参见 *Hunt's*，vol.37(December 1857)，702。

　　[58] Joseph Hopkinson，*Lecture upon the Principles of Commercial Integrity*(Philadelphia：Carey and Lea，1832)，13，再刊行于 *Hunt's*，vol.1(November 1839)，377—389。关于霍普金森的传记细节，参见 *Hunt's*，vol.7(November 1842)，397—416。

　　[59] *Hunt's*，vol.11(December 1844)，573—574，包括"持续且几近千变万化"；"满世界的商品"请参考 Asa Greene，*Perils of Pearl Street，including a Taste of the Dangers of Wall Street*(New York：Betts and Anstice，1834)，6；*American Phrenological Journal*，vol.10(1848)，253；Karl Marx and Friedrich Engels，"Manifesto of the Communist Party"(1848)，in *The Marx-Engels Reader*，2nd ed.，ed. Robert C. Tucker(New York：W. W. Norton，1978)，476。

　　[60] Thomas Carlyle，*The French Revolution：A History*(1837；London：Chapman and Hall，1898)，1：29；Horace Bushnell，"Age of Homespun," in *Litchfield County Centennial Celebration* (Hartford，CT：Edwin Hunt，1851)，115；Émile Durkheim，"Sociology of Knowledge," in *Selected Writings*，ed. Anthony Giddens(Cambridge：Cambridge University Press，1972)，251；Georg Simmel，*The Philosophy of Money*，ed. David Frisby，trans. Tom Bottomore and David Frisby(London：Routledge，1990)，107—108.最有名的说法，可参考尼采《真理和谎言之非道德论》(1873)，他将真理的发明同双骰子赌博戏做对比，"按指定的方式使用每个骰子；精确地数出它的点来，构成正确的范畴，绝不违背种姓秩序和等级次序"①。 同样可参考 Maurice Dobb，*Theories of Value and Distribution since Adam Smith：Ideology and Economic Theory*(Cambridge：Cambridge University Press，1973)，74—79，82。

　　[61] *Hunt's*，vol.20(February 1849)，223—225.

　　[62] Ibid.

　　[63] Foster，*Foster's System*，v.

　　[64] 凯里部分参见 "Political Economists," *American Whig Review* 12 (October 1850)，382；Lorraine Daston and Peter Galison，"The Image of Objectivity," *Representations* 40(Fall 1992)，84—89；Theodore M. Porter，"Quantification and the Accounting Ideal in Science," *Social Studies of Science* 22(1992)，633，640—641；Donald MacKenzie，*Engine，Not a Camera：How Financial Models Shape Markets*(Cambridge，MA：MIT Press，1996)，143—177。 210

　　[65] "自明的真理"于 Thomas Jones，*Hunt's*(December 1842)，30，再刊于 "Analysis of Bookkeeping as a Branch of General Education," *Accounting Historians Journal* 4，no.2(Fall 1977)，45；Simmel，*Philosophy of Money*，224，210—214。 同样可参考 Peter Miller，"Accounting as Social and Institutional Practice：An Introduction," in Anthony Hopwood and Peter Miller，*Accounting as Social and Institutional Practice*(New York：Cambridge University Press，1994)；and Porter，"Quantification"。

---

　　① 译文参考《尼采全集》(第1卷)，杨恒达等译，中国人民大学出版社 2013 年版，第 624 页。 ——译者注

第二章

市场社会

一般而言小职员自身对其工作在认识论方面的影响不感兴趣。 沃伦·斯宾塞在布法罗商业学院宣布："大众并不想把一生中最美好的时光花在研究抽象理论上。"相反，他们寻求的是"与生活实际直接相关"的知识。 T.S.亚瑟在《给年轻人的建议》中建议读者面向新经济重新武装自己，他的话可谓再实用不过。 亚瑟于 1809 年出生在纽约上州的一个农场，在巴尔的摩找到一份小职员的工作之前，曾为一名钟表匠当学徒，长大后成了美国最畅销的自由市场诠释学的宣传家之一，他在杂志故事和长篇的感伤文学中不厌其烦地解释说，利润动机是能同时培养人才并保证负责任地使用之的力量。 此外，在敦促美国年轻人获致那些"发挥优势"的技能时，亚瑟却始终弃绝匠人的追求。 他有这么一个例子，蒸汽引擎和铁道使整个挽具制造商阶层从原先替收费公路上的旅人提供装备的行当，沦落到只能在过时的手艺和日益深化的贫困之网中徒劳终身的境地。 为了避免类似的命运，新生代必须具备更多的现代资质，他指的是"完整的会计理论"和"一双生意的妙手"。[1]

然而，放弃木工刨和铁砧，转而使用纸笔，并不仅仅是职业再培训的一种方式。 塞缪尔·威尔斯在《如何做生意》一书中也向这些年轻而又追求飞黄腾达的读者们提出了同样的建议——"他得这么扪心自问……'我最适合做什么？ 我能做什么？ 什么追求最吸引我？'"在劳动力市场上活用个人技能的集合这一想法本身就颠覆了建立在土地自耕农制和父权等级制基础上的农耕逻辑。 本杰明·福斯特对所谓的农场的安全可靠的未来的明显厌恶，正是某种以个人最大化的滑动尺度，而不是一成不变的男仆能力来检验成功的"大胆向前精神"（goaheada-tiveness）风气的典型体现。　本杰明从班戈搬到马萨诸塞州纽伯里波特的一家地毯店，因为那里的销售机遇更多，他在当地参加了拉尔夫·沃尔多·爱默生的讲座，会后他进一步记述说，每个人都在向现金屈服。他以完美的超验主义者的口吻继续道，此外，所有这些现金催生了一个"分离、解体、分析、个体化的时代"。　换句话说，不论是小职员还是哲学家都差不多明白，推动市场发展的诸机会主义条款正在重铸个人经验。[2]

　　因此，如今谈论货币的社会生命已变得切实可行，因为方便了商品的大规模交换之可替代性同样适用于人与人之间的交往。　诚然，货币本身是一种古老并早已确立的获取财产和再建社群的手段。　然而，在市场社会中，这种交换的通货却服务于根本不同的目的，是弛缓而非巩固了协作的纽带。　并且虽然由此产生的流动性本身并不意味着等级制的终末，但它却将尊卑颠倒为一种高度偶然的、条件性的关系。　因此，社会契约转变为决心用自由命题来取代往昔的保护性条款的公民之间持续不断的协商，而这些命题将每个人擢升为自身利益的最佳代理者。

父权制的终末

　　"告诉他们，不要心急于拿可靠的劳动成果去换取变幻莫测的计算允诺"——这是对时代日益深化的对财富的追求的紧张回应。"告诉他们锄头要胜于码尺。"这些劝诫在美国引起了格外共鸣，因为锄头在美国从来不仅仅是物质生存的资料，而是建立政治秩序的工具。　英国改革家、哲学家威廉·配第（William Petty）曾经解释道："劳动是财富之父，是财富的积极原理，正如土地是财富之母。"配第在 17 世纪对土地和劳动的农本主义耦合做了精妙的阐述，在一百年后，诺亚·韦伯斯特（Noah Webster）也以斜体字①强调说，这一耦合充当了**"国民自由的完全基础"，"共和国的灵魂"**。美国人在建国斗争中为保"辛勤劳动所得的成果"免受英帝国腐败之侵蚀的爱国热情，并非夸夸其谈的修辞，而正是公民生活的支柱。[3]

49　　历史学家告诉我们，诸多对家政治理和农民自家种植果实的赞美，师法于英属美洲殖民地极为浓厚的父权制传统，是广为散布的土地所有权、软弱的建制教会和远隔的都会区共同作用的结果。这些才是共和政治的广泛实验得以可能的第一因。约翰·赫克托尔·圣约翰·德·克雷夫科尔（J. Hector St. John de Crèvecoeur）在其于1782年发表的《一个美国农民的来信》（*Letters from an American Farmer*）中宣称："我的父亲已将这抔昔尚鄙陋的土壤变成了一个宜人的农场，[这]确立了我们的一切权利。""我们作为公民的身份、自由和权力都立于其上。"因此，相应地，儿子们"来回辗转"，给父辈的庄田尽孝，其土地、牲畜、工具和"住宅"有朝一日会成为他们自己的自由和权力的源泉。卡罗尔·夏马斯（Carole Shammas）甚至认为，限嗣继承（英格兰普通法中对将王朝财产转让给宗室成员，而且主要是给嫡子的做法加以严格限定的继承规则）在新大陆广为人知的缺席，实际上增强了殖民地父家长的权威。一旦土地从任何命定的传承途径中切除，对其分配的自由裁量就会上升，从而强化了家眷服从家主的诱因。[4]

　　即使是诸如离婚合法化或要求教孩子和仆人认字的要求限制了父家长特权本身，立法者的目的也不是赋予家户成员更大的自主权，而是将某些警治权力移交给共同体，以便更好地约束父家长本人的行为，因为他与其他人一样，也要服从共同意愿。这就是为什么承认一群圈内人对同样的物质资源的权益主张，无论是否拥有这些资源的"用益权"，在美国如此盛行的原因。这种对财富获得权的结构性管制为维持帝国

①　中文作黑体处理。——译者注

疆界秩序所必需的相互依赖和规制提供了基础。 因此，私有财产（private property）并不完全是每个人都可以私自随心处置的个人所有物（personal possession）。 令"我们的一切权利"都得以树立的宜人农场，反倒成了一个将政体、经济和家庭捆绑进一个关于义务和写作的厚重的跨世代网络的小邦联（commonwealth），让家户成员别无选择，只能相互协作，即使在父母去世后也是如此。[5]

这也是在家户系统外生活工作的人，会备遭怀疑乃至心生恐惧的原因。 社会隔离尚未将陌生人化为廉价劳动力的源泉，或化为有利的贸易伙伴。 农耕经济的根基在于劳动能力而非利润，这会首先致力于确保每个家庭的自给自足。 如果有剩余，也会后续地，通过建立在直接交换原则而非积累原则，以及使用价值原则而非现金价格原则基础上的本地交易网络来处置。 因此，邻里间的期许要远比远方的代理人在单次交易中寻求短期收益的个别契约更受欢迎。 1790 年，财政部官员在清点美国国内制造品清单时发现，农民也是没有什么理由去衡量妻子、子女、仆人和奴隶的产出比率，抑或计算资本投资的所得，又或者是估算土地本身的生产力的。 他们也很少要求别人支付借款利息，因为用钱生钱，比起在互惠交换中获得商品和服务，更可能会破坏支撑着政治和社会结构的粗疏的平等。 当然，在既依赖信用（credit）又依赖信誉（credibility）的经济中，这种牟取暴利的行为没有什么道德或物质上的正当理由，其中市场并没有充当公民间关系的媒介，而不如说是为公民间的关系所促成。 在这种情况下，交易旨在于不确定的世界中降低风险、加强安全性，因为每个人都会出于直觉地理解道，这个不确定的世界依赖的是固定的财富储备。[6]

这种对交换条件的集体性管制，成了希望将经济从他们认为妨害人才、阻碍发展的管控体系中解放出来的富有前瞻性的论客逐步激化批评的对象。 这些自由市场论者对家户传统的反对，出于其对财产在社会中的强力作用的憧憬，后者被视为进步的载体，而非现状的担保。 检验规程、价格控制、特殊的公司章程、制造业赏金、有利于土地精英的土地征收权(eminent domain)裁决，以及由来已久的对选举权的财产限制，都被视为保护权力者特权的勾结形式而受到了尖锐抨击。 例如，19 世纪早期颁布于哈德逊河谷的新法律要求集市上交易的每个人，"无论事先是否有任何约定或销售的自称"，都必须向其他人开放买卖。 然而，在此之前，经济并没有独立的制度化的体现，甚至没有自己的物质存在。 正如社会生活一般，土地所有制也鲜明地处于以户主为代表的家庭秩序中，户主高度个人化的统治本身又嵌入能够配布工作及其报酬的共同体结构中。[7]

51　　所有这一切解释了为何工资制度会取代"作为社会立足的基地的土地"①，卡尔·马克思对土地之于人类事务的长期统治地位的终结如此概括道。 事实证明，劳动力市场在组织生产方面比家户灵活得多，也强大得多。 与此同时，它还为决心从奔波劳碌中解放出来的年轻人提供了一条离开农场的直通大道。 19 世纪 30 年代，弗雷德里克·马里亚特(Frederick Marryat)在某次访美后随即报告说，儿子并不一定要继承宅地(homestead)，因为他们在学校教书、学习法律、搬到西部或开店来得更有利可图。 切斯特·哈丁(Chester Harding)在一本私下流传的回忆录《我的自大志》(My Egotistography)中写道，正是这些机会塑造出"独立的人"。 身处自己功成名就的有利位置上，哈丁事后诸葛地感慨道，在青年人的一生中，"离家游历会唤醒他天性中诸多细腻的情感"，使那段时间无与伦比，他还写出了一系列类似想法的长篇说教，并从中提炼出一句令人信服的格言——"有志者事竟成"——这简直可以说是，时至今日，自由主义的社会理论最简洁的表述。 事实上，这样的口号比比皆是。"他啥都能做"是另一句恰合这个"自大志"时代的格言，在 1849 年，新罕布什尔之子(Sons of New Hampshire)(协会)在波士顿一家宴会厅举行年度晚宴时，宴会厅装扮的横幅上就绘制了这句话。[8]

---

①　译文参考《政治经济学批判大纲(草稿)第二分册》，刘潇然译，人民出版社 1962 年版，第 50 页。 译文有改动。 ——译者注

19世纪中叶，全美订阅最为广泛的杂志——《美国颅相学杂志》，在某份多节系列报道中对当时不断扩大的就业机会做了番调查，并指出："我该以什么为生"由此成了一个最为"重大的……探寻"。 这意味着，只有缺乏"出头的雄心"的人才会呆坐家中，詹姆斯·吉尔德在离开自己新英格兰村里老家时深感如此。 威廉·霍夫曼则"长久……弃绝以务农为业的想法"，1848年春，他离开纽约上州自家的宅地，以"栖身商业"，他是另一名怀有这种个人抱负的典范。"我站在大厅的门槛上，眼睛弯着或者转向东方，时不时地定眼凝视马车的显形。"马车本身晚点了几个小时——这是同前工业时代最后一次令人沮丧的相遇——威廉当晚只走到了哈德逊镇。 但他第二天一大早就来到了波基普西，在他遇到的第一家干货商店和接下来的几家店打听雇用前景。 不过，很快就能发现波基普西的工作机会有限，于是他登上了"日光直通"汽船——喷气机时代的"红眼航班"的原型——该船将他送往哈德逊河下游的纽约市，于第二天方拂晓前抵达。[9]

洗漱梳洗后，威廉开始在纽约市格林威治街寻找小职员职位，期待在匿名劳动力市场上度过自我提升的忙碌一日。 不久，有人建议他去百老汇的斯图尔特"大商店"（Stewart's "great store"），据说那里正在招人。 途中，他在一家店里停下来借了把雨伞，店里有两个来自上州的旧识，本顿·巴杰里和莱·布什内尔。 和前一天在波基普西一样，在斯图尔特，威廉又一次发现，缺乏经验构成了他在商行谋职的一个严重障碍。 锄地一天后在镇上卖精挑土豆，甚至为赚一美元的"徒有其表"的利润而从当地商人那里购买期票，这些经历都不能为威廉带来在大都会的商业世界中占取一席之地的资格。 他被打得落花流水，但并不灰心丧气，而是冒险向东来到珍珠街、拿骚街和威廉街，全国纺织品干货贸易的中心地带。 到了那里，他也没有幸运多少。 下午晚些时段，威廉回到了百老汇。 这一次，他沿着百老汇大道一路前行，在沿途每一家商店都驻足，直到城市的北郊，还是没有收获。 他回到这天出发时所在的格林威治街，同一个"浪子"不愉快地邂逅，这个人把他

52

当作田舍汉傻瓜，假称是商行所有者，给他虚假的工作希望。[10]

此时，威廉已经跟不上时间的流淌了。他打算第二天一早继续找工作，直到有人告诉他，这天就已经是周六晚上了。于是，他打发了周日，等待周一又怀揣努力前往布鲁克林。他遇到了曾在哈德逊上游为威廉的叔叔工作过的雅各布·德威斯，他告诉威廉立即前去自己的前雇主在曼哈顿的商店，那里正在招聘一名新职员。到达那里后，威廉发现另一位老同学布什内尔·卢米斯也在同一家公司做小职员。卢米斯告知威廉，新职位已经有人填补。然而，威廉并没有回布鲁克林，而是横渡哈德逊河，决心试遍泽西市的"每一家店"。在那里，他也遇到了家乡的一位熟人，但在找工作方面，他也"没有得到什么鼓舞"。显然，对于一个来自外省的商业新手来说，哥谭市①的前景并不乐观。威廉的结论是，最好搬回上州去，继续去奥尔巴尼寻求创业机会。如果在那里也不成功，他将前往特洛伊。天黑后，他登上"瑞普·范·温克尔"号汽船，把头支在桌子上睡觉，以节省50美分的铺位费（否则票价要翻倍）。到了早上，他已经到了奥尔巴尼。他把自己打扮得"尽可能成熟老练"，走向城市街道。在奥尔巴尼，威廉的运势变了，或者说他的系统性努力结出了必然的果实，他先是在一家地毯店的因遇冷而
53 哀求，之后求职上岸于一家专营布匹的商行。他回到老家收拾行装——然后开始计划售出家庭农场——旋即于次周二回到S.V.博伊德有限公司，同时开始学习折叠印花平布的技艺。[11]

威廉·霍夫曼、本顿·巴杰里、莱·布什内尔、雅各布·德威斯和布什内尔·卢米斯同"数不清的一大群"别的年轻人一起，"被越来越大的向心力……带向了大商场"，都决心成为"自己命运的营造者"，詹姆斯·亚历山大（James Alexander）在其1857年发表的文章《商人小职员获致喝彩与劝导》（"Merchants' Clerk Cheered and Counselled"）中对市场力量的引力牵动如此观察道。安德鲁·杰克逊的一位早期传记

---

① 指纽约。——译者注

作者也是这样描述他的主人公自己创造的成功，而一般认为这是杰克逊从小丧父的缘故。 著名的跨大西洋金融家和慈善家先驱乔治·皮博迪（George Peabody）也是如此，《商业生意轶事百科全书》（*Cyclopaedia of Commercial and Business Anecdotes*）将他的"精力和毅力"溯源到他幼年成为孤儿这事上，这让年轻的乔治敏锐地意识到，"在他所面临的生命之战中，他必须独自依靠自己"。 事实上，丧父一事的确是乔治日后成功的关键，因为家族父族长的缺席激励了乔治去树立自己的雄心壮志，正如《百科全书》中提到的和乔治同一代的"许多其他人"一样。约翰·安格尔·詹姆斯（John Angell James）的一篇名为《来自家乡的年轻人》（*Young Man from Home*）的说教散文恰当地概括了这一关于自主的新兴信条，而本杰明·福斯特在商店关门后的夜间读物就是这个。詹姆斯笔下年轻的主人公在摆脱家户治理的束缚后，进出一连串自我肯定的感叹："我有判断、甄别和决定对与错的能力。""我拥有并且将会行使形成我自己的道德标准、选择我自己的人格模范、制定我自己的行动计划的权利。"[12]

　　这种个人独立的宣言将孝顺视同文化反动，例如，在亚细亚的种姓制度（caste）中，"每个儿子生来都要接替父亲的职务"，因此注定了"他无法走出"这种状况而"发迹"。 欧洲也同样执迷于这种原始做法。**"所有隶于我或在我之下者，皆各安其位"**，对旧大陆社会而言还是现实的公理。 美国内战前公共巡回演讲的宠儿爱德华·埃弗雷特（Edward Everett）向听众讲述年轻的富兰克林在"苛刻不讲道理的兄长"手下饱受的"困苦使唤……和挨打"，而小本杰明被迫自幼充当这个兄长的学徒，这一讲演也起到了使父权制传统的声誉日益败坏的作用。 不过，没有必要把埃弗雷特的话当真。 富兰克林本人在畅销书《自传》中解释说，摆脱家族统治的专横主宰——这集中体现在他后来逃脱奴役，去往远方的城市——是个人成功路上至关重要的第一步。 美国最重要的儿童文学作家塞缪尔·古德里奇（Samuel Goodrich）〔其笔名彼得·帕利（Peter Parley）更为人所熟知〕，据此宣布，富兰克林的回忆录是有史以

54

[YOUNG GREELEY'S ARRIVAL IN NEW YORK.]

詹姆斯·帕顿(James Parton)1855 年所著的格里利传记的卷首插图。

来同类作品中最有用的:"世界欠富兰克林之情何其深!"对于银行家托马斯·梅隆(Thomas Mellon)来说,《自传》毫无疑问是如此之作,他回忆道,在 19 世纪 30 年代他同《自传》的初次接触激发了他"新的雄心壮志"。梅隆承认:从未想过"还有什么生活路径能比务农更优越,但阅读富兰克林的生平使我质疑这种观点"。[13]

"对我们来说，生活中所有成功的迹象，似乎都坐落在彩虹的另一端……在无论别的哪处，就是不在农场上。"同样，其他人也为脱离土地的未来之诱惑作证。一位亚伯拉罕·林肯的表亲回忆说，这位未来的总统决心"与他的旧世界划清界限"，去开创一种与他文盲父亲单调的农事日常截然相反的生活。年轻的亚伯拉罕喜爱"阅读、涂鸦、写作和运算"，这些爱好最终将他带到了伊利诺伊河滨的小镇新塞勒姆，在那里他开过一家商店，当过县里的测绘员，还担任过邮政局长，后来就去从事法律工作了。这确乎是亚当·斯密对一种社会愿景的表述：在这个社会中，"每个人都能自由选择自己认为适当的职业，并随时能自由改业"①，换句话说，这是一个市场社会，个人争相追求同样的竞争优势，后者同样会驱使商品从一个地方到另一个地方去寻找更好的价格。因此，《美国颅相学杂志》在回应"时代对年轻人的要求"时尖锐地指出，"谁站在原地不动，就会很快被甩在后面，距离相当于整个可见视野的直径"。1856年，美国统计协会主席、波士顿医生爱德华·贾维斯(Edward Jarvis)在马萨诸塞州北安普顿新精神病医院的奠基仪式上发表评论时宣布，这种零和的几何结构诞生于没有人再受制于其父亲的状况或职业这一事实。"所有的生计和职业在任何时候向任何人开放，他们可以随心所欲地选择……可以根据喜好随时改业"，贾维斯随即描绘了时代的不定本质，尽管其对于自由放任的热忱远不及亚当·斯密笔下来得有力。亚历克西·德·托克维尔对"身在幸福之中"的美国人长期的焦躁不安也持明显模棱两可的态度。托克维尔认为这仍然构成了某种矛盾性事物，在这一点上他仍然是一位旧世界的哲人。托克维尔就作为民主制度的鲜明特征的无拘无束的追求幸福的方式写道："他也许将丰收在望的庄稼，转给别人去收割。""一个人本来有个很好的职业，可是他可能随时把它丢掉。"②他还声称，据说精神错乱在新

---

① 译文参考［英］亚当·斯密：《国民财富的性质和成因研究》（上卷），郭大力、王亚南译，商务印书馆1983年版，第91页。——译者注
② 译文参考［法］托克维尔：《论美国的民主》（下卷），董果良译，商务印书馆1991年版，第667、668页。——译者注

大陆尤为猖獗，由此看来也不足为奇。[14]

　　而由此产生的分离、解体、分析和个体化则通常会和"打算让遗体在自己耕种的草皮下发霉"的农夫及其"出生在土地上、虔诚地希望永远徘徊在父亲的坟墓左右"的儿子的朴实情感并置，詹姆斯·菲尼摩尔·库珀（James Fenimore Cooper）——一位著名的对新世界的混乱持怀疑态度的人士——借此谈及乡村生活的慰藉。这一片草皮从不会对那些"哺之以果实"的人"欺诈性地断供"，另一位新农本主义论客则祈愿一种对个人的才能和毅力的更良性、更不商业化的应用方式。然而这种有机的虔诚，将商业小职员塑造成农家子弟的反面，同时煽动人们抱怨后生们像"浪子"一样追逐"小贩的篮子"，掩盖了土地本身正被无情地纳入市场经济变幻莫测的抽象化之中这一事实。埃德温·弗里德利在他的《商业实用论》（*Practical Treatise on Business*）中宣称，农业不需要讴歌，该书的特征在于用很长的一章介绍了土壤管理、新的动物饲养形式和轮作方法的效用。这种资本密集型农作——包括霍夫曼家族在 1847 年开创性地运用机械脱粒机收割稻草——代表了东部家户主加倍努力利用既存资源，同西部边疆送上市场的高产产品一竞高下的做法。威廉·亨特（William Hunter）在罗德岛国内工业促进会上解释说，他们的成功在于应用科学和体系于土地之上，这使几百年来几乎没有怎么变化的农场在生产能力上得到"惊人"的提升。这种无止境改进的工业意识正是美国自耕农（yeoman）与外国小农（peasant）的区别所在。这一意识也将租金转化为利润，亨利·凯里对于观察到土壤的弹性非常满意，而这一结论也获得了纽约州农业协会主席的赞同，后者宣称农场"同其他任何事业的投资一样都获利丰厚"。[15]

　　换句话说，农家子弟（plowboy）并不是时代落伍者的姿态，而是诸如"小亨利·侯姆斯彭"（Henry Homespun Jr.）那样的乡村生活现代化论者所欢迎的物质进程的推动者，侯姆斯彭是纽约农业委员会机关刊物的编辑，该刊定期发表令人窒息的新品种和新专利的报道，承诺提高家庭农场的生产力。这就需要对牲畜、化肥和机器专门投资，然后这些投资将越来越多的家户主吸引到货币经济及其由现金和信贷所构成的流中，这些投资再由畅销作物的等价货币化产出兑换。 因此，当《卡兹奇信使报》（*Catskill Messenger*）于 1849 年宣布哈德逊河谷农产品的价值将"完全受……城市价格的引导"时，对于不仅依赖蒸汽机和铁路，还依赖定期信贷、价格表和可赎回票据组成的结构（使农作物和资本的变化周期保持同步）的农民来说，反而是个好消息。[16]

因此，事实证明"计算成本"对优化某人名下顷田的价值来说至为关键。 这些成本包括从谷物农场转换到牲畜农场所需的马匹、奶牛、猪和 100 头绵羊的超过 1 000 美元的支出，这一资本化需要对要素比率、产出水平和产品价格进行谨慎管理。 毫不令人感到惊讶的是，早在 1816 年，著名的复式记账法教学者詹姆斯·贝内特就在纽约州哈德逊开设了一门有 20 讲的课程；而读一读一代人之后的《耕耘者》（*Cultivator*），它也曾吹捧"保存完好的账目"在确保宅地上的重要作用，这项任务最好交给长大成人的儿子来完成，因为这"既对〔他们〕大大有利，而且还会提高农场的利润"。 这些利润首次将农业转变为一种使农民能够养家糊口，而无需从事曾处于家户经济核心的增补性的手工业和邻里易货贸易的成熟的志业。 新的收入泉流也允许别的人离开，因为在内战前的美国，财富和人口从土地上大规模的外移并不是农耕过时了的标志，而是相反，即农耕融入了新经济中不断扩展的劳动分工。 例如，一个有四个儿子的新英格兰人，可以送一个儿子去接受律师培训，送另一个儿子去接受医生培训，送第三个儿子去接受牧师培训。 第四个留在家里。"这样，以一个可能不到五十英亩的农场的进项为根底，所有这些年轻人都能接受适当的教育。"[17]

曾使买卖过程变得繁琐的共享权利和终生转让，如今已成为遥远的记忆。 威廉·霍夫曼离开家时，母亲将农场的所有权转让给了三个成年的从事商业交易的儿子，此时，他自己心中的算计里肯定不包含这些内容。 威廉指出，母亲意识到她的孩子们手上没有足够的财力，也意识到"绝对有必要加多或增长我们的资本"。 兄弟们在获得地产掌控权

57

后，立即着手对其进行改进。 这意味着要翻新实体设备，以期将农场的市场价值从 7 000 美元增加到 8 000 美元，甚至 9 000 美元，达到这个价格后他们就计划出售。 与此同时，他们雇了一个人管理这个地方，给那个人其所种的所有作物的三分之一。 剩下的三分之二的农作物和牲畜——羊、猪、玉米、南瓜和果园——的收益由三兄弟分配。 这样，土地就转换为一个可以根据对其生产率的估算生成收入的资本金。 然而，问题很快就出现了，因为农场的收益远远低于预期，充其量"只有一点分红"，这让威廉焦急地宣布，他甚至愿意低于"实际价值"来出售地产。 他哀叹道："我们从农场中一无所获。 另一方面，这笔钱每年要亏的利息也太多了，不能年复一年地亏下去——不可原谅。"他估计每年的损失——或者说他所分得的售价部分之为投资所能带给他的收益——为 7%。 出售地产还能让威廉解除与兄弟乔治的共同所有者关系，他将之称为"合伙关系"，因为他们经常为钱争吵。 威廉决心"不再与他有任何牵连，也不再将我们自己的任何利益同他一起去投资"。显然乔治也有同感，因为他很快就提议以 7 500 美元的估价从他的兄弟们手中买下。[18]

事实上，当时每个人得到的建议都是避免与家人做生意，"在金钱问题上**完全独立**于你的所有亲戚。"哈伯德·温斯洛（Hubbard Winslow）在《年轻人的知识、美德和幸福教辅》（*Young Man's Aid to Knowledge，Virtue，and Happiness*）一书中承认，乞求财政恩惠始终是一项繁重的任务。 而如果涉及兄弟或表亲，这项任务就尤其吃力不讨好，因为他们"格外的"嫉妒心总会毁了本应简单明了的一套货币计算。 B.F.福斯特在他的《小职员指南》中警告读者注意同样的纠葛。 向亲朋好友请求借款，无论数额有多小，总会遭到居高临下的长篇说教，指责你的轻率。"毫无疑问，你们期待着有朝一日能够在主动追求生活中占据承担责任的位置。"詹姆斯·尼克松（James Nixon）在《簿记基础原理》（*Rudiments of Book-Keeping*）中评论道。 然而，要做到这一点，你需要"依靠自己"。 当然，这种日益增长的常识颠倒了父权制的逻辑，父权制坚持将财产与家庭、个人的未来与继承权结合在一起。 但是，由于家庭与工作之间的意识形态分裂不断扩大，家庭作为情感圣地的新角色破坏了这种关系，将经济从家户中逐出，导致弗雷德里克·马里亚特在《美国札记》（*Diary in America*）中写道，当儿子为"某个商人或某个商店"工作时，"父亲的家就被抛弃了，除非是为了他方便，他的工资足以满足他的大部分需求。"[19]

后来爱德华·贾维斯在他的回忆录中写道，正是在这些年里，美国人开始不再视自己的父亲为统治者（Governor）。 但是，父权制的终结，以及由雄心勃勃地践行普遍男性权利的儿子们组成的、完全脱离了土地所有权或除个人外的任何其他形式的地产的兄弟会对父权制的取而代之，并不是俄狄浦斯式的宣泄。 家庭支持仍然是儿童成人过程中的惯规。《亨特商人杂志》曾含糊其辞地问道："是什么魅力把这么多年轻人吸引到会计室，又是什么魅力将这么多稚嫩的男孩推到了柜台后面？""是他们父母的催促。"在父亲认定查尔斯·弗伦奇最适合经商后，他才进入商店工作，父亲同时还承担了查尔斯在波士顿商业图书馆的会员费。 八年后，查尔斯自己也做生意，他雇用了一位刚从外地来的小职员，在雇他前查尔斯收到了其家人对其品行的明确承诺。 亨利·帕特森从新泽西苏卡桑尼来到纽约后，他的父亲也与纽约市的一位熟人做了安排，为儿子找了一份文职工作。 威廉·霍夫最终在曼哈顿的弗里兰和斯特恩斯公司（Freeland, Stearns & Co.）谋得了一份工作，他的父亲和叔叔在那里都很出名。 在家人的帮助下，爱德华·托马斯在波士顿的一家五金商行找到了一份工作，而埃德温·摩根则在康涅狄格州哈特福德的叔叔的杂货批发公司获得了他第一份文职工作的机会。[20]

约翰·洛克在 17 世纪提倡的父权"帝国"①，作为对抗君主专制暴行的一种手段，如今却被曾经确保它的代际合作传统所瓦解。"今天，

①　洛克的《政府论》中译本译作"父亲的主权"，参见《政府论》（下卷），叶启芳、瞿菊农译，商务印书馆 1996 年版，第 41 页。——译者注

在父亲同意我自由后，我离开了他"，以便"起步我的事业"，对着自己脑海里尚存的父亲的面庞，一个18岁的孩子如此说道。 同样的合作精神也促使霍夫曼夫人支持儿子们将家族的500英亩土地变成"红利"的决定。 玛丽·芮安（Mary Ryan）就纽约州尤蒂卡的美国资产阶级的形成给出的无与伦比的解释表明，那些不再被家户经济的法律、物质和道德的迫切要求束缚在一起的家庭，因积极帮助儿子在新资本主义秩序中站稳脚跟，从而在随之而来的市场革命中游刃有余。 根据芮安对这个充当了伊利运河中转站的城市的历史学研究，其实际结果是，在随后的三十年里，在镇上找到工作成为商人小职员的年轻男子人数增加了7 500%。[21]

现金兄弟会

查尔斯·萨姆纳（Charles Sumner）的法律合伙人乔治·希拉德（George Hillard）在波士顿商业图书馆（查尔斯·弗伦奇很快就成了该图书馆的会员）的一次讲授中这样评价这批新的奋斗者：他们面临着"一个无界限的、欢欣鼓舞的未来"。 然而，希拉德的论调并不是简单的对商业雄心的赞美，而是对"商业职业的危险和义务"的总体调查的一部分，在此他对一种不再"妨害你的进步""阻挡你的脚步"或"阻塞你的去路"的社会体系表示了极大的担忧。 事到如今，这种机会可能成了一种自然权利，甚至是人类进步的核心，但这只会加剧建立在不断变化的个人野心基础上的公共秩序的不自然的危险性。[22]

一些人为了应对这个事态发展，敦促商业公司为其所雇员工的福利承担个人责任。"一个人的性格在很大程度上取决于他年轻时的雇主的类型"，《亨特商人杂志》的一位撰稿人在作此解释时，隐晦地将"代行父母职责"的角色赋予了高级合伙人。 另一位商场观察家也提出了相似的建议，应该像对待儿子一样对待职员，这使得商人们有责任安排

60

合适的居住环境，"尽可能像个家"，同时还能保护他们的员工免于深陷大都市的无名环境中的邂逅所带来的危险识人关系。《合众国经济学人》（*United States Economist*）也认为，能"对财力以及小职员们过夜的方式更感兴趣一些"的雇主将非常有利。 这种监督的延伸应不仅仅在于营业时间和利润边际，而要包括**"对其福祉的个人关注的表达"**，以及"可以唤醒他抵制诱惑的友好建议"。 A.T.斯图尔特于 1846 年在百老汇开张的"大理石宫殿"，可以说是美国第一家百货商店，他将这一建议付诸实践，为员工建立了一个宿舍，并亲自为图书馆配书。 在第一次全国性经济恐慌之后的 1841 年成立了全美第一家信用评级机构的纽约丝绸进口商阿瑟·塔潘（Arthur Tappan）也效仿这一做法，禁止小职员们去剧院，同时还要在周一早上就昨日教堂所引用的经文对每个人提问。[23]

但是，对于远离家乡、无人看管的生活所带来的先天危险，还有另一种反应。《商业生意轶事百科全书》中的一则寓言对此进行了详细阐述，一名巡警被叫去调查城里一家商店的大量库存失踪事件。 失窃商品很快被追查到该司的一名员工身上，他受指派全权负责监管价值数万美元的库存。 经审讯，很明显，这名年轻人的周薪为 3.50 美元，还没有他住宿、膳食费和洗衣服的花费来得多吧？ 巡警向公司的一位合伙人问道。 显然如此，后者的确认不免有些尴尬。 寓意不言自明。 于是，这位犯了罪的小职员非但没有被逮捕，反而继续留任，工资也翻了一番。 不用说，他很快被证明为一名模范员工。[24]

由此可见，公平的报酬才是道德化管理的实际替代选项。 任何一个"稍微对雇主虐待小职员有所认知"的人都明白，协调劳动关系的双方各自的利益，才是确保忠诚的最佳方式。 在商业图书馆召开的另一场讲座上，纽约商业律师丹尼尔·哈斯凯尔（Daniel Haskell）中向一屋子的城中职员解释说，这种合作或者说契约合意是建立在"受启蒙的自私性"这一现代伦理基础之上的，他试图为无限侵吞这一信条极力粉饰。 哈斯凯尔补充说，在一个"金钱利益是推动性杠杆；钱是激励和

61

鼓舞的护身符"的世界里，指望任何人作出英雄般的牺牲是完全不合理的，甚至是"可笑的"。 然而，他续了一个希望的注脚，也许英雄主义并没有完完全全垂死。 也许，它只不过是"欠债还钱！"这条金科玉律的转世再生的升级版而已。[25]

当然，债务自身也越来越徒具名义，在承认偿还所借的这一老式义务可能会给生意带来灾难性后果的新破产法的庇佑下，债务往往化为乌有。 纽约前市长罗伯特·霍恩（Robert Hone）预言道，一旦废除债务监禁，外地买家将有幸挤满这座城市："以前，任何在这里欠债的人都不敢露面，哪怕是仅有一点点可能需要赊账支付的钱，他们宁愿不偿还全部债务乃至在其他地方用现金购买货物，这样我们就受到了双重伤害。"建立于立法机关的法令和司法机关的能动性之上的更为宽松的破产制度的支持者们，令人信服却又反直觉地声称，废除绝对欠债将有助于缓和风险和稳定贸易。 例如，一旦借款人经常诉诸破产程序，贷方在放款前就会三思。 同时，债务人明白，对其破产地位的正式承认以及随之而来的相关债务的免除，取决于个人诚信的声誉，更不用说一套严整的账簿了。[26]

塞缪尔·威尔斯在广受欢迎的建议手册《如何做生意》中进一步阐述了这一全新版本的道德经济学，该手册和《如何写作》《如何说话》《如何表现》等指南书属于同一系列。 这些书籍都可以打折购买，最终还以合订本的形式出版了：

> 爸爸（在读报纸，嘟哝说）：——河流没有涨水——我相信再也不会涨水了，老婆。
>
> 小女儿：我希望河水能上涨。
>
> 爸爸：怎么，河水上涨跟你有什么关系？
>
> 小女儿：是啊，爸爸，那样船就能开了。
>
> 爸爸：孩子，船开了跟你有什么关系？
>
> 小女儿：他们会把棉花运来。

爸爸(看看他的眼镜):宝,棉花包和你有什么关系?

小女儿:如果棉花运来了,爸爸,你就能把它卖掉了,你懂的呀, 62
亲爱的爸爸(微笑着)。

爸爸:那所以呢?

小女儿:你会有很多钱。

爸爸:嗯?

小女儿:(把小手放在他的肩膀上,看着他的脸)——这样你就可
以把从妈妈那里借来的20元金币还给她了,你懂的,爸爸。

爸爸:那然后呢,小宝?

小女儿:这样妈妈就能把欠莎拉姨妈的10元钱还给她了。

爸爸:那然后呢?

小女儿:莎拉姨妈会给简姐姐1元钱,她答应元旦给她的,但没
给,因为那时候她没有棉花,我是说钱,爸爸。

爸爸:好吧还会怎样?(爸爸放下了报纸然后半笑不笑地好奇地
看着她)

小女儿:简姐姐会把50分还给约翰哥哥,约翰哥哥说拿到钱后
会把欠我的5分钱给我,还有20分钱他会拿来买小弹珠;这就是我
希望河流涨、大船开的原因!我还欠保姆10分钱,还须还我的
债呢。[27]

威尔斯提出了一种"大同社会"的概念——当时居然正处于信贷紧
缩的阵痛期——这种概念正是建立在昙花一现、自私自利的基础之上
的,而正是这些条件从一开始就破坏了"大同社会"。这种愿景认为,
货币是一种普遍的纽带,在无边无际的义务链条中贯穿整个社会。格
奥尔格·齐美尔在谈到市场社会中现金关系的空前地位时说:"客体只
有借由与其他具有确定价值的物品的可兑换性才能拥有价值,从来没有
能完全转化为价值自身过。"这种可兑换性,还有其对人格的完全无动
于衷,使金钱成为一种强大的客观力量,一种无论是否认识对方、都可

以将众多个人所背负的对他人的承诺——或债务——聚集在一起的社会黏合剂。 虽然这种大规模流通的通货的抽象本质消解了家户经济的结构，但同样地，金钱能够在不依赖一度确保社会秩序的有机等级制度和绝对价值的情况下，将所有正在原子化的利益关心重新连接在一起。 当时马克思也指出了："因此货币直接地同时就是**真实的公社**(*real commu-nity*)，因为它是一切人所赖以生存的实体，同时又是一切人共同的产物。"①这太明显了，以至于连孩子都能明白。[28]

1856 年，T.S.亚瑟以《母亲的原则》(*Mother's Rule*)为题出版了一本文选，探讨这种日益增长的对现金的厚爱。 亚瑟坚称，父母有责任教导孩子"金钱的价值"，因为这将向年轻人灌输个人责任的常识。 要实现这一目标，最好的办法就是给他们机会自己去挣钱。"我还记得我第一次拥有的 10 分钱"，亚瑟在一个虚构故事中引用了一名他熟识的年轻人的话，为了提醒读者注意在向雇佣经济过渡时会遇到的陷阱。"这是我父亲的一个朋友送给我的……作为照看他的马的报酬。"这样正当劳动的回报对这位年轻人而言，是理所当然感到自豪的东西。 然而，这并未能阻止其父亲马上攫取了这枚硬币，并把它放进自己的口袋，这证明了父权制特权的灭亡是缓慢的。 亚瑟随即认为，在这种专横政体下长大的孩子，永远不会长大成为负责任的公民。"他们的权利受到了侵犯，大人有意地给他们上了一堂关于不诚实的课。"同样是在这么一个寓意深刻的家户机制消亡的时期，威廉·霍夫曼的母亲的态度却开明得多，她同意了威廉的要求，卖掉了丈夫的旧剑和军用马鞍，为他搬到奥尔巴尼筹措现金。[29]

威廉·霍夫曼和乔治·霍夫曼也是靠着这股金钱的力量，才得以割断导致他们相互指责、无法选择的亲情纽带，当然是在就农场的售价达成一致之后。 这样一来，他们就将自身从对彼此或任何他人都未曾明确担负的义务中解放出来了。 这种互动还建立在另一种确实对纸质经

---

① 译文参考《政治经济学批判大纲(草稿)第一分册》，刘潇然译，人民出版社 1975 年版，第 179 页。——译者注

济来说不可或缺的工具之上——署名的合同——合同在迥然不同且往往相互冲突的源于自主个人的野心的欲望间加以调节。 事实上，就像账簿一样，合同之所以被设计出来也是为了平衡过多的不相关的利益，用签约人自己对何谓公平交换或对所提供商品和服务的公正补偿的判断，来取代任何超道德的意志或共同的善的超越性版本。 因此，公道价格的概念意味着市场所能承受的价格，不再受到满足固定的普遍需要的理论的束缚。 更有甚者，作为合同之根基的个人意志的伦理将内在所值这一理念本身重铸为一个武断的、甚至是不公正的标准，否定了个人判断在确定彼此客体对自己的价值时的首要性。 因此，亨利·贝洛斯（Henry Bellows）在他的《分类账与词汇表》（*Leger and the Lexicon*）中 64 宣称，市场是个人自由的伟大盟友，该书特别针对那些保守主义者，他们杞忧着无节制的雄心和随之而来的社会秩序崩坏的危险，并因此敦促人类随遇而安。[30]

1836 年，这种自我意识的商业化，精辟地表现在南卡罗来纳学院教授政治经济学的弗朗西斯·利伯尔（Francis Lieber）向国会提交的文件草案，建议在全国范围内开展"物种福利"调查。 利伯尔的普查规模空前，对于当时刚刚兴起的统计活动和更一般意义上的计算文化来说很有代表性，其目的是建立时代的"舒适标准"。 这些标准是通过比较人类生计的基本成本得出的，而后者又由政治经济学中老生常谈的食物、衣服和房租的三位一体决定。 利伯尔的倡议显然是受其对工业时代贫困问题的日益关注的激发，但他的计划同样体现了工业时代对繁荣的期许。 也就是说，福利乃至舒适，都不再是有产阶级的专属特权，而是适用于人群全体的价值体认。 如果利伯尔的调查结果显示出长期匮乏的状况，那么就需要对政府组织和社会财富分配进行改革。[31]

对人类福祉关注的进一步体现，在另一个新颖且极具感知力的公式中，即"生活标准"，这在家庭经济中是不可想象和不可估量的。 个人生计的物质条件的现金登记，将成为判断经济是否在提供普遍福利的基础。 因此，"金钱的价值"转化为一个伦理范畴，正如 T.S.亚瑟的设想，它不仅是社会效用，也是社会正义和公众幸福的一种原帕累托式的衡量标准。 劳工运动很快就开始计算居住在城市里的家庭产生的日常开支，例如，从每周支付给熟练工的平均工资中减去由此得出的总额，以显示余下的钱所剩无几，买不起冰激凌或付不起去河边"呼吸新鲜空气"的旅程。《亨特商人杂志》也采纳同样的逻辑，根据现存的工资信息编制了个人预算，以得出相反的结论，从而凸显资本时代"劳动条件的改善"。 不管是哪种情况，也不管谁的数字更可靠，足以过舒适生活的收入都与商业算术有关，并从相对购买力的角度被重新理解。 共同体成员的身份变成了用会计行话来理解的库存现金的一种功能，而这种行话的不带偏见、甚至是自主的枚举取代了修辞和寓言，而成为政治经济学乃至整个政治的语法。 亨利·凯里甚至受启发而断言说，价格体系首次使人可能以现实的术语来谈论平等，因为如此的示数器是对所有人都同样有效的对现实无可争议的客观反映。[32]

65

埃德温·弗里德利在《如何赚钱》一书中较早运用了这一新话，该书在讨论职员收入时纳入了"生活标准"（standard of living）一词。 弗雷德里克·马里亚特证实，"他的工资足以满足他的大部分需求"——神职人员因靠工资为生，其生活显然是货币化的典范。 弗里德利的生活标准将他们的主观需求转化为金钱与理智（dollars and sense）的露天集市上的一般价值，这表明，商业词汇在谈论个人时的流行使用——例如，提到"有利地打发了"时间，或在性格上的"投资"，或更广泛地说，提到对自我的"责任"——这不是一种隐喻，而是市场在意义生产中扮演的新角色的字面表达。 经济正在嵌入社会，这意味着个人生活越来越被定义成人人皆成账户主体的、成本和收益的网格不断更新的函数。 现在，所有人都生活在一个痛苦和愉悦可以计算的、严苛的边沁式宇宙之中，它构成了一种更为可靠的计算方法，在做出理性选择尤其与"名誉、荣耀和原则"等传统行为来源相比时。 毋庸置疑，"金钱动机"远比"荣誉动机"更适合现代的社会条件，《亨特商人杂志》也明确肯定这一断言，因为它包含一种普遍价值，"赋予所有人……同样的活动冲劲"，而荣誉问题仍是"不论何种共同体中的相对较小部分人"的囊中之物。再一次，现金提供了一种能让一个依"受启蒙的自私性"原则建立起来的大同社会再度集体化的理想手段。[33]

在描述传统上物质生活服从于稳定政府要求的政治秩序时，卡尔·波兰尼曾写道："人类经济，一般来说都浸没在他的社会关系中。""从这一社会转变为一个与之相反的浸没在经济体系中的社会，是一个全新的发展。"这一根本的文化工程显露出多种形式。例如，纽约改善穷人境况协会（New York Association for the Improvement of the Condition of the Poor）制定预算来确定父亲的饮酒习惯同其家庭随后会陷入贫困之间的因果关系。与此同时，《戈迪的女士手册》（*Godey's Lady's Book*）在反对女性铺张浪费的运动中，逐项列出了冬季服装的费用——从中剔除了某些配件，如手套、配套的护颈和第二顶帽子，这些显然是"小职员或簿记员的工资"所无法负担的。然而，标准化的现金账户，其主要目的既不是监管女性，也不是监管穷人。其目的在于规训每个公民同其自身的关系。威廉·奥尔科特随后在其《青年指南》（*Young Man's Guide*）中呼吁读者"量入为出"。"为达此目的，你必须**计算**。"B.F.福斯特引用约翰·洛克的会计室神谕（countinghouse oracle）的例子来实现类似的效果，他指出："会记录收入和支出的人，很少会生意出岔子。"威廉·霍夫曼将这一目标牢记心中，开始每天记录个人支出，以备离家后派上用场，这也算是给其市场谋生做最后彩排。面包一条（0.05 美元）、去哈德逊镇旅行一次（0.12 美元）和新领带一条（0.50 美元）；这些是该现金交易日记账开支栏上的典型条目，威廉随后将这些条目三分归入"个人""家用"和"不必要"花费的分类法，这有助于他根据时间和环境对自己的行为进行审计，从而以谨然客观的尺度衡量自己的性格。因此，交换的算术自身，为威廉提供了可靠的道德规范。[34]

阿莫斯·劳伦斯（Amos Lawrence）送自己 12 岁的儿子一本书页上都有标尺的"空白册"，可见他同样奉行货币实证主义。劳伦斯在个人

66

An account of expences &c 1847

Date		Description			Unusual	Unusual Personal	Personal Domestic
1847							2,00
April 13	1	Calica Shirt		1,75			
" 17	1	Plate of B. Bennett		3,11			
"	1	Mrs Bennett more for shit		0,40			
" 24		for Coat Topping		0,37½			
May 3		Purchased Broad Cloth Cap		1,37½			
"	1	Pr Gloves		0,43¾			
" 13		Altered Shirt	0,25				
" 19	1	Neck Stock		0,30			
" 26		Exchange Vest		0,75			
" 26	1	Celothing Pants		0,14			
" 28	1	Palm Leaf Hat		0,50			
"		Pants Cut		0,13½			
July 3		Pay for Making		0,35			
July 3		Expended Presents of July		1,25			
August 13		Purchased 2 Lemons & Peanut	0,10				
" 2	1	Pay A Miller for driving Horses		0,12½			
" 4	6	Cords Boot Topping		0,63			
" 10		Purchased 2 Yds Unwashed @ 14 c					0,28
" 15		Ydate Shur to Mrs from Hudson					0,11
"	"						0,06
"	1	Plate for Coat Cutting		8,22			
"	1	Boots for Beard	0,06				
" 16		Expenses		0,12½			
" 17	1	Pr Making of Coat		2,00			
" 26	1	Pr fine Boots		2,25			
Sept	1	Boots Topped		0,43			
" 14	1	Pr Needles	0,06				
"	1	Pr Course Boots		1,62½			0,15
"	1	Silk Neck Stock		0,37½			0,11
"		Yate Pen to Mrs from Hudson					0,06
" 17	½	Day Pr Hat for Shit		0,02			0,10
"		Cloaca Box to Hudson					0,15
		Expence to Hudson	0,06				

题词中解释说，这份礼物的意义在于鼓励年轻人养成定期日志分录的习惯，因为这对"形成你早年性格"和培养"你在无论何事上恪守真理"而言至关重要。《雇主和雇员的义务》（*Duties of Employers and Employed*）一书指出，成年后花费大笔无谓钱财的人，是因为他们早年花费过小笔无谓钱财。 因此，预算的发明，原本是为了实现民众对税务的控制并让公务员承担责任，而现在却被资产阶级改造成自我治理的私有化后的再发明，被改造成一种担负自身责任的手段。 美国统计学圈子的领军人物莱缪尔·沙特克（Lemuel Shattuck）对这种个人伦理或者说度量学的规训效果愈发感兴趣，他于 1842 年出版了《家庭簿记员和实用经济学家》（*Domestic Book Keeper and Practical Economist*）一书，囊括了一套记录个人生活标准的表格和说明。 沙特克就这一纸制附件所能为负责任自我起到的贡献解释说："确定不应该超出这个支出范围的花费的标度后，你应该周期性地维护账簿，要准确工整地记下购买的每件物品的价格，并附注日期，这样当前的花费及其全年数额就一览无余了。"沙特克断言，由此产生的经济是个人自主的基石，是"如何独立生活以及如何在生活的同时做到自立"的关键部分。[35]

与此同时，经济学家们加紧了对"自然工资"的探索，这种工资将赋予所有人以理性选择的自由。 其结果随后可以提取到一张资产负债表中，比如《纽约每日时报》1853 年秋刊登的资产负债表，说明文字是"每年靠 600 美元过活"，它清点了一个四口之家生计的全年费用。 然而，仔细阅读这一预算中收入和支出的严格对称性，就能揭示出其客观货币价值的客观规则在多大程度上掩盖了由市场造成的更深层次的失衡结构。 例如，一个家庭一年的房租（100 美元）、食品杂货（273 美元）、衣服和床上用品（132 美元）、家具（20 美元）、燃料（18 美元）和照明（10 美元）的费用都是算现款支付的。 但预算表中出现的这些商品的实际价格是基于信贷，而非现金的。 也就是说，满足家庭基本需求的供应者的费用并不算现款支付，而是认作商业会计资本的一部分来计算，其成本的结构——还有价值——同用于购买食物和住所的资金完全不同。

68

此外，这些名义上的金额也没有反映出家庭的全部实际开支。 这是因为零售价格业已纳入了行业生产和营销这些商品售得产生的利润，而这部分差额是从作为挣工薪者的消费者的钱包里掏出来的。 换句话说，市场经济的隐性成本远高于公然诡作中立、却被认作生活标准计算依据的算术。 因此，家庭预算尽管略带有反身的客观性，却成了资本主义在金钱（或数字）强调中立性的幌子下对社会关系盲目崇拜的另一种表现。[36]

《北美评论》在1863年对人寿保险这一新兴行业的调查报告中提到，人与利润间逐渐发展的共生关系在人寿保险上得到了最完美的体现，"人寿保险的范围和重要性骤然扩大"。 精算科学先驱伊莱泽·赖特（Elizur Wright）解释了这种新商品的定价机制：

> 设 a 为除自身外用于家庭的金额；b 为保险费率，即在给定年龄投保100份保险所支付的金额；c 为利率，x 为投保金额，使得按该利率产生的利息与每年支出的金额减去保险费相等。那么，我们得到 $a-bx/100=cx/100$，通分后得到 $x=100a/b+c$，即问题规则的代数表达。[37]

向"收入取决于生命"的人出售保险的需要驱动了赖特的计算，这些人几乎没有不动产，换句话说，他们只能在货币经济中工作。 事实上，保险充当了一种重要手段以将工业财产最原始的形式——工资——转化为一种可继承的资产，在死亡这样的事件发生后，充当应急基金，就像土地也一度如此。 那么，如果父亲、兄弟或儿子去世，而他们名下又没有坚实的抵押品，这个家庭就会受一纸提前拟定的财务合同的保护。 该制度的拥护者因而吹嘘它成功地保障孤儿寡母也能继承被废黜的父家长的衣钵。 人寿保险保单的购买者甚至因为将自己当下的部分收入截留下来，为他人做出牺牲，做了"节约、深谋远虑、谨慎、勤业、坚韧不拔[和]自我牺牲"的榜样，满足了美德的规定而受到赞扬，而这些是土地无法提供给工薪劳动者群体的，这也是为什么小职员成了这种新的可购买商品的重要客户群的原因。[38]

社会改革者对人寿保险之作为时代的个体化和碎片化问题的解决方案的热情，丝毫不亚于行业发言人。《新英格兰家庭报》（*New England Family*）坚称："在殊艰之世上，……拥有一些确定的**东西**似乎是必不可少的。"为此，要以负担得起的条件推销保单。当然，这是一个显而易见的扩大销售的策略。虽然有无数的精算方案制定出来，将保险技术转化为可行的商业模式，但这些都"只是簿记问题"。获利的条件很简单，也很直接：保险需要一个大众市场。"**只要公司能够获得足够的业务**，这个案子里就不存在不确定的因素。"《北美评论》的意思是说，只有卖出足够多的保单，手头才会有足够的现金来支付索赔，而且还会有一些盈余。因此，只有在扩展到全社会的情况下，人寿和事故保险才会成为一种可靠的投资，而不是不负责任的赌博。在这方面，保险将市场本身变成了稳定性的源泉，从而险中求安，其结果是形成了一种新的由保单所有者组成的共同体的形式，他们相互保证彼此的人身安全，但却没有任何个人联系，甚至都没有一面之缘。伊莱泽·赖特说："虽然其他的种种共产主义都过于干涉个人自由，因而不能广泛长期忍耐，但此处还有一种能容许无拘束的个人主义形式的共产主义。"互助人寿保险公司（Mutual Life Insurance Company）总裁也有对这种新的社会契约——换句话说，资产负债表——提出自己的看法，他补充道："在人寿保险中，人人缴费，人人提款。"[39]

因而，同生活标准的货币化异曲同工，保险也同时实现了专业化和个体化。它将公民秩序重铸为一种集体性的匿名负担，其固着方式为成本的统计学，而非自然正义和公正价格等老套观念。此外，一个人人妥当投保的社会，也不再依赖于家庭、朋友或邻居的善意。因为每个人处在有能力自助的位置上，使年金保险成了一种"自力更生"的手段。或者，托克维尔在其关于作为一种社会制度的个人主义的出现的知名章节中谈及："贵族制度把所有的公民，从农民到国王，结成一条

70

长长的锁链；而民主制度，则打断了这条锁链，使其环环脱落。"①为保卫民主，市场的安乐窝已经洞开，一个新的行业汹涌而至。[40]

当然，也有人谴责这种公然抵触"天意……方式"的狂妄发明。"只有上帝才掌握着生死的钥匙。"反对者在抗议保险范式的本体论构想时宣称。他们以近乎预见的方式，指出农民才是事物的正常秩序的代表，因为他投资于"诸银行中最好的那个——大地银行"。但是，诸如个人自由和商业野心这样的后农耕价值的拥护者们，还提到一种另类的安全感的源泉，其基础正是从最初开始就颠覆了一切的商品体系。[41]

事实上，在市场社会中，针对生活不确定性的保险本身就是作为市场出现的。就越来越多的保单被转让给第三方这一现象，《亨特商人杂志》评论道："一份已经生效了一段时间的人寿保单，可能会有非常高的市场价值。"这些按理说是一个人最好、往往也是唯一的抵押品形式。这样，一名没有任何别的资产的企业家，就能够接触到那些一度在资助他的经营项目上望而却步的投资者，无论这项目是多么有价值。人寿保险保单安抚了他们的顾虑，让那些有才华却缺乏资本的人能筹集到创业所必需的资金。因此，"生命不仅是财产，而且总是人最好的财产"的说法是可以接受的。在以可购买性和个性为公理的现金兄弟会里，个人成了最值得赋予最高信用评分的资产。他成了人力资本。[42]

经济人

B.F.福斯特在《簿记理论与实践》(*Theory and Practice of Book-Keeping*)一书导言中写道，结平账册能教给年轻人"他们长大成人后需要实践的那些东西"。这种将做人和玛门(财富)等同起来的花言巧语，

---

① 译文参考[法]托克维尔：《论美国的民主》(下卷)，董果良译，商务印书馆1991年版，第627页。——译者注

已广为流传，比如说，在本杰明·福斯特的书架上，关于复式记账法的专题论文就和礼仪手册并列，两者都成了"自身财富的创造者"的必读书。《美国教育年鉴》本着同样的精神解释道，个人时间最"有益的用途"在于抄录商业信函的范本，而非"写诗歌小抄"。[43]

B.F.福斯特尖刻地指出，事实证明美国人既是翻译荷马史诗的能手，也是勘测全世界海洋的强手。 但是，需要计算账户利息或撰写信用账单时，他们仍然非常痛切无能。 换句话说，学习经典在共和国得到了很好的发展，可对于希望在商界发展的年轻人来说，却没有可堪比拟的课程。 他们只能"在相对无知的情况下摸索前行"，福斯特在他的商学院的《招生简章》中申辩道，其学院开设了一系列关于笔法、复式记账和商业通讯的课程，旨在纠正这种令人遗憾的状况。 1839 年，福斯特的前合伙人托马斯·琼斯（Thomas Jones）（福斯特曾控告琼斯剽窃他革新性的复写练习）很快也在百老汇的几个街区远的地方开办了自己的商学院，并宣布他"将于明年 9 月 1 日招收一批年轻的绅士，他将在每天四小时的课程上全心全意地为其服务"。 琼斯还出版了一本教科书，以满足试图"彻底胜任办公桌职责"的人的需求。[44]

在短短十年间，在休斯敦大街（Houston Street）上方的街区就充斥着这样的教学倡议，为寻找文职工作的年轻人的供应方同工业经济对纸质文件的需求方牵线搭桥。 例如，人们可以在"入门会计室"上日班或夜班课，也可以报名加入 C.C.马什的商业学院，该学院给人许诺的方式在同类中也很典型："在你一步步前进，从一本簿到另一本簿，从一个条目到另一个条目，从一笔交易到另一笔交易的过程中，监督你的工作全程。"抱负远大的重商主义者则可以利用多尔贝先生（Mr. Dolbear）的半价优惠，以 10 美元的价格购买一套复式记账法课程，可能不包括写作指导，但保证可供该市任何商业机构的簿记员和簿记员助理职位应考所用。《纽约论坛报》称赞温特顿写作学园的课程"分外合适"，而戈德史密斯学园则在 1845 年重新开张于百老汇和瑞德街的街角一处更宽敞的公寓后，将 10 节课的笔法课程价格从 5 美元降至 3 美元，为小职员培训提供了额外选择。 伦维尔(Renville)的教学计划获誉"极度适配会计室",布朗和庞德管理的写作和簿记学园也是如此,布朗是一名近期在水晶宫获得商业写作的最高奖项,并定期为公众举办书迹展示的"教学法大师"。[45]

随着布赖恩特与斯特拉顿全国连锁商学院的第一家在 1853 年成立于克利夫兰,商业培训机会的急剧增长达到了顶峰。 它很快又在费城、布法罗、底特律、芝加哥、圣路易斯和普罗维登斯开设了分校。在奥尔巴尼分校,希寄于有朝一日能"掌管某乡镇的干货部门"的塞缪尔·曼森不顾父亲的劝阻,下决心认为"除了加入这所学校,没有更好的选择",于是开始了全套课程的学习。 查尔斯·罗杰斯在 1864 年获聘为政府抄写员后,为了提高自己的书写技巧,在曼哈顿报名参加了一个单独的按需开设的笔法班。 每天的课程从早上八点一直上到下午五点。 对有常规工作的人也提供晚上授课。 培训方案组织的规划同"商业科学"的标准方案相一致,包括计算单利、年利和复利等基本技能;为股票购买和商品销售贴现;计算保险费和费率百分比;确定损益比率(损益比率是确定包括外币的国际汇款在内的最有利销售价格的根据,销售价格则还要根据从量税抑或是从价税再加以调整);为不同日期完成的采购——有些是现金,有些是赊账——筹划支付日程,同时还要标记每张票据的到期日以及提前付款对资产负债表的影响。

布赖恩特与斯特拉顿的特点还体现在课堂创新,包括"黑板讲解"和商业专业人士的亲自督导,以补充对教科书的乏味依赖。 实时更新的销售表和资产负债表,以及"直接取自商业楼宇"的分类账,都被纳入了旨在全面模拟办公室工作的教学计划之中,而在房间内摆置满"纯正会计行样式"的柜台、办公桌和抽屉的做法则使其显得更有效力。例如, 由 10 至 12 名学生组成的小组的作业是建一家模拟银行公司,这就要求他们开立账簿、认购股份、发行证书、起草银行券和支票、以及安排付款。 他们还必须确定贴现政策,因为只有这样,企业才能实际开始赚钱。 这些"他们热切期盼已久的熙熙攘攘的生活现实"的类似场景模拟，是提高入学率的有效营销策略。 根据全美知名的"数字教头"詹姆斯·贝内特的说法，他们还提供了学习交易中的交易（the trade of trade）的最佳方法。[46]

任何人只要交了学费，就可以在连锁学院的任何一所学院就学，并可随时在其他任何校区完成学业，这也是为什么入学费用从来就不能退款。 这种滚动式招生政策适应了年轻男性要反复周旋于劳动力市场的积重难返状况。 这也有助于市场整合。 标准商业培训方案还包括 P.L.斯宾塞的创造"国家统一书写体系"的项目，作为"布赖恩特与斯特拉顿"克利夫兰学校的笔法系主任，斯宾塞制定的这一项目足以将地方交易的做法转变为通用的商业惯例，将"东西海岸两大商业中心"联系起来，建立起一条横跨全国的交换"连续链条"。 受雇为所有学校编写教材的S.S.帕卡德（S. S. Packard）因而认为，共同的讲授课程能给在"基于启蒙和彻底的科学观点（普遍正确的、经济的和统一的）"而重建的全国市场上找到工作这件事提供最实用的通途，他于 1858 年"布赖恩特与斯特拉顿"芝加哥新学院的落成典礼上发出如是感叹。 商业被重新发明作一门**"能学"**（can be learned）的学科，一种专门知识的客体，建立在有望将所有盈利活动都体系化的"交易法则"之上，连锁学院的院刊《美利坚商人》宣称，这对于"所有事物都处于蜕变和革命的状态，……新事物正在将旧事物挤到一边"的时代来说，是一个极其重要的贡献。 这些革命性的条件是新商业教育学与前个世纪各种手册、方法、课程和教员的区别所在，前个世纪的各种手册、方法、课程和教员也曾试图在商业经济中引入一定程度的制度和技术能力，但这同样致力于维护基于个性和赞助人时代的传统贸易文化，从未将贸易视为一种革命的力量。 当然，掌握商业技能尚未成为大量年轻人谋求个人当权和擢升地位的首选手段。[47]

商学院在工业化经济体中还发挥着另一个核心作用，即作为分包商为大都会的商厦提供训练有素的人力的稳定来源。 在波士顿科默商学院（Comer's Commercial College），詹姆斯·布莱克每天早上都要在簿记

摘自布赖恩特与斯特拉顿 1859 年的年度目录。

课上"挣扎着学习贷方和借方的知识",该学院自 1840 年开学以来,在 25 年间,已经有 1.2 万名学生毕业——他们的文凭就是通向"从缅因到加利福尼亚的最好商行的介绍状"——因而该学院邀请商行直接向学院提交入学申请,以"节省时间免去麻烦",如此一来,学院也就能"随时并且不耗费什么费用"安排一批有能力的应试者到入账、销售、出纳、复印、簿记和电讯等岗位上。 在科默同一街道经营业务的博伊德和斯图伯商学院(Boyd & Stubb's Commercial Institute)也提供同样的职位安置服务。 与此同时,位于华尔街的芬恩簿记学校(Finn's book-keeping school)广告宣传其与纽约批发商的紧密合作关系,据称其中有 50 家已就来年春天的交易提出了提前询问。《先驱报》(*Herald*)的付费广告公布了前一年度毕业班学生所挣的工资合价(相当不可思议)——"537 250 美元!"——这极大地推动了人们去报名参加芬恩课程的学习。[48]

75

这种对办公室技能的广为认购同手工艺形成了鲜明的对比,后者的生产技术仍然常常是父死子继,而且还常常当作商业机密保护起来,不仅是要尊重传统,还要抵御市场普及知识的驱力,以便更好地控制并继而销售知识。 当然,现代小职员完全是市场普及知识的方案中的一环。 换句话说,他不仅在公开市场上交易自己的劳动能力,还以同样的做法获得了自己的职业,这些职业向任何只要能花 10 美元在马什商学院上速成授课计划的人开放。 如果说早期的现代行会是最早将职业技能定义为产权的主体以限制行业准入的组织,事到如今,这种知识产权却表现为不受规制的手推车和实物交易的对象。 然而,这种商业专门知识的大规模商品化并不能与"去技能化"进程混为一谈。 反之,19 世纪 50 年代中期,商业教学机会的不断扩大,使约翰·洛克菲勒这样的人有可能进入新经济领域,后者在克利夫兰的福尔瑟姆商学院(Folsom's Business College)学习了簿记技能。 有抱负的店员用现金买到了"好手",还买到了能在几分钟内算出净资产和负债的差额利息的能力,但这并没有使这种知识成为阶级身份或象征资本的不那么排他性的来源。 事实上，正规的复式记账法培训是阿瑟·塔彭（Arthur Tappen）首次踏入就业市场时之认真的最确实的标志，证实了他创业之欣然和在个人抱负的基础上实现最高收益的决心。[49]

个人资源的最大化表明，很少有人会仅仅满足于充当一台"复印机"。 事实上，人们认为"销售的艺术"是比整洁的账簿更为直接的出人头地的通途，也是"培养年轻人"最可靠的手段，威廉·霍夫曼在博伊德有限公司开启商业生涯后很快就发现了这一点。 本杰明·福斯特离开班戈后，在纽伯里波特的一家地毯公司找到了工作，老板同样建议本杰明，如果真的希望出人头地，就应该磨练自己的柜台技能，尽管这个年轻人在账本上的天赋本就显而易见。 与此同时，威廉宣称，在奥尔巴尼，当店里的高级职员忙于其他事务时，他设法完成的琐碎交易给他带来了"更多的满足感，精神状态更加平静安稳"。 但事实上，由于对博伊德有限公司持续不断的案头工作感到挫败，威廉在那年年底之前就离职了。 他先考虑了下是否搬到加利福尼亚，然后他利用自己在北部的小职员经验，在吉尔伯特、普伦蒂斯和塔特尔行（Gilbert, Prentiss, and Tuttle），一家曼哈顿的公司担任销售岗位，"对于任何急于上位的小职员来说，这是一个理想的职位，因为提供了各种机会"。 威廉心中的重大机会是替公司出差。 大都会的商厦经常从其他州雇用小职员，希寄于他们在外地的人脉能带来新客户。 威廉很快开始将回上州探亲同对内地客户的寻找结合起来。 他"带着**纽约小职员**的风度"来到巴尔米拉，开始着手说服当地的店主下次进城采购时，在吉尔伯特、普伦蒂斯和塔特尔行开户："我几乎见过镇上的每一位商人，我努力赢得他们的尊重，并用我的名片给他们留下自己有能力平价销售的深刻印象。"当然，这并不能保证成功。 威廉并非唯一一个承诺低利率和便捷信贷的来自城市的代理商。 两个月后，秋季来临，他徒劳地等待着夏日努力的成果。"我的顾客今天没有如约来见我，他在别处买了货。"[50]

有人这样评价如是希望的破灭：有多少人参加了这场比赛的人，"赛中最终失败的几率十之八九"，亨利·戴维·梭罗宣称，"一百个人中，九十七个肯定会失败"，他形象地用修辞把比分悬殊的现象往坏了说。 这种悲观论是一种有意识的怀旧姿态，指的是那个时代的商业奋斗仅限于狭隘的商人阶层，还没有被"寄望名悬商店大门之上的愚蠢野心"所驱使的整整一代年轻人所接受。 然而，他们又有什么样的选择呢？ 世人眼中"急于出世"的年轻人之"过分之热切"和"大声攀谈"的特质，是对围绕获利良机组织起来的社会体系的一种完全合理的反应。 比方说，爱德华·泰勒评估自己在利特尔·奥登公司待下去的职业前景时总结道："人的努力，没有静止不动的余地，只有今天不比昨天差的人，才会更好。 没有变得更好的人，就会更糟。"商业图书馆的《年度报告》也谈到，当时的成功人士难道不是鲜有"非起于微末者"吗？ 用威廉·霍夫曼的话说，他们的成功也不是命运的安排，而是他们"不懈尽力"的见证，这是不屈不挠的精神与无所事事的浪子心理间的零和对抗。 这一代后父权世代的人，在成为自己生活的唯一"持有人加**所有者**"之后，没法"双手插兜"等待机会自己上门。 反之，个人进步是"努力的婢女"，这意味着每个人都有责任开发自身的资产，把自己的生活变成一个事业或者说商业计划。 一名年轻的费城小职员因之言道："我环顾周围，看到其他年轻人都在世上获得成功，我有时几近丧气。"换句话说，没有什么阻挡他们的去路，他们没有理由不振作。 那么，谁会责怪本杰明·福斯特翻开老板的"私人抽屉"，寻找以其名义写的信，或者通过设计一个计划，让一个同事陷入圈套被怀疑偷零钱买糖果，来讨好这位老板呢？[51]

威廉·霍夫曼也是为这种精神耳濡目染，抱怨把最好的销售机会都留给自己的同事们"好妒的品性"。 因此，他对博伊德有限公司的内部职责重组大加赞赏，这个重组指望通过为每个小职员分配属于自己的柜台来打破既定的论资排辈。 威廉在日记中写道，这能有效防止"推卸每个人义不容辞的急务"。 这也为他提供了一个展示自己工作勤奋的绝佳机会。 办公室劳动力的重新分配是标准化成本计算和预算编制总体计划的一部分，以应对这个时代非个性化的购物方式和不断增长的业

77

务量。《亨特商人杂志》因此刊文表扬了费城的一家批发公司用颜色编码柜台，减少了店内销售业务的杂乱和混淆。与此同时，商行的出纳员还引入了一套能将每笔交易同随行小职员匹配起来的个体化的销售记录系统。这样就使得计算出每个员工个体对公司的价值成为可能，"表现为每天、每周和每年的一个百分比……还有达成这些销售的成本的百分比"。企业现在可以"随时……了解每个人服务与其工资相称的相对价值"。然而，这种合理化的管理方法并不总能产生合理性的结果。C.W.摩尔报告说，他在纽约市内的一家干货店实施了一项类似的计划，将销售额直接簿记在每个店员的户头上，但最终成了一场灾难。员工和客户都一致变得如此"充满焦虑"，以至于业绩开始下滑。与此同时，在博伊德公司，柜台职责的重新分配引发了另一位初级小职员的怒火，他很快控诉威廉偷走了一位顾客。约翰·博伊德——老板的儿子——对这侵犯自己刚刚划定的销售领地的行为非常恼火，他拿起一块木板要打威廉，威廉虽然躲过了这一击，但还是撞到了柜台上，蒙受伤痛。还有比这更能生动地说明坐柜台之危险的例子吗？[52]

托马斯·奥戈斯特（Thomas Augst）观察到，在一个人类普遍自由的时代，雄心勃勃的心理动力是多么迅速地将"活到至我"的期许变作一种嘲弄。"我必须跻身前列。"查尔斯·弗伦奇在审视了自己的晋升前景后得出结论。"我一点也不喜欢伊顿，"他还提到了他在波士顿五金公司的顶头上司，"我们走着瞧，看是他还是别人要来管治我。"事实上，查尔斯很快就发现了一个对他的计划更为严重的威胁，那就是另一个经常与他分担任务的新人。"托宾在店里不该比我升迁得更快"，在查尔斯发现前者整理价格手册后，恼怒地下定决心，这意味着他要么很快就要自己单干，要么更糟，很快就会被派去代表公司出差。但事实证明，托宾是一个值得尊敬的对手，一天下午，托宾请查尔斯协助清点库存时，后者察觉到了这一点。当然，查尔斯并无意帮忙，他声称自己另有任务。托宾立即去找丹佛斯先生，抱怨他的不合作，这促使公司的合伙人来找查尔斯，询问他在忙些什么。查尔斯回答说，没有什么特别的事，他总乐于接受老板给他安排的任何任务。 那就去帮托宾吧，丹佛斯凝练地指示道。[53]

爱德华·泰勒对自己在利特尔·奥登公司的处境也同样焦虑不安。每天早上打开保险柜，取出账簿，晚上再把账本锁好，归档账单，填满墨水瓶，把邮件送到邮局，这些琐碎事务构成的常轨成了对他而言的抱怨的源泉。 爱德华同样不喜欢在季末被派往城里的公司收缴未偿付的债务，或者给顾客送包裹，他认为这是搬运工的工作。 然而，最让他懊恼的是，他被告知要冒险带印染样本去城里的酒店，这对外地交易商的揽生意来说，是一项不光彩的任务。 爱德华自书笔记道："我无日不想，有朝一日可以改善我身为小职员的处境，并为我所做的服务取得丰厚的报酬。"事实上，他已经向经理合伙人递交了一封信，"信中，我的观点翔实俱陈"，并谈及了他的薪酬的话题。 作为回应，奥登先生把爱德华叫到会计室私下谈话，在谈话中，他给爱德华这位小职员提价，刚刚结束的一年加 50 美元，下一年再加 100 美元。 爱德华不以为然。他宣称，他的努力至少值 150 美元，因为是时候他开始自己养活自己并减轻父亲的负担了。 为了反驳他，奥登谈到自己的观察，城里满是愿意进入商店工作，根本不要求薪水的年轻人，他们乐得有机会在长大成人之前就先学会做生意。 此言或许不虚，可却弥漫着旧大陆学徒制的臭味。 两人争论僵持不下，奥登答应马上做出决定，爱德华则埋怨雇主的"刻薄……本性"，使其拒绝让"一名忠实又勤劳的小职员……获得幸福和独立，并在内心祝福这只慷慨的大手，让他因而摆脱匮乏"。[54]

他等了两个半月才得到奥登的答复，事实上，奥登同意了给爱德华150 美元薪水，甚至还炫示这样一种可能："如果我还能让他满意"，年底还可能给 50 美元的津贴。 当公司告知爱德华去寄出其第一封商务信函时，他特别高兴。 但他在履行新职责时"起步得很糟糕，很不吉利"，因为他错误地将两箱货物运去了新奥尔良，而非查尔斯顿。"我无法理解自己怎么会犯如此冥顽之大错，这让奥登先生对我的看法大打折扣。"商品在两个月后被退回，最终以远低于原本要价的价格处理掉。因而，爱德华发现自己愈发被打发去从事"书写业务"，抄写股票账目，将每月8日以来的销售情况过账，并将新进货物的库存清单编制在发票簿中。公司仅在春季就获得了6万美元的总收入，可爱德华却被调离了销售部门，他再次因自己的才能未得足够赏识而不满。[55]

这种挫折对他那一代人"在生活这一战场上的艰苦搏斗"而言颇为典型，一如"青年美国运动"改良派所抗议的，他们几乎没有得到来自前辈人的鼓励。"如果他想被公司招进来，只会得到大量无利可图的好建议。但他被招进公司了吗？哦，没有！别的都有，就是这个不行。"利特尔·奥登公司的另一位合伙人由此斥责爱德华躁进的销售风格："太像查塔姆街迎接顾客的方式了……店里的每个人都跑出来向买主致敬、握手。"取而代之，小职员得到的告诫是要谨慎小心，"保持冷静"，而非敢于"逾矩"。两年后，爱德华·泰勒宣布自己跳槽去另一家公司做销售岗位，但他仍然苦于被责备，人们告诉他"我最大的失败是过于焦虑，不敢迫使自己前进"。威廉·霍夫曼成了一位高级合伙人的类似警告的对象，这位合伙人对威廉·霍夫曼严于律己的举止大加赞赏，认为他"展示出成为商界人士的一切迹象"，但随后又提醒威廉，只有始终顺从办公室等级制度，才是最终促使公司将来安置他于贸易岗位的先决条件。[56]

因此，小职员被告知要采取合作而非对抗的策略。约翰·托德（John Todd）在畅销书《学生手册》（*Student's Manual*）中警告说，急于出人头地的焦虑会毫无二致地演变成"过高的希望、躁动的欲望和苦涩的失望"。人们需要抑制这种激情。怀揣同样的想法，爱德华·泰勒的母亲交给他一份从日报上剪下来的"劝世良言"：

> 以低薪从小职员起于微末的成功商人，在谈及打算从事商业生活的年轻人时，他评论如下：……他应该进些成功的公司做小职员，起先就不要考虑薪水的多寡，……尽可能让自己成为公司不可或缺

的人，一直留在同一个地方，假以时日，不出意外他就会成为主要人物。[57]

并非所有人都赞同这种战略性顺遂。有些人甚至认为，高歌用低报酬奉献来换取未来晋升的模糊期许的做法，是一种赤裸裸的手段，旨在培养出驯服的雇员阶级。雇主们可能会表扬如此精力充沛又如此细致地完成任务的小职员——"那批棉花必须运出去、称重，然后我们必须定期对其核算"——以至于"他很快就成了不能被拨出去的存在"，但这种超出职务的做法也很容易变成一个陷阱。查尔斯·罗杰斯得出的结论就是如此，他在 A.T.斯图尔特的大理石宫殿工作时，每天的大部分时间都是在投递台查收误投的包裹，或查询未能按时送达客户家中的包裹。查尔斯渴望调到市中心，调到斯图尔特的批发店，他花了大量时间和精力恳求上司批准他的调动。这个计划失败后，查尔斯又试图从精品家用白色织物部门晋升到丝绸零售部门，主要是因为他的膳宿费最近涨到了每周 5 美元。事与愿违，他被调到需要更长工作时间但报酬确实更高的刺绣品部门，他的月薪提高到 500 美元。然而，加薪的条件是，查尔斯必须承诺在新岗位上待满一年，而他拒绝了。随后，他又回到了原来的工作岗位，拿原来的工资，协商的失败让他愤愤不平。他意识到，为了自己而做的所有努力，反而让他在这场出人头地的大赛里陷入了窘境，他总结道："如果我在同一个已知随时会和我解除雇佣关系的人就解除雇用这一点上不那么投鼠忌器的话，我可能会得到 500 美元了。"[58]

这种场景的经常发生促使丹尼尔·哈斯凯尔评论道："商人与其职员之间的交流中表现出奇怪的缺乏信任。"哈斯凯尔总结道，这种关系往往"类似于所谓**交叉讯问**（cross-examination）"，即一种结构性的敌意，掩盖了关于市场和契约关系相互性的浅薄意识形态。查尔斯·弗伦奇当然没有什么幻想。他甚至决定"罢工"，以要求提高工资，因为他发现尽管托宾"整天在店里闲逛"，工资却比他高。查尔斯坚信自己

81

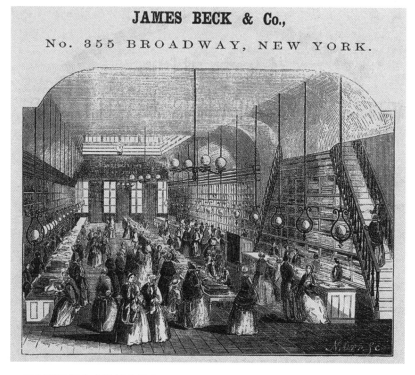

一家大型干货商店的销售柜台。

对公司的价值，只是担心缺乏就自身而言的自我主张会损害他的打算。事实上，正是查尔斯的愤慨挫败了他的希望。怀有饱受伤害之心情的他，同办公室出纳生出一系列小口角，并一度拒绝执行后者的明确指示，这对他而言也是雪上加霜。在丹佛斯的个人干预下，查尔斯才同意承担差事请求。一回到办公室，他就被叫到一个单间里，为其顽固不化受斥，年轻的查尔斯几近哭泣，尤其是因为他意识到，不再过个半年时间，他很难能再提薪水的事情。[59]

事实上，查尔斯的忏悔来得更快。第二天，他在日记中写道："明天在店里，我将洗心革面，从早到晚，丹佛斯不会再发觉我无所事事，如果上司给我差遣，我一定去做，纵不情愿，也不表现任何脾气。今后，我也无意对店里的任何人言语不敬。虽然有时我会忘乎所以，但

82

从长远来看，我一定会成功。"这是值得 T.S.阿瑟专门拿来讲故事的一场独白，它颂扬自律比自我膨胀更有优势，是个人在市场上取得成功的关键所在，称得上是所谓的最大化的行动者之社会化过程中的一个重要时刻。 这也是对办公室的权力关系的冷静评估。 毕竟，是丹佛斯决定分配哪个柜台或办公桌给谁，以及每个小职员如何因之获得报酬。 只有丹佛斯决定谁派去出差，谁受提拔，甚至谁可能被邀请加入公司成为合伙人。 只有丹佛斯处在能准予希望独立创业的人赊欠，或者为通常是在遥远的城市寻找新工作的小职员提供个人推荐的位置上。[60]

又过了六个月，查尔斯的困窘达到了新高度。 他在 12 月 31 日的日记中焦急地写道："现在，我希望有人能来跟我谈谈薪水问题，我疑窦渐生了。"他并未见证合伙人定期年终会议的召开，通常是在会上决定奖金和工资的。 又一个星期过去了，但仍然没有任何即将到来的通知。 查尔斯试图让自己相信，这种沉默是即将涨薪的预兆。 个人而言，他希望自己的工资能从 300 美元涨到 400 甚至 500 美元。 他计算了一下，按照这个速度，到 21 岁的时候，他可能会赚到 800 美元。"如果他们觉得，因为我对自己的薪水从不挑剔，而且仍旧愿意或者说一直以来都很愿意以微薄的工资却努力工作……他们就会发现自己（用一句粗俗的话来说）'抓错了猪的耳朵'。"查阅账簿后——查尔斯清楚地知道公司前一年的总收入为 40 万美元。 他认为，只有容许他在这样的成功里分一口羹才是公平的。 不断扩大的经济毕竟是一种正和游戏，它早已不倚靠高尚牺牲或集体的需求了。 事实上，鉴于没有即将公布的通知，他又开始胡乱考虑"罢工"的可能性，一种完全个人的行动，他只希望没有人先于他这样干。[61]

相反，查尔斯鼓起勇气，直接找到了丹佛斯。 他以当地的劳动条件开启会话，他说其他年轻人"从商的时间并不比我长"，但工资却比他高。 丹佛斯告知查尔斯，公司付给他的薪水比同龄的任何人都要高，此外，这也表明公司对他的工作表现非常满意。 丹佛斯承认，确

83 实，其他公司的小职员可能赚到 500 美元，甚至更多。 关于托宾薪水的传言也是准确的，他确认了。 但是，其他那些办事员都没有什么显著晋升的机会。 丹佛斯对弗伦奇很有信心，他告诉弗伦奇，虽然托宾也是个优秀的劳动者，但他缺少能让他在成功的阶梯上更上一层的品质。 查尔斯的情况显然不同。 但是，如果他逼求更多的钱，这将威胁到他在公司的前途。 加薪要以职员自身的挣钱能力为基础：谁带来的业务多，谁就对公司"更有价值"，当然是以账面价值为基础。 例如，如果查尔斯全年能创造 5 000 美元的销售额，他就会得到相应的报酬。 为此，丹佛斯告诉查尔斯，他获准去拜访各大酒店、招揽顾客惠顾，为此他能收获佣金。 同时，他坚称商店的开支巨大，因此利润比想象的要少。[62]

查尔斯并不满意："我担心公司将越发吝啬。"一位朋友劝他，既然不能保证合伙人在他年纪上来后还会做"正确的事"，那就尽可能多地捞一把。"他们说得很好，但恐怕这注定不过是种'安慰'。"又经过两个月的焦急等待，丹佛斯才宣布查尔斯将拿到 400 美元，根据他的表现，第二年可能会增加到 500 美元。 丹佛斯随后建议查尔斯抽每年两周年假的时间前往康涅狄格，从该地区的五金制造商处收集相关信息。 他还敦促查尔斯发展同城市商人的交情，因为他肩负"客户之数量"，才是让雇主觉得自己"有用"的最好方式。 事实上，查尔斯对自己成功赢得如此大幅度的加薪感到非常高兴，"比我期望的还要多"。 但他也明白，新的工资及未来的任何涨薪都取决于他直接能给公司带来多少钱。 他下决心道："我还要努力向每位进店的顾客推销商品，甚至要流连镇上向城里的商贩兜售小玩意。"[63]

因此，事实证明"交叉讯问"是一种能促使越来越多的人纵使身处逆境也一心向前的有效行话。《亨特商人杂志》建议道："把你的观点和愿望公之于众"，因为隐瞒没有任何好处。 雇主有时可能仍会采用机会主义的家长作风，但他们同样更倾向于在正式、契约化的基础上建立劳动关系，这使其能以非固定的文职雇员的名册为中心组织办公室生产。

而文职雇员则表现出对自己受雇来管理的商品形式的格外忠诚，令货币价值跃升为人际交往和相互义务的公分母。 而由此诞生的工薪谈判是否也只是达到了对公司资源的最有效分配呢？ 这也难以知晓。 不过，这确实为一种适应革命性年代的新的所有权伦理提供了支持。 因为只有对自己的私欲"供认不讳"——私欲反而着重说明了其意图之透明——的人才会因正直而赢得声誉。 旧式的顺遂和一时的宽限多半会引起异己的怀疑。[64]

政治哲学家一度将"对无主财富的歆羡"视为"嫉妒或奴性"的源泉，这种歆羡本身对公民秩序构成了深重的威胁，可现在，这种歆羡却成为了公民性（civility）的源泉。 换句话说，互利互惠变成了一种金钱原则，而自利被再定义作一种既联系同时又分化人的力量。"如果你想让任何人为你服务时尽心尽力，你就必须让此事也关乎他的利益"，时人的公开认知构成了对亚当·斯密在《国富论》开篇提出的著名论点的明确回响，也即是说，与他人的交谈，不应谈及必需，而应谈及优势。虽然《亨特商人杂志》建议商人的小职员们尽其所能，让雇主"觉得可以将数不清的金子托付给你们"，但信任越来越不是重点了。 相反，合作建立在不同乃至相互竞争的企图的临时性协调之上。 如果不佯装如此——否认个人利益在确保共同协议中的核心地位——市场的风气（ethos）本身就会受到质疑。[65]

爱默生在其于 1844 年发表的《唯名论与唯实论》一文中称，金钱已成为"生命的散文"，因而，一个人如何处理财务才是对他个人品格最真实的考察，也是为什么爱默生又一次建议所有人都回避同朋友或仇敌一起做生意的原因。 瑞普·凡·温克尔在离家长久后，阔别哈德逊河谷村庄的家园时，他对其中令人头晕目眩的人际关系评判道，市场社会因此充斥着对彼此命运漠不关心的人，他们以"繁忙、热闹、争辩"的语调展开交流。 这种互相关系的解离，是商业交易谈判的理想条件，其条款将以人与人间的书面协议的形式呈现，倘不如此，这些人则互不相欠。 然而，这种"人人都在不断追求，跌倒后再爬起来，虽然

84

时时感到失望，但又决不绝望"①的陌生人的兄弟会，其实还是要求每个人的行动都有一个共同目标的，换句话说，要一致致力于自己的最大利益。[66]这就是为什么巴特比始终难以用自己的名义参与谈判，却让他的雇主和我们如此难以理解的原因。他拒绝接受方兴未艾的追求自我最大化的伦理，被证明是彻底的反社会者。

注释：

210　　[1] 斯宾塞部分，参见 *Hunt's*，vol.37（December 1857），702；T. S. Arthur, *Advice to Young Men*（Philadelphia：G. G. Evans, 1860），69，79，"完整的会计理论"见72，"一双生意的妙手"见71；T. S. Arthur, "The Use of Learning," *Youth's Companion*，March 23，1841，181；故事于1849年12月27日再刊于 *Youth's Companion*（无最后一段）。关于市场解释学，同样可参考 T. S. Arthur, "Don't Be Discouraged," *Godey's Lady's Book*（September 1843），121—124。"这里就是，与为了行动的思想家相比，为了思考的思想家既少又不重要的那个地方"。Henry W. Bellows, *The Leger and the Lexicon*（Cambridge, MA：John Bartlett, 1853），6。

　　[2] Samuel Roberts Wells, *How to Do Business：A Pocket Manual of Practical Affairs*（New York：Fowler and Wells, 1857），41；Charles H. Foster, ed., *Down East Diary by Benjamin Browne Foster*（Orono：University of Maine at Orono Press, 1975），210—211（July 25，1849）；"大胆向前精神"见于 *Scientific American*（June 4，1853），301。更一般的内容可参考 Stephen Carl Arch, *After Franklin：The Emergence of Autobiography in Post-Revolutionary America*，1780—1830（Hanover, NH：University Press of New England，2001），20—53。

　　[3] "焦虑"引自 John G. Cawelti, *Apostles of the Self-Made Man*（Chicago：University of Chicago Press, 1988），48；配第部分参见 Eric Roll, *A History of Economic Thought*（London：Faber and Faber, 1973），104—106；James L. Huston, *Securing the Fruits of Labor：The American Concept of Wealth Distribution*（Baton Rouge：Louisiana State University Press, 1998），3—10，14—15，31，42—45，52，130，162—164，"辛勤劳动所得的成果"于41。更一般的可参考 Gregory S. Alexander, *Commodity and Propriety：Competing Visions of Property in American Legal Thought*，1776—1970（Chicago：University of Chicago Press, 1997），26—42。

　　[4] J. Hector St. John de Crevecouer, *Letters from an American Farmer*（New York：Penguin Books, 1981），54；"来回辗转"引自 Harvey J. Graff, *Conflicting Paths：Growing Up in America*（Cambridge, MA：Harvard University Press, 1995），76；Carole Shammas, *A History of Household Government in America*（Charlottesville：University of Virginia Press, 2002），58—63。

围绕美国家户父权制的本质有着大量最高水准的文献。对此项研究有帮助者，见 Winifred Barr Rothenberg, *From Market-Places to a Market Economy：The Transformation of Rural Massachusetts*，1750—1850（Chicago：University of Chicago Press, 1992）；Toby Ditz, "Ownership and Obligation：Inheritance and Patriarchal Households in Connecticut, 1750—1820," *William and Mary Quarterly* 47，no.2（April 1990），235—265；Nancy R. Folbre, "The Wealth of Patriarchs：Deerfield, Massachusetts, 1760—1840," *Journal of Interdisciplinary History* 16，no.2（Autumn 1985），199—220；Carole

---

①　译文参考［法］托克维尔：《论美国的民主》（下卷），董果良译，商务印书馆1991年版，第551页。——译者注

Shammas, Marylynn Salmon, and Michel Dahlin, *Inheritance in America: From Colonial Times to the Present* (New Brunswick, NJ: Rutgers University Press, 1987); Martin Bruegel, *Farm, Shop, Landing: The Rise of a Market Society in the Hudson Valley, 1780—1860* (Durham, NC: Duke University Press, 2002); James Henretta, "Families and 211 Farms: Mentalite in Pre-Industrial America," *William and Mary Quarterly* 35, no.1 (January 1978), 3—32; Richard Lyman Bushman, "Markets and Composite Farms in Early America," *William and Mary Quarterly* 55, no.3 (July 1998), 351—374; William James Booth, *Households: On the Moral Architecture of the Economy* (Ithaca, NY: Cornell University Press, 1993); Christopher Clark, *The Roots of Rural Capitalism: Western Massachusetts, 1780—1860* (Ithaca, NY: Cornell University Press, 1990)。

[5] Robert W. Gordon, "Paradoxical Property," in *Early Modern Conceptions of Property*, John Brewer and Susan Staves, eds. (London: Routledge, 1995), 96—98.

[6] Eli Cook, "The Pricing of Progress" (PhD diss., Harvard University, 2012), 65.

[7] Bruegel, *Farm, Shop, Landing*, 67; L. Ray Gunn, *The Decline of Authority* (Ithaca, NY: Cornell University Press, 1988), 105—141.关于工业产权的"动态"性质，请参阅 James Willard Hurst, "The Release of Energy," in *Law and the Conditions of Freedom* (Madison: University of Wisconsin Press, 1956), 1—32。

[8] Karl Marx, *Grundrisse* (London: Penguin, 1973), 276—277; Capt. Marryat, *Diary in America* (Philadelphia: Carey and Hart, 1839); Harding in Joyce Appleby, ed., *Recollections of the Early Republic: Selected Autobiographies* (Boston: Northeastern University Press, 1997), 136; "有志者事竟成"同样见于 James W. Alexander, "The Merchant's Clerk Cheered and Counselled," in *The Man of Business, Considered in His Various Relations* (New York: Anson D. F. Randolph, 1857), 39; "他啥都能做"于 Joseph F. Kett, *Rites of Passage: Adolescence in America, 1790—Present* (New York: Basic Books, 1977), 96—97。

[9] *American Phrenological Journal* (January 1853), 2. 同样见于 March, April, and May 1853 这几期中。作为全国读者最多的杂志，请参阅 Jayme M. Sokolow, *Eros and Modernization: Sylvester Graham, Health Reform, and the Origins of Victorian Sexuality in America* (Rutherford, NJ: Fairleigh Dickinson University Press, 1983), 156—158；行会参见 Chris Clark, "The Agrarian Context of American Capitalist Development," in *Capitalism Takes Command: The Social Transformation of Nineteenth-Century America*, Michael Zakim and Gary J. Kornblith, eds. (Chicago: University of Chicago Press, 2011), 25; William Hoffman, Diary, March 30 and 31, 1848 (New-York Historical Society)。

[10] Hoffman, Diary, April 17, 1847, as well as March 1, 30, and 31, 1848, and April 3, 1848.

[11] Hoffman, Diary, March 31 and April 3, 6, 10, 1848.

[12] Alexander, "Merchant's Clerk," 8; Jackson biography in Michael Paul Rogin, *Fathers and Children: Andrew Jackson and the Subjugation of the American Indian* (Piscataway, NJ: Transaction Publishers, 1991), 39—40; Frazar Kirkland, *Cyclopaedia of Commercial and Business Anecdotes* (New York: D. Appleton 1864), 1: 16—17; John Angell James, *The Young Man from Home* (New York: D. Appleton, 1840), 19; Foster, *Down East Diary*, 229 (November 7, 1849). 1820 年后作为一种独特的文学体裁出现的建议文学和儿童小说通常都以父亲去世或失踪为主题。Shawn Johansen, *Family Men: Middle-Class Fatherhood in Early Industrializing America* (New York: Routledge, 2001), 1.

[13] "每个儿子"和"所有隶于我或在我之下者"见"Young Men's Department," *Cultivator* (April—May 1835), 47; Edward Everett in Nian-Sheng Huang, *Benjamin Franklin in American Thought and Culture, 1790—1990* (Philadelphia: American Philosophical Society, 1994), 54;见 Mercantile Library Association of the City of New-York, *The Thirty-Eighth Annual Report* (1859), 23; S. G. Goodrich, *Recollections of a Lifetime; or, Men and Things I Have Seen* (New York: Miller, Orton and Mulligan, 1856), 415; 梅隆参见 *The Autobiography of Benjamin Franklin* 导言, by Benjamin Franklin, ed. Leonard W. Labaree, Ralph L. Ketchum, Helen C. Boatfield, and Helene H. Fineman (New Haven, CT: Yale University Press, 1964), 10。

[14] "所有成功的迹象"于 Kett, *Rites of Passage*, 94; 林肯于 Daniel Walker Howe, *Making the American Self: Jonathan Edwards to Abraham Lincoln* (Cambridge, MA: Harvard University Press, 1997), 138—139; Adam Smith, *The Wealth of Nations*, ed. Edwin Cannan (Chicago: University of Chicago Press, 1976), 111; "可见视野"见 *American Phrenological Journal* (August 1848), 252; Edward Jarvis, *Address, Delivered at the Laying of the Corner Stone of the Insane Hospital at Northampton, Massachusetts* (Northampton, MA: J. & L. Metcalf, 1856), 8; Alexis de Tocqueville, *Democracy in America*, ed. J. P. Mayer (New York: Doubleday & Co., 1969), 537; 托克维尔论焦躁不安的部分引自 Joseph F. Kett, *The Pursuit of Knowledge under Difficulties: From Self-Improvement to Adult Education in America, 1750—1990* (Stanford, CA: Stanford University Press, 1994), 52。

[15] 库珀部分见 Steven Stoll, *Larding the Lean Earth: Soil and Society in Nineteenth-Century America* (New York: Hill and Wang, 2002), 166; "断供"在 *American Phrenological Journal*, vol. 17 (March 1853), 49; "浪子"于 *Cultivator* (April 1845), 108; Edwin T. Freedley, *Practical Treatise on Business* (Chicago: D. B. Cooke, 1853), xii—xiii; 资本密集型农作,在 Thomas S. Wermuth, *Rip Van Winkle's Neighbors: The Transformation of Rural Society in the Hudson River Valley* (Albany: State University of New York Press, 2001), 103—109, 115—127; Bruegel, *Farm, Shop, Landing*, 65—79, 85—86, 110—114; Hoffman, Diary, March 9, 1847; "惊人"于 William Hunter, "Annual Address before the Rhode-Island Society for the Encouragement of Domestic Industry" (Providence: By the Society, 1826), 6—7; 凯里,于 Paul Keith Conkin, *Prophets of Prosperity: America's First Political Economists* (Bloomington: Indiana University Press, 1980), 264—266, 269, 272; "获利丰厚"见 Bruegel, *Farm, Shop, Landing*, 97。同样可参考 "American Agriculture," *Journal of American Geographical and Statistical Society* (March 1859), 76—86。

[16] "小亨利·侯姆斯彭", 于 Stoll, *Larding the Lean Earth*, 29; *Catskill Messenger* in Bruegel, *Farm, Shop, Landing*, 68; 债务增加, 于 Fred Bateman and Jeremy Atack, *To Their Own Soil: Agriculture in the Antebellum North* (Ames: Iowa State University Press, 1987), 11; Robert A. Gross, "Culture and Cultivation: Agriculture and Society in Thoreau's Concord," *Journal of American History* 69, no.1 (June 1982), 42—44, 48, 50; Clark, *Roots of Rural Capitalism*, 124—126; William J. Gilmore, *Reading Becomes a Necessity of Life: Material Cultural Life in Rural New England, 1780—1835* (Knoxville: University of Tennessee Press, 1992), 344—374。

[17] 乡下绅士见 Clarence H. Danhof, *Change in Agriculture: The Northern United States, 1820—1870* (Cambridge, MA: Harvard University Press, 1969), 54—55, 96—100 引自 96; Rothenberg, *From Market-Places to a Market Economy*, 62—63; Bennett in Bruegel, *Farm, Shop, Landing*, 66; *Cultivator* (February 1837), 165; 全日制农业于 Eric Nellis, "The Working Lives of the Rural Middle Class in Provincial Massachusetts," *Labor History* 36, no.4 (Fall 1996), 514—517; 四个儿子则在 Howard S. Russell, *A Long, Deep Furrow: Three Centuries of Farming in New England* (Hanover, NH: University Press of New England, 1976), 343。同样可参考 Jesse Chickering, *A Statistical View of the Population of Massachusetts, from 1765 to 1840* (Boston: Charles C. Little and James Brown, 1846)。

[18] Hoffman, Diary, January 15 and March 4, 1849, 199, as well as January 26, July 21, August 22 and 24, 1850.

[19] *Hints to Young Tradesmen, and Maxims for Merchants* (Boston: Perkins & Marvin, 1838), 53; Hubbard Winslow, *The Young Man's Aid to Knowledge, Virtue, and Happiness* (Boston: Crocker and Brewster, 1839), 354; B. F. Foster, *Clerk's Guide; or, Commercial Correspondence* (Boston: Perkins & Marvin, 1837), 224; James Nixon, *The Rudiments of Book-Keeping, Designed for Schools and Self-Instruction* (New York: F. J. Huntington, and Mason Brothers, 1854), 1—2; 马里亚特见 Burton J. Bledstein, *The Culture of Professionalism: The Middle Class and the Development of Higher Education in America* (New York: W. W. Norton, 1978), 214。

〔20〕Edward Jarvis, *Traditions and Reminiscences of Concord, Massachusetts, 1779—1878*(Amherst: University of Massachusetts, 1993), 109; *Hunt's*, vol.7(October 1842), 349; Charles Edward French, Diaries, 1851—1904, July 19 and 30, September 30, October 1, 1851(Massachusetts Historical Society); Henry A. Patterson, Diaries, 1832—1849, February 28, 1837(New-York Historical Society); Hoffman, Diary, 1847—1850, March 7, 1849; Edward Isaiah Thomas, Diary, June 6 and 15, 1853, Thomas Family Papers, 1815—1887(American Antiquarian Society, Worcester, MA); Morgan in William O. Stoddard, *Men of Business*(New York: Charles Scribner's Sons, 1897), 112—116. 同样可参考 Henry Pierce, Diaries, 1845—1895, 信件日期 March 3, 1850(Massachusetts Historical Society)。 关于美国父权制的终结，请参阅 Hendrik Hartog, *Man and Wife in America: A History*(Cambridge, MA: Harvard University Press, 2000); and Holly Brewer, *By Birth or Consent: Children, Law, and the Anglo-American Revolution in Authority*(Chapel Hill: University of North Carolina, 2005)。

〔21〕父亲的"帝国/主权"在 John Locke, *Second Treatise of Government*(1690; Indianapolis, IN: Bobbs-Merrill Co., 1952), 37,更一般的可参考 chap.6（"Of Paternal Power"）; "是日"见于 Thomas Augst, *The Clerk's Tale: Young Men and Moral Life in Nineteenth-Century America*(Chicago: University of Chicago Press, 2003), 20; Mary Ryan, *Cradle of the Middle Class: The Family in Oneida County, New York, 1790—1865*(New York: Cambridge University Press, 1981), 108, 167, 178—179。

〔22〕George S. Hillard, "The Dangers and Duties of the Mercantile Profession," in *An Address Delivered before the Mercantile Library Association at Its Thirtieth Anniversary, November 13, 1850*(Boston: Ticknor and Fields, 1854), 38; *American Phrenological Journal*, vol.10(1848), 252.

〔23〕*Hunt's*, vol.5(December 1841), 536; William A. Alcott, *The Physiology of Marriage*(Boston: J. P. Jewett, 1856) 209—213; *United States Economist*, June 18, 1853; Stephen Elias, *Alexander T. Stewart: The Forgotten Merchant Prince*(Westport, CT: Praeger Publishers, 1992); 塔潘部分见 Walter Barrett, *The Old Merchants of New York City*(New York: Carleton, 1864), 230—231。

〔24〕Frazar Kirkland, *Cyclopaedia of Commercial and Business Anecdotes*(New York: D. Appleton, 1864—1865), 2:672.

〔25〕"虐待"见于 Benjamin Penhallow Shillaber, Journal, January 6, 1849(Special Collections, Columbia University); Daniel N. Haskell, *An Address Delivered before the Boston Mercantile Library Association*(Boston: Dutton and Wentworth, 1848), 19。 同样可参考 Ayn Rand, *The Virtue of Selfishness: A New Conception of Egoism*(New York: New American Library, 1964)。

〔26〕Robert Hone, Diary, April 25, 1840, 3; "Mercantile Agency," in *Hunt's*, vol.24(January 1851), 46—53; Edward J. Balleisen, *Navigating Failure: Bankruptcy and Commercial Society in Antebellum America*(Chapel Hill: University of North Carolina Press, 2001), 103, 130—131. 更宽泛的参考 James Willard Hurst, *Law and the Conditions of Freedom in the Nineteenth-Century United States*(Madison: University of Wisconsin Press, 1956); Morton J. Horwitz, *The Transformation of American Law, 1780—1860*(Cambridge, MA: Harvard University Press, 1977)。

〔27〕Wells, *How to Do Business*, 114—115.

〔28〕Georg Simmel, *Simmel on Culture: Selected Writings*, ed. David Frisby and Mike Featherstone(London: Sage Publications, 1997), 235; Marx, *Grundrisse*, 225—226. 1858 年，一家信贷机构公告称，全国共有 157 394 家商店，平均每家商店欠大都市打工者 14 500 美元，负债总额高达 22.5 亿美元。 Rowena Olegario, *A Culture of Credit: Embedding Trust and Transparency in American Business*(Cambridge, MA: Harvard University Press, 2006), 26.

〔29〕T. S. Arthur, *The Mother's Rule; or, The Right Way and the Wrong Way*(Philadelphia: H. C. Peck & Theo.Bliss, 1856), 286—287; Hoffman, Diary, April 8, 1848.

〔30〕Henry W. Bellows, *The Leger and the Lexicon*(Cambridge, MA: John Bartlett, 1853), 26—27; Horwitz, *Transformation of American Law*, 178—179; Christopher Tomlins, *Freedom Bound: Law, Labor, and Civic Identity in Colonizing English America, 1580—1865* (New York: Cambridge University Press, 2010), 337—339, 366—371; Roy Kreitner, *Calculating Promises: The Emergence of Modern American Contract Doctrine* (Stanford, CA: Stanford University Press, 2007), 22—23, 31—33, 42—45, 84—86. 格奥尔格·齐美尔:"我们以为的自由事实上屡屡只是义务的改头换脸罢了。"[1]Simmel, *The Philosophy of Money*, ed. David Frisby, trans. Tom Bottomore and David Frisby (London: Routledge, 1990), 283.

[31] "Memorial from Francis Lieber," April 18, 1836, 24th Cong., 1st Sess., Senate, Doc. 314, 10 (1836); Archibald Russell, *Principles of Statistical Inquiry; as Illustrated in Proposals for Uniting an Examination into the Resources of the United States with the Census to Be Taken in 1840* (New York: D. Appleton, 1839), 201—216. 同样可参考 John E. Crowley, "The Sensibility of Comfort," *American Historical Review* (June 1999), 749—782, 也可以看更为重要的, David Ricardo, *Principles of Political Economy and Taxation* (London: John Murray, 1817)。

[32] *New York Tribune*, May 27, 1851; *Hunt's*, vol. 34 (April 1856), 403—415. Henry C. Carey, "Wealth and Land," in Carey, *Past, Present, and Future* (Philadelphia: Carey and Hart, 1848), 142—143. 历史学家们曾激烈地争论过资本主义对生活水平的实证影响。然而, 如此注重购买力的量化结果, 是把人们带入了商品的范畴, 而不是研究商品如何将他们纳入其中。例如, 见 E. J. Hobsbawm, "The Standard of Living during the Industrial Revolution: A Discussion," *Economic History Review*, n.s., 16, no.1 (1963), 119—134; T. S. Ashton, "The Standard of Life of the Workers in England, 1790—1830," supplement, *Journal of Economic History* 9 (1949), 19—38; Donald R. Adams Jr., "The Standard of Living during American Industrialization: Evidence from the Brandywine Region, 1800—1860," *Journal of Economic History 42*, no.4 (1982), 903—917; Hacker in F. A. Hayek, ed., *Capitalism and the Historians* (Chicago: University of Chicago Press, 1954); T. S. Ashton, "The Treatment of Capitalism by Historians," in Hayek, *Capitalism and the Historians*, 33—63。更多的内容请见 Hobsbawm, *Age of Empire: 1875—1914* (New York: Pantheon, 1987)。

[33] Edwin T. Freedley, *How to Make Money* (London: Routledge, 1859), 62 (the same discussion in Freedley, *A Practical Treatise on Business*, 121). "有利地打发了" "投资" "对自我的责任" "信誉、荣耀和原则" 以及 "最大利益" 参见 *Hunt's*, vol.1 (November 1839), 411; "荣誉动机" 参考 *Hunt's*, vol.36 (January 1857), 49。威廉·奥尔科特在他的《给年轻人的建议》中记载了两个小职员之间的以下对话, 进一步扩展了个人预算的重要性:"寄宿费每周 3.5 美元, 一年 180 多美元。加上洗衣费, 一共是 200 美元。衣服 125 美元, 靴子、鞋子和其他杂物 75 美元。''剩下的 350 美元呢?''天知道, 我不清楚……''你的账册上怎么说?''账册! 我不记账册。''那就奇怪了! 为什么会这样子, 我记自己的现金账户和我雇主的账一样仔细呐。''记账册不会让你的钱飞到天外去。''哦, 是的。把一个月的每一笔开支都记在账上, 然后在下个月的第一天仔细看一遍, 这会让你更小心钱。'" Arthur, *Advice to Young Men*, 28—29.

[34] New York Association for the Improvement of the Condition of the Poor, *Annual Report* (New York: The Association, 1845); *Godey's Lady's Book* (March 1851), 206; William A. Alcott, *Young Man's Guide* (Boston: T. R. Marvin, 1849), 108—109; Benjamin Franklin Foster, *Foster's School Book-Keeping: The Theory and Practice of Book-Keeping* (Boston: Perkins and Marvin, 1840), 5; Hoffman, Diary, "An Account of Expenses," 1847, 340.

215   [35] 劳伦斯部分见 William M. Thayer, *The Poor Boy and Merchant Prince; or, Elements of Success* (Boston: Gould and Lincoln, 1857), 116—117; *Duties of Employers and Employed, Considered with Reference to Principals and Their Clerks or Apprentices* (New York: J. S. Redfield, 1849), 30; Edwin L. Theiss, "The Beginnings of Business Budgeting," *Accounting Review 12*, no.1 (March 1937), 43—44, box 1 (Lemuel Shattuck

---

①   译文参考[德]西美尔:《货币哲学》, 陈戎女、耿开君、文聘元译, 华夏出版社 2018 年版, 第 279 页。 ——译者注

Papers，Massachusetts Historical Society）。如果不学会记账，就永远学不会"正确使用金钱"或"财产的真正价值"，Theodore Dwight 于 *The Father's Book* 上宣传说（Springfield，MA：G. and C. Merriam，1834），176。

[36] *New-York Times*，November 8，1853；Marx，*Grundisse*，792—794。同样可参考 Moishe Postone，*Time，Labor and Social Domination：A Reinterpretation of Marx's Critical Theory*（New York：Cambridge University Press，1993）。还有："由于一切买卖行为的适当与否，最终都取决于商品的名义价格或货币价格，而日常生活中几乎所有交易也受其支配，所以，人们大都注意名义价格不注意[劳动力的]真实价格，是毫不足怪的。"①Adam Smith，*Wealth of Nations* ed. Edwin Cannan（Chicago：University of Chicago Press，1976），43（bk. 1，chap.5）.

[37] *North American Review* 97（October 1863），307；Elizur 引自 Jonathan Ira Levy，"Ways of Providence：Capitalism，Risk，and Freedom in America，1841—1935"（PhD diss.，University of Chicago，2008），141。

[38] "收入"引自 Sharon Murphy，*Investing in Life：Insurance in Antebellum America*（Baltimore：Johns Hopkins University Press，2012），131；"谨慎"参见 J. H. Phillips，*Life Assurance Agent's Manual*（London：William Tweedy，1857）。关于小职员成了人寿保险保单的主要市场，请参见 Sharon Ann Murphy，"Security in an Uncertain World：Life Insurance and the Emergence of Modern America"（PhD diss.，University of Virginia，2005），284—288，316—317；Viviana A. Rotman Zelizer，*Morals and Markets：The Development of Life Insurance in the United States*（New Brunswick，NJ：Transaction Publishers，1983），92；"Contributions to Vital Statistics，" *North American Review*（October 1863），302—303。更一般的可参考 John Fabian Witt，*The Accidental Republic：Crippled Workingmen，Destitute Widows，and the Remaking of American Law*（Cambridge，MA：Harvard University Press，2004），43—70。

[39] *New England Family* 引自 Jonathan Levy，*Freaks of Fortune：The Emerging World of Capitalism and Risk in America*（Cambridge，MA：Harvard University Press，2012），88；*North American Review* 97（October 1863），309，307；赖特部分见 Levy，*Freaks of Fortune*，86 and generally 60—103。同样可参考 Angel Kwolek-Folland，*Engendering Business：Men and Women in the Corporate Office，1870—1930*（Baltimore：Johns Hopkins University Press，1998），18—20；更一般意义上的，见 Frank H. Knight，*Risk，Uncertainty and Profit*（1921；Mineola，NY：Dover Publications，2006）；Francois Ewald，"Insurance and Risk，" in *The Foucault Effect：Studies in Governmentality*，Graham Burchell，Colin Gordon，and Peter Miller，eds.（Chicago：University of Chicago Press，1991），197—210。

[40] Tocqueville，*Democracy in America*，508。

[41] "天意"和"只有上帝"参见 Levy，*Freaks of Fortune*，72，而"诸银行中最好的那个"见 67。关于保险在 19 世纪构建贪婪个体上的一般作用，见 Kreitner，*Calculating Promises*，97—104。

[42] *Hunt's*，vol.8（February 1843），124；Murphy，*Investing in Life*，156—161.

[43] Foster，*Foster's School Book-keeping*，5；Foster，*Down East Diary*，229（November 7，1849）；"创造者"见于 Mercantile Library Association of the City of New-York，*Seventeenth Annual Report*（New York：The Association，1838），7；*American Annals of Education*（June 1837），285。

[44] B. F. Foster，*Prospectus of the Commercial Academy*（183 Broadway，New York，NY，1837），3，8；*125 Years of Education for Business：The History of Dyke College，1848—1973*，chap. 2（Cleveland，OH：Dyke College，1973）；Hugh P. Hughes，"Some Contributions of and Some Controversies Surrounding Thomas Jones and Benjamin Franklin Foster，" *Accounting Historians Journal*，vol.9，no.2（Fall 1982），47—48.

[45] *New-York Daily Times*，May 5，1853；May 8，1856；September 20，1858；January 10，1853；May 18，1855；and December 7，1854. 同见 Terry K. Sheldahl，"Foreword

216

---

①　译文参考[英]亚当·斯密：《国民财富的性质和成因研究》（上卷），郭大力、王亚南译，商务印书馆 1983 年版，第 33—34 页。——译者注

to C. C. Marsh's 1835 'Lecture on the Study of Book-Keeping,' with a Balance Sheet," *Accounting Historians Journal* 15, no.2（Fall 1988），191；温特顿参考 *New York Tribune*，April 22，1845；戈德史密斯参见 *Tribune*，September 19，1845。

［46］Charles E. Rogers，*Diary*，1864—1865（Manuscripts and Archives，New York Public Library），July 11 and 27，1864；September 6 and 8，1864；and December 2，1864.同样见于 Samuel Lyman Munson，Diary，1861—1862（New-York Historical Society），May 8，1862；August 26，1862；September 9，1862；and May 1858，42—45。小时数见 *Circular and Catalogue of Bryant and Stratton's Mercantile Colleges*（New York：Office of the American Merchant，1859），17，24—25。

［47］斯宾塞见 *Circular and Catalogue*（New York：American Merchant，1859），14；Warren P. Spencer，*Origin and History of the Art of Writing*（New York：Ivison，Phinney，Blakeman & Co.，1869），27；"商业中心"及"连续链条"见于 *Circular and Catalogue*，15；"能学"见 *Circular and Catalogue*，11；James Bennett，*American System of Practical Bookkeeping*（New York：Collins，Keese，1839），12，3；芝加哥分校的落成见 *American Merchant*（June 1858），88；蜕变参见 *American Merchant*（September 1858），288—289；Konstantin Dierks，*In My Power：Letter-Writing and Communications in Early America*（Philadelphia：University of Pennsylvania Press，2011），62—81。

［48］James Barnard Blake，Diary，February 1 and 5，March 5 and 7，1851（American Antiquarian Society）；Comer's Commercial College，*Annual Register*（1865），6；*Boyd & Stubbs Commercial Institute*（Library of Congress）；Comer's Commercial College，*Annual Register*（1866），cover；*New York Herald*，March 4，1836.

［49］John Rule，"The Property of Skill in the Period of Manufacture," in *The Historical Meanings of Work*，ed. Patrick Joyce（Cambridge：Cambridge University Press，1987），104—111；洛克菲勒见于 Gary John Previts and Barbara Dubis Merino，*A History of Accounting in America：An Historical Interpretation of the Cultural Significance of Accounting*（New York：Ronald Press，John Wiley & Sons，1979），25；Lewis Tappan，*The Life of Arthur Tappan*（New York：Hurd and Houghton，1870），40—41。 同样可参考 Paul E. Johnson，*Sam Patch，the Famous Jumper*（New York：Hill and Wang，2003），53—61。

［50］"复印机"见于 *Hunt's*，vol.24（May 1851），533；Charles H. Foster，ed.，*Down East Diary by Benjamin Browne Foster*（University of Maine at Orono Press，1975），July 22，1850，297；Hoffman，Diary，March 6 and March 9，1849，as well as March 4，June 21，July 3 and 7，August 31，November 1，September 19 and 24，1850。

［51］"十分之一" 见 Arthur Cohen，"Arthur Mervyn and His Elders：Ambivalence of Youth in the Early Republic," *William and Mary Quarterly* 43，no.3（July 1986），369；Henry David Thoreau，*Walden，or，Life in the Woods*（1854；New York：Holt，Rinehart and Winston，1963），25；"愚蠢野心" 见 *Herbert Tracy；or，The Trials of Mercantile Life，and the Morality of Trade*（New York：John C. Riker，1851），5—6；"十分之热切" 和 "大声攀谈" 参见 Alexander，"Merchant's Clerk," 29；"急于出世" 参见 Hoffman，Diary，217，June 21，1850；Tailer 引自 Augst，*Clerk's Tale*，60；Mercantile Library Association of the City of New-York，*The Seventeenth Annual Report*（1838），7；Hoffman，Diary，August 31，1850；"持有人加所有者" 出自 *American Merchant*（June 1858），104；"双手" 和 "婢女" 出自 *American Merchant*（June 1858），104；"我环顾周围" 出自 Anonymous，Diary，1834—1838，August 29，1836（Special Collections，Bryn Mawr College）；Foster，*Down East Diary*，220（October 6，1849）。

［52］Hoffman，Diary，August 31，1848；September 4，1848；and August 31，1850. 同样见于 *Hunt's*，vol.17，4（October 1847），441；Wells，*How to Do Business*，58—59；Thomas Tyson，"Nature and Environment of Cost Management Among Early Nineteenth Century U.S. Textile Manufacturers," *Accounting Historians Journal*，vol.19，no.2，5—6；关于计算成本和做预算参见 Peter Miller and Ted O'Leary，"Accounting and the Construction of the Governable Person," *Accounting，Organizations and Society* 12（1987）：235—265；C. W. Moore，Diaries，1842—1871（Manuscripts and Archives，New York Public Library），92—93。

217

［53］Augst, *Clerk's Tale*, 60; French, *Diary*, Journal 2, October 3, 1851, as well as March 3 and 4, and June 24, 1856.

［54］Edward N. Tailer, Diaries, 1848—1917, December 12, 15, 1849 (New-York Historical Society); Alexander, "Merchant's Clerk," 20—22. 关于第一年不支付补偿的问题，请参见 *New York Journal of Commerce*, August 7, 1849。"我们不是定期学徒，我们是职员。" Mrs. L. C. Tuthill, *Get Money* (New York: Charles Scribner, 1858), 34—36.

［55］Tailer, Diary, March 22, June 3, December 5 and 17, January 19 and 21, February 11 and 28, April 30, March 27, May 3 and 25, 1850.

［56］George Francis Train, *Young America in Wall-Street* (1857; repr., New York: Greenwood Press, 1968), iii—iv; Tailer, Diary, January 15, 1852, and February 2, 1850; John Todd, *The Student's Manual* (Northampton, MA: Hopkins, Bridgman & Co., 1859), 217; Hoffman, Diary, May 5, 1848.

［57］Tailer, Diary, February 2, 1850.

［58］*Hunt's* (September 1852), 392; Rogers, Diary, March 2 and 3, 1864; Walter Barrett, *Old Merchants of New York City* (New York: Carleton, 1864), 111.

［59］Haskell in *Hunt's*, vol.18 (June 1848), 622; French, Journal No.4, February 29 as well as March 1 and 4, 1856.

［60］French, Journal No.4, March 2, 1856.

［61］French, Journal, December 31, 1856, and January 4, 9, 1857.

［62］French, Journal, January 17, 1857.

［63］French, Journal, January 28 and March 14, 1857.

［64］*Hunt's*, vol.15 (November 1846), 483; *Hunt's*, vol.29 (1853); Michael Warner, "The Mass Public and the Mass Subject," in *Habermas and the Public Sphere*, ed. Craig Calhoun (Cambridge, MA: MIT Press, 1992), 159—169; Eran Shalev, *Rome Reborn on Western Shores: Historical Imagination and the Creation of the American Republic* (Charlottesville: University of Virginia Press, 2009), 151—187.

［65］"对财富的歆羡" 可参考 Adam Ferguson, *An Essay on the History of Civil Society* (1767; Edinburgh: Edinburgh University Press, 1966), 186; "如果你想" 见于 *Hunt's*, vol.29, 2 (August 1853), 264; Adam Smith, *An Inquiry into the Nature and Causes of the Wealth of Nations* (1776; repr., Chicago: University of Chicago Press, 1976), chap.2; 同样可参考 C. B. MacPherson, "The Economic Penetration of Political Theory: Some Hypotheses," in *The Rise and Fall of Economic Justice and Other Papers* (Oxford: Oxford University Press, 1985), 101—117。

［66］Ralph Waldo Emerson, "Nominalist and Realist" (1844) in *Essays and Lectures* (New York: Library of America, 1983), 575—587; Washington Irving, *Rip Van Winkle* (Philadelphia: David McKay Co., 1921), 58; "不断追求" 见 Alexis de Tocqueville, *Democracy in America*, ed. J. P. Mayer (Garden City, NY: Doubleday, 1969), 453。"这里存在着总体的和不断流通的猜疑，因为没有一个绝对的点。 完善的监禁形式导致犯罪意识的强化。" [1]Michel Foucault, "The Eye of Power," in *Power/Knowledge: Selected Writings and Interviews*, *1972—1977*, ed. Colin Gordon (New York: Pantheon, 1980), 158. 同样可参考 Georg Simmel, "The Stranger," in *On Individuality and Social Forms* (Chicago: University of Chicago Press, 1971), 143—149。

218

---

① 译文参考《权力的眼睛——福柯访谈录》，严峰译，上海人民出版社 1997 年版，第 161 页。 ——译者注

第三章

自立之男

　　经济人(*Homo economicus*)跃升为文明进程的先锋，在美国引发的担忧与热情同样强烈。例如，一位论派(unitarian)牧师、社会理论家和诚恳的废奴主义者西奥多·帕克(Theodore Parker)抨击那种将天然的对收入的渴望加于众人，并且只需付出最少量的努力就能实现的风气。[1]帕克在《关于劳动的思考》("Thoughts on Labor")一文中，将这种极为贪婪的自我与更早的"上帝[赐予]每个人一张需要填满的嘴和一双工作的手"的工作伦理的有机基础进行了比较。如果在这种情况下，手拒绝工作，人就会挨饿。然而，分工的发达破坏了这一解剖学均衡，将手与嘴切断，使社会中的某些分子得以逃避"人类普遍和自然的命运"。其结果带来了一个支离破碎的人为秩序，失去了原有的或自然的基础，不再有自我治理的能力。也许我们预想帕克会认为，这种身体政治的肆意分裂的最明显例证，发生在奴隶种植园，但实际上这发生在"以父亲的职业为耻的……年轻人"的奋斗中。根据观察，年轻人涌到城市里寻找财富，或者至少寻找合伙人，却丝毫不打算自己去创造有价值的东西。在缺乏对其欲望的天然制约的情况下——如今手和口位于不同的身体上，手业已无法对口加以制约——食欲总会"过剩"。[2]

　　"当个男人，"一名《美国颅相学杂志》的撰写者恳求道，"怀揣真正的勇气和男子气概，拿你的斧头冲进荒野，为了阳光和独立的家园披荆斩棘。"然而，在这些年里，脱离了这种传统庇护的另一版本的真正勇气开始形成，尽管其分毫不差地同样致力于遏制资本主义混乱的倒错影响。 另一种形式的男子气概的基础，并非农民对其独立拥有土地付出的努力，而是个人在自己身上付出的努力。 帕尔森·威姆斯(Parson Weems)在他的华盛顿"私生活"故事的第六版中加入了一则樱桃树轶事，使这一伦理成为经典。 而一代人之后，威廉·埃勒里·钱宁(William Ellery Channing)的《自我培育》(*Self-Culture*)对这一点作了最为系统的阐述。 该书内容原先是 1838 年他在波士顿力学学会(Mechanics Society of Boston)发表的演讲(随后被全国的报纸和杂志广泛摘录)，次年付梓。 在这本有关正确行使个人主权性(personal sovereignty)的内战前的科普读物中，钱宁向读者解释道："我们不仅有能力追踪我们的权力，而且能引导和推动之；不仅有观察自己激情的能力，而且能控制之。"借此，钱宁试图为后父权时代的人们重塑自我治理，他们不再向后看，也不再向上看，而是直视前方严格意义上由他们自己的想象力所标示的地平线。[3]

这种"个人主义"——该现象很快获得了这一名称——催生了一种殊为现代的文化英雄，即"自立之男"，后者在字面意义上将自身转换为自己的生产性努力的客体。 威廉·塞耶(William Thayer)在《印刷工男孩；或本·富兰克林是如何成名的》(*The Printer Boy；or，How Ben Franklin Made His Mark*)一书中写道："男孩是⋯⋯成人之父(*father of the man*)。"塞耶转述的是威廉·华兹华斯最初创作于 1802 年的诗句，后者见证了童年在人格发展中重要性的与日俱增。 到了 19 世纪中叶，男孩已经获得了对自身命运的排他性主宰，可以坚持自己形成"我自己的道德标准"，选择"我自己的个性模范"，制定"我自己的行动计划"的自然权利。 这种"自立"(self-making)成了资本时代另一桩宏大的生产计划，事实上，它是建立在一个由自我学习、自我满足、自我观察、自我尊敬、自我重视、自我信任和自我了解所构成的基础之上的，这些内容在早年前身为《波士顿力学》(*Boston Mechanic*)的《青年美国人自我完善杂志》(*Young American's Magazine of Self-Improvement*)等新兴中等阶级化的媒介手段上，以一种几乎令人生厌的频次频繁出现。[4]

任性的亡害

　　这个店员在柜台后面兜兜转转，向现实中并不熟悉的人展示他并不真正感兴趣的商品，同时对每句"无论有多么阴郁"的俏皮话，都要强装出一副欢欣的样子，他不仅没有生产出任何有价值的东西，而且还为赚取工资而出卖了自己的男子气概。《美利坚辉格党评论》（*American Whig Review*）因而哀叹道："在这个国家，没有比假斯文的干货店员这群人更顺从的了。"他们可能会行使个人的特权，迫使别人也必得就自己生活和工作条件与之谈判磋商，但这并不是任何获得认可的美利坚形式的独立自主。 事实上，如果一个人的敬重可以在开放市场上随意购买，那么切断父系农耕的超个人纽带又有什么意义呢？ 随之而来的，膀大腰圆的男人们测量精美的女帽图案的景象，唤起了杰斐逊一度将这类"顾客的伤害和任性"视为共和政府所面对的最严重威胁的警告，而如今这已更新作一群玩弹子球、馋食鲶鱼的头脑灵活的浪子，他们在周六晚上相互给对方卷起头发，旨在到了礼拜日就去勾引长老会拥趸的漂亮女儿。 本杰明·福斯特在开始自己的教士生涯时称："我的口号是'脖子或无物'，我把我的头投进直立的衣领里，然后这个星期一直穿着它，直到现在我竟然觉得我是'生来就这么'穿着它的。"这样浮华的矫揉造作，最为本真地表达了这群颇为特立独行的年轻人脱离他们穿着朴素的父辈的无畏习惯——如此践行西奥多·帕克"对劳动的思考"——而急速地堕落。 因此，乔尔·罗斯(Joel Ross)在《我在纽约所见》（*What I Saw in New-York*）一书中建议读者留在本地。"摘点绿叶菜、给洋葱除草、把柴草放在锅下面……以免当你来到这儿一打开福袋，却发现把自己最重要的东西忘在家里了，你会非常非常后悔，后悔自己不幸成了无名小镇最聪明的人！"[5]

1843年，伊齐基尔·培根（Ezekiel Bacon）在尤蒂卡青年协会的一场演讲上作证说，面对"蒸汽动力和人躁动不安、奋力挣扎的精神迸发出的激情"，事实证明乡村生活的贞洁传统处于完全无能为力的状态。工业时代个人和职业进步的丰沛动力将整整一代人从土地拉离，朝向那个仅靠自身毅力来处置的未来。例如，爱德华·泰勒参加了荷兰籍纽约人文学协会（Knickerbocker Literary Association）的一场辩论会，辩论的主题是"更能激励人类行动的是野心还是需要"。夜幕落下时，与会的小职员们宣布支持前者，他们集体表达了一个后马尔萨斯时代主体会得出的结论："人并非生来就是痛苦的"。霍勒斯·格里利抨击说，这样的想法的后果充分体现在废弃家园和半耕半种的耕地的景观上，这反而见证了"我们周围普遍存在"的苦痛，表达了他对父辈的炉台以及"自身双手的有用劳动"之被大笔抛弃的愈发痛心。《耕耘者》也反对道："你受了诱惑想换掉农活之苦劳，那就去城里的商店当店员，脱下厚靴和长工作服，在柜台后面做个绅士！"因此，在由制造和销售的对抗所推动的大众颓废的叙事中，商店和会计行以乡村为垫脚石开始填补其空缺。[6]

在1837年最高法院对《查尔斯河大桥案》做出历史性的裁决，根据围绕利润和风险组织起来的经济的永久动员性而重新调整了产权后，威廉·埃勒里·钱宁写道：在资本时代，对财产权最大的威胁并非"掘地派""贫困劳工"或"仇富抗议者"的所为。"那些急于致富的人"成了更有灾难性的危险的源泉。几年后，爱默生在《颂诗，赠W.H.钱宁》（"Ode, Inscribed to W. H. Channing"）——威廉的侄子——中也提到了同样的事情：

> 有两种法律互不关联，
> 也互不相容，水火不容——
> 人的法律，物的律法；

> 后一种建造城镇和舰队，
>
> 但它已变得放纵失控，
>
> 而且使人类不再为王。①

爱默生在别的地方也提到，这种"物的法"可以溶解银行大楼的昆西产花岗岩的地基，让它们"以每小时数千英里的速度"转起来，它对公众秩序的威胁远远大于乌合之众，这也就是为什么像小职员这样的资本公开的忠仆，会成为这个时代的危险阶级。[7]

随之而生的惊恐感通常演作一出道德剧："在无数的泪水中，你的母亲与你分别，你的父亲握住你的手，用几近哽噎的声音泣不成声地说：'永别了，我的孩子'。"这作为资本主义的原初场景的一个版本，通常以家庭危机的口吻预演。"他们每个人都离开自己心爱的圈子，唉！ 他们还没有学会珍惜，就进入了相对无家可归的状态。"詹姆斯·亚历山大教士在《鼓励与劝告商人的小职员》（"Merchant's Clerk Cheered and Counselled"）一文中以类似的口吻作此感慨。 在"被遗弃的家庭生活"这一主题的又一变奏中，H.A.博德曼（H. A. Boardman）确证，无法表现"母亲和姐妹的同情、温柔、相互信任和高雅情谊"的城市人群的冷漠，加剧了这种无家可归的状况。 1844 年，乔治·怀特豪斯（George Whitehouse）在曼哈顿东河码头甫一下船，就被小旅行社的嘈杂噪音包围了，对此他评价，所有人都发觉自己成了陌生土地上的陌生人——"'要出租马车吗？'骑出租马吗，先生？'乘四轮大马车吗？ 我来帮您拿行李，这边请，不，这边请，先生"——争先抢夺顾客。 查尔斯·布里格斯的《哈里·弗朗哥历险记》中的主人公来到哥谭市寻找办公室职位，也经历了类似的无根之苦，当他住进城市酒店第五层的房间里时，突然意识到自己"从未如此远离大地"。 这是对城市带来的疏远感的恰当寓言，不仅疏离于土地，也疏离于农舍的亲密

89

---

① 译文参考《诗歌与想象：爱默生诗集》，黄宗英编译，中国社会科学出版社 2023 年版，第 106 页。 有改动。 ——译者注

地质。[8]

　　"去西部吧，年轻人。"霍勒斯·格里利对那些喜欢涌到东部来的人群大军的反驳颇为出名。 但是，正如克拉伦斯·丹霍夫（Clarence Danhof）对弗雷德里克·杰克逊·特纳（Frederick Jackson Turner）古老的边疆论（将共和国的个人主义风气定位于处女大陆的开阔视野）的长期修正历史所总结的那样，对个人自我治理的追求将许多美国人送到了熙熙攘攘、争论不休的城镇和偏远的农场，热情地参与了美国史无前例的人口流动。 资本时代的黎明时分的流动人口统计数据显示，"没有一艘汽船在到达码头时，也没有一辆铁路车辆在到达小站时，没有同时带上海量的没有经验的年轻人"。 例如，这些新来的人在纽约市第三区安家落户，第三区是市中心一个正在改成商业用途、配备办公楼和客栈的区域，在1855年州人口普查统计里居住在该区的800名小职员中，有五分之四以上来自其他地方，其中四分之三是在过去五年内才到该地的。曼哈顿第九区从华盛顿广场向北一直延伸到第十四街，其1 200名常住小职员中有着更高比例的本地人，但即使在该区较为归化情况下，大多数人还是来自其他地方。 此外，即使在到达目的地后，也没有理由指望任何人留在原地不动，因为这将一个人带到某地的人口流转的逻辑，往往又会把他带到另一地。 例如，自1850年起，马萨诸塞州北安普顿在十年内就消失了一半人口，而很快，爱德华·贾维斯就会在此地指出所有岗位向所有人开放所带来的疯狂后果。 这样的无常不定甚至有更为显著的体现，1850年，干货零售店小职员协会在纽约组织了一场广为宣传的运动，旨在缩短工作日，但人们发现，该协会的主席和秘书都没有出现在任何纽约的人口一览表中。 既存的社会监控的技术——在于本杰明·福斯特抵达纽伯里波特的同年出版的，纽伯里波特的第一本城市姓名住址录也将他排除之外——显然滞后于"人民的火车出行习惯"。[9]

　　"辉煌而迷人，但必将毁灭"的城市的诱惑，因而成了小职员个人的流离失所、失却日益沦为乡愁的父母炉灶的寓言。 当然，当时才新近获得专利的会客厅炉灶尚无法替代"原木在宽阔的壁炉中熊熊燃烧，全家人……围在旁边"的情景。 在曼哈顿一家干货店工作的霍勒斯·潘恩回忆起照亮老宅的"欢快的炉火"。"爸爸坐在那儿，脚踩在铁板上，"霍勒斯若有所思地回忆起他童年时的圣诞节场景，"妈妈坐在架子旁边编织。"霍勒斯·布什内尔随后将这些记忆转写成朴实的语言，表达了对"大型开放式壁炉"及其稳定供应的优质圆形山核桃的向往。安德鲁·杰克逊·唐宁（Andrew Jackson Downing）也是如此，他在19世纪40年代和50年代设计的特点为烟囱"外观大气"、壁炉"有充足的炉灶"的乡村住宅大受欢迎，这些特征的灵感显然来自与土地有着"亲密的关系"的"真正的农民"生活。 通过匀称布置的窗户，大量新鲜空气得以进入家中，将宽敞的炉灶填得满满的，而被派去劈更多用于升起熊熊炉火的木柴的年长些的儿子们，也借机吸了不少新鲜空气。塞缪尔·古德里奇在其《炉火边的教育》（*Fireside Education*）中也佐证说，农家是一所名副其实的道德德性的"修院"，"一代人的智慧于此传承"，为当时的"狂热骚动"起着镇静作用。[10]

然而，狂热并没有那么容易缓解。

> 他把书放进保险箱[并]上锁。他叫来门房……告诉他现在可以关办公室门，因为他要回家了。勉强称为家！一个出于情势必要而非出于本心选择的家——寄宿公寓。[11]

寄宿公寓是陌生人最可靠的共同体，这种术语界定对很多人来说始终是一个令人不安的矛盾。 寄宿者在用餐时，"不是安坐在舒适的家庭餐桌旁"，而是在"有着两三百名每天都变来变去的客人的餐桌旁"。詹姆斯·达布尼·麦凯布（James Dabney McCabe）在《纽约生活的光与影》（*Lights and Shadows of New York Life*）一书中指出，事实上，城市本身正在变成一个"巨型寄宿公寓"。 19世纪50年代中期的公司名目里，仅在曼哈顿就有一千多家这样的机构在营业，这证实他所言不虚。

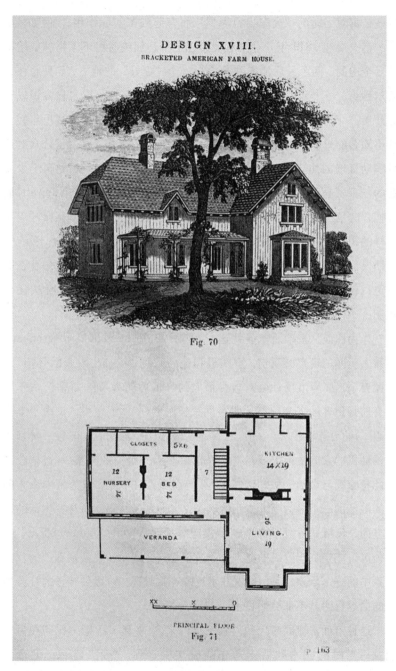

DESIGN XVIII.
BRACKETED AMERICAN FARM HOUSE.

Fig. 70

PRINCIPAL FLOOR
Fig. 71

安德鲁·杰克逊·唐宁依"美式风格"的农舍设计。

这些公寓对当时的"火车出行习惯"而言起到了实际作用。 例如，威廉·霍夫曼在1849年3月刚从奥尔巴尼抵达纽约时租下了格林威治街的一个房间，两个月后他搬到沃伦街一个"更好"的地方，6月底住在富尔顿街，一个月后又搬到布斯的寄宿公寓，其住户可以自己做饭以节省开支。 沃尔特·惠特曼坦言自己也经常"四处寄宿"，他援用年轻人从不知名的筹款晚餐会中拔腿冲向酒馆和妓院的场景，利用了公众对这种躁动日增的焦虑。 理查德·罗宾逊（Richard Robinson）受雇于少女巷的一家贸易商行，他因涉嫌谋杀妓女海伦·朱厄特（Helen Jewett）而被捕，这是当时最臭名昭著的性犯罪，他在为自己辩护时就直接呼应了这样的担忧。 18岁的罗宾逊的证言称："我是个没人管的男孩，没有女性朋友能把我介绍给体面的社会，我被送进一家寄宿公寓，我想什么时候进门就什么时候进门——在一天的奔忙之后，我就不再服从任何控制。"[12]

作为回应，霍勒斯·曼就这一对家户治理（household government）的骇人听闻的否定感叹道，罗宾逊和他的同类"被扯出家长的怀抱"，被抛弃了，成为市场社会对自身最大的恐惧。 事实是，寄宿公寓不仅没有监督租客的来来往往，即提供家长眼睛（"休眠之少，仅次于上帝之眼"）的可靠替代物。 寄宿公寓本身就是一个颠覆者，兜售一种基于金钱动机的家庭生活方式，将家庭性重塑为一种商业方案。 寄宿公寓因此将家庭与市场、私人与公共、爱与金钱混在一起，成为资本令人痛心的混乱的一个最为令人发指的例子，也即是说，商品隐含在生活的每一方面，包括最为亲密的部分。 温迪·甘伯（Wendy Gamber）指出，寄宿公寓可能是资产阶级的典型发明，是建立在运动和关系基础上的社会体系中的一个重要利基，但这并不意味着其对资产阶级最神圣的社会界限的僭越行为就不那么明显了。[13]

这种辩证法让同时代的人喘不过气来。 亨利·沃德·比彻在另一篇反对当时的艺术和矫揉造作的檄文中宣称："令人吃惊，上帝竟然……提供了如此惊人地充裕的空气，而人们却没有从中体会到它对于健康、光明和享受的首要性。"事实上，工业生活的窒息后果之危险，尽人皆知。 由于每个成年人每分钟都需要 0.11 立方米的氧气才能呼吸，一个普通大小的房间只能支撑六个大人一个半小时的呼吸需求。这些数字不仅对城市廉租公寓和拥挤车间的住民来说是个坏兆头，而且对那些"在干货经销商潮湿的地下房间或狭窄的会计桌上"受雇干活的人也是如此。 实际上，威胁远比这样的算数所显示的要严重得多，因为在吸入氧气的同时，房间里又填满了大家呼出的碳酸。 爱德华·贾维斯在《生理学研究的必要性讲义》(*Lecture on the Necessity of the Study of Physiology*)中解释道，换句话说，不仅空气会枯竭，而且所剩无几的空气逐渐被污染，腐蚀着人体的基本功能，破坏着"我们政府的律法"。 保险公司的精算表证实了这些发现，并将小职员的预期寿命排在全市最低之列，这进一步证明了室内工作的有害影响，而非其"脑力劳动"的病理本质。[14]

《亨特商人杂志》在一篇关于"商人和生意人的空气"的文章中承认，需要通过"激发人工循环"而将氧气源源不断地注入封闭的房间的新技术。 针对这一问题，哈佛的博伊尔斯顿医学委员会(Boylston Medical Committee)设立了以通风为主题的最佳论文奖，而美国艺术与科学院则任命了一个委员会来测试各种从封闭空间中排除污浊空气的方法。这些设备包括穿孔玻璃和"通风砖"、安装在外墙或烟囱内的铁阀门、气泵、旋转罩、由外部气流驱动的风扇以及直接将恶性气体送入烟道的管道。 但是，办公室的工作条件使其自身并不容易实现这种环境控制。 1847 年初春，C.W.摩尔会计室的取暖炉移到了地窖，这无疑是为了提高其他房间的空气质量，而公司的三名小职员立即患上了感冒。[15]

当时照明技术的突飞猛进则更加激化了通风不良的问题。 尤其是煤气灯，它带来前所未有的光照量和前所未有的调光能力，却以令人担忧的速度消耗着氧气。 除了常见的二氧化碳，它们还向空气中排放了大量的氨和硫。 当然，煤气灯也是技术奇观的大众衡量尺度，是

93

"头脑征服物质"的令人惊叹的有效表达，因而《北美评论》称颂人类在克服自然界的固定限制方面取得的巨大成功。"整条街每个商店橱窗都要点上无害的篝火！"一位路人对气体对于零售文化的巨大贡献真情流露道——"嗯，这真是个有福的国度！"其他人则明显不那么乐观。 1850 年，E.F.哈特菲尔德牧师（E. F. Hatfield）在纽约干货小职员协会上公开亮相，慷慨激昂地抨击现代工业破坏了昔日神圣的昼夜之分。 哈特菲尔德抱怨说，煤气灯延长营业时间到可识别的限度之外，破坏了人类劳动的自然节奏，"人类存在的第一大法则"。 那些在"点亮主要街道到九点、十点、十一点甚至十二点的近乎无数的商店和店铺里"劳作的人永远不会得到"甜蜜的安宁"。 哈特菲尔德抱怨道，小职员已沦为"玛门的奴仆"，被工业时间的弹性束缚在不眠的市场之中。[16]

94　　　事实上，睡眠本身成了新经济对人类状况产生倒错影响的另一个母题。 例如，"每到南街办公室的四面光秃秃的墙壁里"，乔治·凯利（George Cayley）就会变得"非常懒惰和疲惫"，他的任务是在那抄写通信原件和核对账户利息（interest），他无力地用双关语打趣道，这是一项非常"不有趣（not interesting）"的任务。"单调乏味的生活正是我的生活！"一位费城的小职员在谈到自己工作日常中的失范时，同样作此感叹："昨天是今天的样本，今天是明天的模型。"与此同时，爱德华·泰勒先花了一整天的时间整理和摆放他 12 月份从海关清关的数千条披肩，然后回到家，"由于非常疲劳，我很快就躺在沙发上，忘记了一天里伤脑筋的事"。 尽管爱德华·托马斯坚称，他"已经有点习惯了"在最近刚受雇的波士顿的五金公司的工作，但几乎没法经受礼拜日的布道了。"我成功地保持了清醒，但我不堪劳累，为了保持清醒，我使出了浑身解数。"[17]

　　　《大西洋月刊》指出，所有人都患上了一种特殊的"神经衰弱"，这种慢性疲劳困扰着一拥而上进入仆从性职业中的年轻人们，令他们的肌肉和男子气概都矮化了。《马萨诸塞州教师》（*Massachusetts Teacher*）

识别到了这一倦怠：人们以为自己精疲力竭，"但事实上，我们只是因**为缺乏工作而痛苦**。" 否则，一个漫不经心的书写姿势怎么会让执笔者"手臂、手……全身……疲惫不堪"，尽管他甚至连手指都没动一下？本杰明·福斯特也提到，"这家商店单调、无变化、枯燥、乏味的生活让我感到疲劳。" 然而，他夜间几乎无法入睡，因为他没有得到休息，本杰明自己也承认。《新英格兰农夫》（*New England Farmer*）在一篇颂扬"尘土飞扬"的体力劳动基础及其对身体和灵魂的恢复作用的文章中解释了这种现代失眠症："劳作是睡眠的代价"，所有这一切都促使《大西洋月刊》之后提到了小职员工业疲劳的"不诚实"性质。 这些被书桌束缚的烦闷的受害者所能做的，就是白日梦着"呼吸满口新鲜空气，从'挂在水井里的老橡木桶'里喝一口凉水"，《亨特商人杂志》也承认人为生活中充满特有的慵懒。[18]

因此，正如梅尔维尔所证实的，小职员的形象就如同杜米埃①漫画中的人物一样，"眉毛上画着粗线"，这也使他成了这个唯利是图的时代最卑鄙、最肆无忌惮的腐败分子的象征。"我就是零售业的精髓"，《名利场》讽刺地模仿店员对商品的感同身受，以及他随后的追求，只不过是为了提高自己在市场上的价值而调整自己的情绪。 文员的手确实非常白，阿萨·格林（Asa Greene）在《珍珠街的危险》（*Perils of Pearl Street*）一书中写道，而女士们则称"他闻起来很优雅"。 小职员系着领带，佩着胸针，每根手指上都戴着戒指，这无疑是对所有生产性行业最确凿的否定，他发现自己被每一种"涂脂抹粉的人性"迷住，激发亨利·戴维·梭罗在一篇题为《没有原则的生活》（"Life without Principle"）的文章［最初以题为《谋生》（Getting a Living）的演讲发表］中指出，虽然上帝赐予正直的人以获取食物和衣服的资格，但不正直的人只是"找到了这一资格的赝品"。[19]

---

① 奥诺雷·杜米埃（Honoré Victorin Daumier, 1808—1879），法国著名画家、讽刺漫画家、雕塑家和版画家。 ——译者注

自我培育

梭罗很快在《瓦尔登湖》中对账簿底线文化倾泻大量嘲讽，在书中对于商品形式对美国文明造成的有害影响表示全面反对。他对账簿的攻击最尖锐地表现在其以诙谐的迂腐方式记录的支出，以此证明自己的另类经济的优越性。因此，我们可以获知一张八个月份的食品支出账目：

大米	1.735 美元
糖蜜	1.73 美元
黑麦粉	1.047 5 美元
印第安粗米粉	0.997 5 美元
猪肉	0.22 美元
面粉	0.88 美元
糖	0.80 美元
猪油	0.65 美元
苹果	0.25 美元
苹果干	0.22 美元
红薯	0.10 美元
一个南瓜	0.06 美元
一个西瓜	0.02 美元
盐	0.03 美元

梭罗在结平账本后解释道，"是的，我总共吃掉八块七毛四分钱"[1]，现金如今成了人类食粮的同等来源了。这即是说，纵使是在瓦

---

[1] 译文参考[美]亨利·戴维·梭罗：《瓦尔登湖》，苏福忠译，人民文学出版社2004年版，第46页。——译者注

尔登湖，如果没有信用和借记的逻辑演绎，家户生计也是难以想象的。
与之相应，梭罗观看邻居们犁地、播种、锄草、收割——实践着看似古
老的土地劳作传统——但他并没有上当。 他们种的不再是庄稼、鲜花
或水果，而是美元，他们借此"让自己订约加入所谓文明性的卑鄙容
器"①。 现金网络范围的不断扩大，使最简单的本领都成了商机，使每
个人都成了簿记员。 笔耕者和犁耕者（penmen and plowboys）居住于贬
值硬币的一体两面，而乡村变成了一个与叛逆的城市一样寂静绝望的
地方。[20]

　　一些人试图从工业残骸之下挽救绝对价值的意义。 硬通货激进分
子、著名的民主党记者威廉·莱格特（William Leggett），将一百名吃苦
耐劳的庄稼汉的自然尊严，与同等数量的"因交易的肮脏焦虑和对利益
的计算而疲惫不堪的瘦弱和面色蜡黄的会计师"的荒废姿态进行对比，
从中求得慰藉。《耕耘者》也竭力重张所有权之美德的传统，宣称"所
有必要性劳动都是光荣的"，无论是劳作于土地上还是在车间里。 但
是，在关于积累的文化里，"必要性"还构成衡量价值的相关尺度吗？
事实上，为何不能说，梭罗在瓦尔登湖的整个企划正是受到了这样一种
认识的启发：现代文明的进步已经远远超越了马尔萨斯的自然法则，这
意味着人类的工业不再致力于获得能力，而是生产剩余？ 梭罗在《瓦
尔登湖》开篇宣称，犁的自然尊严是矛盾的，人们的"劳动受到了错误
的支配"②，因而《瓦尔登湖》开篇的主题就是"经济"。 农民额头的
汗水和体力劳动的成果，都不再构成高级律法的基础。 他在驳斥劳动
价值论之为资本时代的假救世主时谈到，实际情况是，"我们天生会把
我们所做的工作的重要性加以夸大"③。 美国人必须超越这些陈词滥
调，才能将自己从破坏了财产和规矩（property and propriety）的惯例性
结合的市场体系中解救出来。[21]

---

①　此处在苏福忠译本中作"让自己适应一套繁文缛节"，见《瓦尔登湖》，苏福忠
译，人民文学出版社 2004 年版，第 5 页。 ——译者注
②　译文参考同上书，第 3 页。 ——译者注
③　译文参考同上书，第 8 页。 ——译者注

但是，如果种植和制造不再充当良性社会秩序的可靠基础，那么什么才能充当这一角色呢？人类惊人的生产能力和对自然的骇人掌控的妥当目标是什么？对这种特殊的工业困境的回应是，人本身将成为目标，威廉·埃勒里·钱宁在《自我培育》一书中解释道，"必定是目的，而非手段"。这也不是少数神秘的超验主义者或一位论派知识分子的堂吉诃德式推论，这在对"自立之男"这一新式英雄的普遍拥护中显而易见，这种英雄宣称自己为自身的生产资料/手段的目的。《美国颅相学杂志》阐述道，正如人"不在自己的田地里挖掘或播种，就不能期待金穗之收成"，一个人自身的成长只有"付出活生生的劳动之耕耘"才能得到保障。纽约上州的银行家亚历山大·布莱恩·约翰逊（Alexander Bryan Johnson）向他的儿子——而且也向全天下所有儿子——提出了这样的建议，即"给自己标出所希望拥有的性格，并随之持之以恒地言说，就能达到所希望的性格，确乎就如想要一件外套，就去裁缝那里订制一件大衣一样"。一名康涅狄格州米德尔敦的年轻职员肯定地认为，个体存在是"劳动和苦工"的问题，这一独特的工业生产企划可以说是属于资本主义经济的，但非在资本主义经济之内。[22]

自我培育毛遂自荐为唯一不受商业交换的抽象化影响的劳动形式。农业改良者杰西·布尔（Jesse Buel）在奥尔巴尼向听众讲述"自我教育"的重要性时道：主权个体将成为抵御"处于不稳定状态的"商品化财富的堡垒。梭罗在解释《瓦尔登湖》里广泛使用第一人称单数时也宣称："倘若我对别的什么人也十分了解，那么我是不会喋喋不休地谈论我自己的。"①这种与生俱来的内在性旨在对市场体系的幻想进行尖锐的反击，梭罗的"**我**"是一个与自身同一的有机整体，因此看似不受劳动分工、形式质化以及需要不断重新谈判的价值的影响，而所有其他形式的财产都是由这些因素决定的。因此，"自我占有"脱离了其早先作为"对世界的外部事物"的主宰这一版本——英国法学家威廉·布莱克

① 译文参考《瓦尔登湖》，苏福忠译，人民文学出版社 2004 年版，第 2 页。——译者注

斯通（William Blackstone）在 18 世纪就是以此方式定义政治经济学的基础及其劳动价值论的——被重新理解为对个人自身的排他性领地。 新的伦理并没有将体力劳动与世界的慷慨馈赠搅在一起，而是引导公民将脑力劳动用于自己生活上的生产。 钱宁宣称，这种内在的努力"在重要性上超越了一切我们对外在自然所施加的力量"。[23]

1832 年，《家庭文苑》（*Family Lyceum*）刊登了一系列以"自立之男"为母题的专题传记小品，对这种公民的个人事务（res privata）进行了阐释，其中包括生为奴隶的哲学家、鲁鱼不辨的父亲身后长大成为著名学者的儿子以及年轻时被迫当铁匠劳作的诗人。 他们共同构成了一个受赞颂的个人美德的陈列室，借助自身品格的自然力量，从默默无名中冉冉升起，突破了任人唯亲和事事顺遂的惯例，证实了个人品格对传统的压抑力量的优越性。 一代人之后，查尔斯·西摩（Charles Seymour）以《自立之男》（*Self-Made Men*）为题，出版了一本受到类似启发的叙事文集，进一步阐述了这种个人主张的特性。 其中包括一章讲述安德鲁·杰克逊在 1814 年拒绝让部曲的志愿民兵应征加入正规军的事。 西摩将杰克逊的正直和思想独立同军官特权阶层的"优柔寡断"相比，并解释说："他想到的是那些自立的人。"杰克逊威胁军官们，胆敢进入他的营地拉壮丁，他就逮捕他们。 丹尼尔·韦伯斯特（Daniel Webster）是西摩在其关于两党英杰的万神殿书写中，援引的另一位真挚的自立者的例子。 韦伯斯特出生于农场，在一家乡村的木头校舍中受教育，毕生致力于追求知识。 甚至在青年时期，他带着一卷莎士比亚的作品远足去钓鱼；而在家族的锯木厂帮忙时，他还会研读学校的课文，以更大程度地"统筹时间"。[24]

在这些自食其力的成功故事中，没有任何现金转手，因为这种生产性美德同财产关系是截然分离的。 梭罗解释说，衡量个人进步的标准不是一个人拥有"多少金钱……房屋、谷仓和林地"，而是一个人"为自己追求发明获得专利"的卓越抱负。 尽管同时代的人普遍斥梭罗本人为不过"一介咆哮的……半疯的激进分子"，本杰明·福斯特就如此

CHILDHOOD.

TWO PATHS IN LIFE.

THESE contrasted pictures furnish texts for a whole volume of sermons upon human life and destiny. The CHILD stands at the parting of the ways, and he may run through in succession all the phases depicted in either series of portraits. The essential elements of either course of development lie alike in those smooth features. Which shall be actually realized depends mainly upon the influences brought to bear upon him from without. A few years of training in our schools upon the one hand, or in the streets upon the other, will make all the difference, in the YOUTH, between the characters that stand opposed to each other in these opposite pictures. A youth of study and training in a few years moulds the lineaments of the face into the resemblance of the first picture of MANHOOD; while, by a law equally inevitable, idleness and dissipation bring out all the lower animal faculties, which reveal themselves in the depressed forehead, the hard eyebrow, the coarse mouth, and the thickened neck of the opposite picture. The short-boy, and rowdy, and blackleg, if he escapes the state prison and the gallows, passes, as he reaches the confines of MIDDLE AGE, into the drunken loafer, sneaking around the grog-shop in the chance of securing a *treat* from some one who knew him in his flush days; while he who has chosen the other path, as he passes the "mid journey of life," and slowly descends the slope toward AGE, grows daily richer in the love and esteem of those around him; and in the bosom of the family that gather about his hearth, lives over again his happy youth and earnest manhood. What a different picture is presented in the fate of him who has chosen the returnless downward path, another and almost the last stage of which is portrayed in the companion sketch of AGE. The shadows deepen as he descends the hill of life. He has been successively useless, a pest, and a burden to society, and when he dies there is not a soul to wish that his life had been prolonged. Two lives like these lie in possibility enfolded within *every infant born into the world.*

YOUTH.

YOUTH.

MANHOOD.

MANHOOD.

MIDDLE LIFE.

MIDDLE LIFE.

AGE.

AGE.

嘲笑《瓦尔登湖》作者的狂热风格，但梭罗还是表达了大众对那些"不受纯粹外界影响"的人的崇拜，比他声誉更好的霍勒斯·格里利1847年发表在《青年美国人自我完善杂志》上的一篇关于"如何造就人"的文章中也作此宣称。《美国颅相学杂志》也宣称，正是这种"独立于他人帮助之外的高贵"能力，证明了"自立之男是道德世界的英雄"。[25]

约翰·安格尔·詹姆斯在《来自家乡的年轻人》中承认，先前的世代也并非不知道个人之于道德生活的奉献。例如，古人就认为照顾好自己不亚于天命。但詹姆斯也指出，这一神庇早已衰微，意味着"我们必须把自己用作实现创造之目的的宏大**工具**"。正是这种不二的责任，促使给年轻人的"信"、给年轻人的"讲义"、给年轻人的"几点思考"、给年轻人的"几点考量"以及为了年轻人的"指导老师"的涌现，其共同为读者扩展了足以掌握自身命运的实用引导。在钱宁牧师的《自我培育》中有一段非常有说服力的话，他说这是一个"既令人恐惧又充满荣耀"的前景。钱宁看似在重述神咒与救赎间老生常谈的基督教二元论，但事实上，他的建言是建立在相反的前提之上的，即除了个人自身以外，个人命运已经独立于任何神灵或任何其他的超然权威。《哈珀月刊》（*Harper's Monthly*）以图绘寓言的形式发表了这一状况的图形版，描绘了每个人都要面对的"两条人生道路"。在同一页上，沿着相对的页面边沿排列的并行栏目呈现了同一个人的人生从青年到老年的各自位置。一栏展示了一个由爱、学识和真诚所激发的善行的轨迹，至臻于个人成就和善行的亲和完善。另一条道路则充满了闲散、挥霍和无用，其不幸的结局也是不差分毫、可以预见的。既然"每个出生在这世上的婴儿都有可能拥有如此二种命途"，那么选择成为哪种人就完全取决于自己的努力。[26]

查尔斯·弗伦奇对这些道德要求的回应是，在富兰克林图书馆、韦伯斯特文学协会以及波士顿商业图书馆的不满会员的特别会议上推行"改进头脑"计划，会议是为在常规订购售罄后组织的一系列额外的公共讲座而召开的。费城商业图书馆管理委员会主席伊丽莎·科普·哈

100

里森高兴地提到，晚上专门去图书馆寻求"有用知识"的会员人数稳步上升，并解释说，图书馆的讲座安排实际上是为了把年轻人吸引到阅览室，"或许还要到课堂"。 哈里森继续说道："当心灵对文学产生兴趣，他就对耽于放纵颓废不再有什么兴趣了。"这种"有用"的衡量标准在于，其能抵制剧院和台球房的恶劣影响。《亨特商人杂志》也得出了同样的结论，即并未听说商业图书馆的成员有欺诈雇主之事。[27]

商业图书馆最初于19世纪20年代设立于美国的诸大城市，目的是"为小职员、簿记员、销售员等从事商业职业的年轻人们提供特别助益和知识文化"。 在一代人的时间里，从桑达斯基（Sandusky）到皮奥里亚（Peoria），美国的每一个中型贸易村落都能找到这些图书馆协会的身影，它们在工业机遇所产生的"向心力"的核心开展活动，并将自己定位在"校舍和长大成人之间"。《亨特商人杂志》进一步陈词道，图书馆协会是一项重要的"社会发明"，使新近来到商业中心的广大奋斗者实现了社会化，并使他们超越了市场所释放的激情和欲望的骚动，从而为"我们的政府永葆活力"带来了希望。 这些机构本身有助于建立一个基于私人的公众性，并鼓励他们积极运用自身的理性，于尔根·哈贝马斯提到，自由主义对大众启蒙的总动员还涵盖了文学公会、辩论社、地区文化宫、技工学院、健身俱乐部以及大量其他各种各类的民间组织，据估计，这些组织每周吸引了五十多万美国人。 文化产业的热心消费者为它们提供了良好品质的原材料。[28]

例如，威廉·霍夫曼在离开农场的第一天，就参加了晚上在波基普西（Poughkeepsie）举办的讲座，加入了"满屋"的小职员的行列。 本杰明·福斯特参加了拉尔夫·沃尔多·爱默生在纽伯里波特礼堂举行的关于"时代精神"的演讲会，在此他还听了霍勒斯·曼和霍勒斯·格里利的讲话。 爱德华·泰勒花了一个半小时"研读了一篇关于修辞之重要性研究的文章"，之后从商业图书馆借来一本萨伊的《关于婚姻的思考》（*Thoughts on Marriage*）。 查尔斯·罗杰斯在库珀学院（Cooper Institute）入学代数课程，还去听了一场关于政治经济学的"有趣讲座"。

塞缪尔·曼森去听了主题为"基督教商人"和由亨利·沃德·比彻主讲的"国民繁荣"的公开演说。阿尔伯特·诺里斯也骑马前往马萨诸塞州的斯普林菲尔德听比彻的讲话。与此同时，亨利·帕特森下班后顺便去图书馆协会观看约翰·詹姆斯·奥杜邦的鸟类图鉴展览。而罗伯特·格雷厄姆则从一系列关于天文学、解剖学和傅立叶主义的专题讲座中获得启迪，傅里叶主义听者甚众。[29]

要想自立取得成功，显然需要比在会计室里所得的来得更多，这也是为什么城里的小职员们要组织定期的"提早关门"活动。威廉·塞耶在《穷小子与商人王子》（*Poor Boy and Merchant Prince*）一书中写道："从小职员如何度过夜晚，我就能分辨他能否出人头地。"当然，在大众的刻板印象里，他往往处于乐不思蜀的欢乐甚至是罪恶的消遣之中。詹姆斯·卡莱尔在《柜台的错误》（*Wrongs of the Counter*）一书中愤怒地反驳道，既然十四个小时的工作日剥夺了他们培养智识和提升道德的机会，事情安得好转？一位费城的销售员确证其自我培育的方案之受挫："店里把我软禁到深夜，因为害怕学习可能被打断，我投鼠忌器，不知是否要报读法语课。"这位年轻人还因在工作时读书而受指责。威廉·霍夫曼同样渴求能有"一点时间用于冥想"和"改善心智"，或者至少有一个小时的时间来阅读商业图书馆的文章。但是，当他每晚十点被派去关店，他的愿望就会落空。E.F.哈特菲尔德将这些个人改进计划的流产归咎于无耻的积累竞赛，由于它的存在，"没有一个小时可以从无休止的苦役中解脱出来"。《纽约论坛报》也对商店和办公室的工作条件提出了类似的不满，认为店员普遍缺乏"思想和道德修养"，原因在于他们的雇主只关注账簿底线。查尔斯·罗杰斯气愤地报告说，市长可能会要求市内企业提前关门，以庆祝1864年春大都会博览会的喜庆开幕，可A.T.斯图尔特却只是下令放下百叶窗，每个人都继续办公。[30]

长时间"被束缚在没有拓展心智的可能性的工作之中"，人的身心健康饱受摧残，导致了与社会最下层阶级的苦难相媲美的赤贫景象。

102

"解放小职员"的激昂呼声随之而来，援用了反对无知和非理性、甚至是更挑衅性地反对剥削个人财产带来的非人化后果的改良主义十字军运动的话语。这样的修辞旨在将小职员带入文明的街垒一边，调动与他在谴责商品体系时经常使用的论点相同的论据，因为商品体系将人变成了牟利的工具。随后，对"长工作日体制"的谴责以有意选择女性的"心灵和良知"作为对象的正义和愤怒的话语表现出来。因此，他们恳求"妻子、母亲、姐妹们！"缩减晚间购物，这种策略与其说是组织消费者来抵制商家，倒不如说是利用"纽约女士们"来占据道德制高点，以让雇主难堪。《青年美国人自我完善杂志》也为这一事业提供支持，并宣称，对于希望抓住"理性享受和精神提升的唯一机会"，从而在趋于"提振社会的最佳利益"的改良计划中占有一席之地的小职员来说，同样旨在缩短工作日，并且为赢得行业公共监管而非私人情感而运动的工会，才是他们抗议的首选手段。[31]

格里利在《纽约论坛报》上信誓旦旦地表示："**小职员**的无知、空虚和纨绔习气早已成为大众嘲笑的主题"，他赞同实行十小时工作制，让全市所有工薪族都有机会接受"自我教育"。干货小职员协会于1850 年的运动中申明，十个小时足以完成一天的业务。同 19 世纪 40 年代提出的平时晚上 8 点和周六下午 3 点关门的要求相比，如今升级后的要求试图让商店在 6 点前关门。但与此同时，干货小职员们坚持认为，他们的目标"不是以牺牲一个阶级的利益为代价，来确保另一个阶级的不受侵害，而是为了促进所有阶级的福利"。换句话说，他们对于传扬其同别的工人阶级的工薪性的团结关系的兴趣并不大。尽管参与了一场由资本对劳动力的再组织所引发的争夺时间的控制权的共同斗争，但"被书桌牢牢吸住"的年轻人，却也并不愿意与"被钉在长凳上"的人休戚与共。甚至恰恰相反，他们试图将自己的事业同都市熟练工的事业区分开来，"正因为他们所要的不是金钱，而是……提高自己的心智能力、使自己能够跟上时代精神的步伐的时间"。事实上，双方经常能够达成削减开店时间的协议，仅仅是因为这些协议也符合企业抑制竞争的利益。 然而，同样的竞争条件也意味着这般的约定很快就会破裂。[32]

"缩减工时"之所以成为众多礼节性抗议的焦点，是因为它承诺在工作日结束后为职员提供更多自我控制的机会，从而弥补职员对自己的劳动力的无力控制——越来越受制于用颜色编号的柜台和初级合伙人的监督，遑论更不可见的市场力量了。 其人生一天之后半部分，没有任何其他人来订约占用，因此可以"确乎视为自己的时间"，也即"**闲暇**"。 乔治·W.贝休恩牧师在商业图书馆对听众呼喊道，这是人之存在的最宝贵的方面，因为只有闲暇才使得"我们能首要且专心地投入自己的存在本身这一伟大的目的之中去"。《亨特商人杂志》用并不那么救赎性但又不失之强调的措辞来表述，称这样的一些时间让人们得以培育"使自己更好地成为好公民"之各种能力。 无论是哪种情况，这样的闲暇时间显然都不是愉快恬静的，亦非浪子用以躺平的，而是对自身的"系统就业"，是用以追溯自身力量，并"引导和推动之"的时间。[33]

干货小职员们在各种抗议会议上都正式下决议要求获得更多属于自己的时间，也非出于"纯粹肮脏或自私的考虑，而是出于更崇高的责任之志向"，首当其冲的就是"对自身的责任"。 在《印刷工男孩》恰好讨论"勤业"主题的一章中，威廉·塞耶传言称，富兰克林博士对如此志向而言是理想的典范，在其描绘下，他经常手捧一本书，"这样他就能在每一分闲暇时光都增进自己"。 这一有闲阶级的身份，并非借由通过显性消费，而是借由显性生产来实现的，后者确保了"其唯我论之完整性"，并预示着全新的将勤业从劳动场所分离出来，将其转移到个人相对于自身的私人出力之中的**生产人**（*homo faber*）的出现。 根据时人的计算，全年每天一小时的自学时间的结果相当于两个月的课堂学习，即"从睡眠、混迹百老汇和剧院可以节省多少时间"的实际体现。 另一位商业图书馆的小职员听众获知，如此有效地积累闲暇时间，可以给其带来"智慧和对秩序的热爱"，而这对于保护文明免遭"内部革命风暴"之袭扰而言必不可缺。[34]

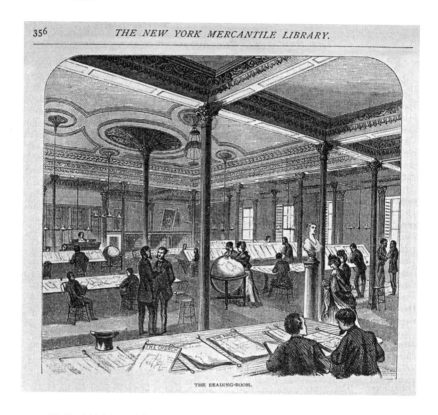

最重要的是，对闲暇的需求——事实上，是对更多的自立的需求——暗含着一种宣称，即犁和刨子已经失去了其在共和国中引以为傲的地位。 在支持提早关店者的理解里，劳动价值论的终结，标志着劳动作为一种价值的终结。 约翰·洛克在将生产性勤业擢升为社会契约的基石时宣称，上帝可能给亚当"一把锄头交到他手里，让他去制服土地"①，但如今《亨特商人杂志》在修正政治经济学中这些过时的公理时确称，一个大脑已经成了"众多土地的浓缩精髓"。《亨特商人杂志》同时还引用富兰克林道：如果人把钱包掏出来塞进自己的脑袋，"那就没人能夺走他的钱包"。[35]

因此，田地上的劳动失却了特权地位，取而代之的是一种主张清

① 译文参考［英］洛克：《政府论》（上篇），瞿菊农、叶启芳译，商务印书馆1982年版，第38页。——译者注

醒、审慎、果决、洁净、活力和义务，以及其他富兰克林式的公民操行之诀窍的脑力劳动的风气。那些还跟在犁后、编织篮子或照管织机的人，不再是杰斐逊在共和国的道德和物质史的稍早阶段所称颂的"上帝的选民"。事实上，一个充斥着雇佣劳动的社会，已经不再认同农耕的自耕农所有权文化。一旦生产资料的所有权受制于——手和口所处的身体越发分离的为市场所驱动的体系，那么这种关于生命、自由和幸福的"不言自明"的解读还有什么意义呢？越来越多的不再从土地或借由自己的手工工具来汲取生计的美国人，难道居然要在社会秩序中降于从属位置吗？显然不是。相反，自我拥有的旧概念需要适应除了烂命一条就谈不上任何财产的无土地——乃至无家可归——的公民组成的社会，奥尔森·福勒（Orson Fowler）于其在1847年出版的《自我培育与性格完臻》（*Self-Culture and Perfection of Character*）一书的扉页上写下一句箴言：人是"自立抑或从未立就的"。事实上，这种新的自我生产的模式，恰是因为脱离了经济，才构成一种更为普遍的体验。有鉴于个人存在同世界的外在事物相分离，威廉·埃勒里·钱宁从而得以在1838年向其在波士顿的工科听众们解释说，"智识和道德文化"，而非体力劳作，才是"人之所值得歆享的愉悦"的源泉。严格来说，钱宁的自由主义论并非源自其对市场的拥护，相反，他同时将有关财富的问题从道德领域完全剔除了。[36]

　　马克斯·韦伯终究还是会阐释："资本主义精神"与人类的贪婪关系不大，后者"存在于世界上任何国家任何年代"。一个围绕市场组织起来的社会，需要发明新的方式来支配贪婪和对报酬的无节制欲望。或者，乔治·希拉德在波士顿商业图书馆提醒观众时，就彼时的"危险与责任"说道，构成诸恶之祸根的不是金钱，而是对金钱的热爱。韦伯进而叹道，"单纯的商业精明"只会招致利润和损失间的混沌循环。资本之转变为资本主义，为一个伦理和物质关系之全包的体系，需要一种社会实践，或称"西方理性主义"，它迫使个人在没有固定等级制度和传统约束的情况下，自行管理富有成效的野心和罪恶的膨胀之间的模

106

135

糊界限。韦伯认为美国人在这一点上尤有成效。米歇尔·谢瓦利埃（Michel Chevalier）也是这样觉得，他在1834年巡游了美国后宣称，合众国之所以能够摒弃独裁者，是因为其公民"有能力随时充当治安官"。谢瓦利埃总结说，这是"真正自治"的基础，这也是为什么威廉·奥尔科特在其于1866年出版的广受好评的《婚姻生理学》（*Physiology of Marriage*）一书中告诉读者，公共生活依赖于每个人的个人努力："他难道不应该至少迈出第一步——永远都必须是这样的一个第一步——他难道不应该自我改造吗？"这些格言与旧世界的做法并驾齐驱，而旧世界仍深陷于人无自我照料之能的泥沼中。在一篇写给正在成长的国族下一代的**致辞**中，约翰·托德写道，美国人的行事原则与此相反，这也解释了为什么合众国能成为一个独特的"自立者的国度"。[37]

钱宁阐述说，政府要求每个人"躬求诸己"，并接受一种内省的方式，这种方式不再是非凡之人的特权。这种沉思的生活也不会被贬低作外国或精英主义的矫揉造作，而早先在农夫同贵族相对立的时代，人们经常作此指责。相反，"在这个神惠的国家，理性和反思落入每一个个人的能力范围"，约翰·托德在颂扬某种版本的积极生活（viva activa）时进一步指出，由此，能够为自己"思考和行动"的安定之人，成了"**实践者**"的典范，展现出"坚强、阳刚的思想品质"。[38]

自负其责

1848年春，威廉·霍夫曼在奔赴奥尔巴尼新工作途中遇到了家乡的一位故人。亨利·库恩在获悉威廉"投身商业"的动人前景后，还是觉得提醒一下这位年轻人要警惕那些定然现形来引诱他偏离美德正轨的诱惑更为妥当。威廉仍然有些窘迫，他相信万一没有其他人在身边，自己仍能有效控制自己，抵制任何"道德沦丧和为人不齿的放荡等"。 对他自己来说，这一假设情有可原。 但是，谁能有效控制那些本杰明·福斯特在一年前于班戈街头碰到的那七八个"无事生非的小职员"呢？ 无论是父权的等级制还是自由主义的自我治理策略，都没有为遏制他们的不逊行为提供可行手段。 来自阿里尔·利弗莫尔的新近社评《年轻人的道德风险和责任的讲座》，也得出了同样的结论。 当时 107 的无数礼仪手册无休止地呼喊着："当心！ 当心！"但事实证明，人们发现这些都不过是空洞的口号而已，因为"美德与幸福之间的联系是如此之多，而且一直被如此地坚持，以至于做好人似乎只是一个政策问题"。 问题并不源自美德与自利的工具性耦合，而在于其背后的结构性矛盾。 因为事实是，那些最需要指导者的"年轻人"——其"鲁莽或愚蠢"使其对自身的错误行为的后果漠不关心——出于同样的原因，也是最不可能去参考汗牛充栋的建议，更别提将其应用到自己的生活中去的人。 换句话说，当每个人都有"充分的选择自由"来行善或作恶时，只有本身善者才会选择行善。 这样的唯我论有可能破坏整个自立的机制。[39]

对年轻人的社会控制并非新问题，当然也不是资本主义的混乱造成的。 对不顺从的年轻人的恐惧，包括其令人担忧的忤逆父母的幽灵，曾是清教徒维护公共秩序而经常动用的言说。 因曾在赛勒姆监督女巫审判而为人熟知的英克里斯·马瑟（Increase Mather）因而在谴责放浪的儿子拒绝父权政府时引用了《路加福音》。 他尖锐地就 17 世纪新英格兰的状况问道："难道我们不担心我们这里的众多年轻人也会这样吗？""除了抛下父祖的房子远去，什么也不能满足他们，这样他们就可以毫无节制地顺着自己的心意、走目力所及之路。"到了下个世纪，出于对家庭这个小自治体的情况及其名义首脑之权威的关切，人们还是普遍有类似的关于"傲慢的儿子们"过分汲汲于"热心重大功名"的抱怨。然而，如是传统的对子女辈挑战现有等级制度的严词谴责，是建立在下一代人的生活也会和父母辈的生活相似，或者说过去是未来的实际先例的假设之上的。 一旦儿子成了成人之父，拥有了对自身命运的独家掌控后，所有这一切都发生了变化，不仅父子之间，而且君臣、主仆之间，不久后还要加上主人奴隶的上下尊卑都遭到了破坏。约翰·安格尔·詹姆斯在《来自家乡的年轻人》中提醒读者："我现在不再受监控。""不再有什么限制了，我可以去我想去的地方，与我喜欢的人交往，既不怕斥责，也不怕批评。"[40]

1853 年，霍勒斯·格里利还在对"个人主义的时代"感到困惑和难以置信：公共秩序是如何建立在"每个人都有几乎能为所欲为的权利"之上的？一篇针对格里利本人的讽刺文揭露了新体制的亵渎特征，并强调了在一个人人为王的社会中治理的模棱两可的本质。评论称，霍勒斯·格里利是个崇拜自身造物主的自立之男。这是对第一人称单数的同义反复的最精辟、最准确的描绘。事实上，本杰明·富兰克林早已掌握了这种情况的反复本质。富兰克林在其一段关于获致美德的著名文字中写道："即使我能设想自己完全克服了它，我也还是对谦逊甘之如饴。"然而，这不是个道德哲学的问题，而是社会实践的问题。富兰克林也不是第一个注意到这一点的人。托马斯·霍布斯说过："任何人的欲望的对象就他本人来说，他都称为善。"①一旦将普遍的善交托于个人的特殊情感，随之而来的就只能是相对主义的泥潭。[41]

霍布斯在 17 世纪提出的解决方案是加强君主的权威。但正如托克维尔在 1840 年指出，美国人切断了将"从农民到国王"联结在一起的社会纽带。自巴士底狱被攻破，保守派就一直在惋惜，这样的切断让每个人都"产生了一种充满了……恐惧、悬念、欲望、焦虑和其他许多无名的弊病的奇怪又令人好奇的感觉"，几乎可以说，他们对一个建立在自主个人互不统属的欲望基础之上的社会的颠倒逻辑产生了越来越强烈的恐惧感。然而，这并非罗伯斯庇尔式的恐怖，而是赫尔曼·梅尔维尔 1853 年在《普特南月刊》（*Putnam's Monthly*）上发表的分两部的故事里，华尔街法律小职员巴特比的恐怖。关于巴特比，我们确凿知

---

① 译文参考[英]霍布斯：《利维坦》，黎思复、黎廷弼译，商务印书馆 1985 年版，第 37 页。——译者注

道的只是，他可能曾在华盛顿的死信办公室工作过，全国所有无法投递的邮件都会寄往死信办公室，其收件人早已消失得无影无踪，成了当时愈发壮大的陌路民众的一员。 巴特比本人肯定就是这样一个陌路人：其个人行为似乎没有任何寻常的准则可以指导。 他是个自满的克己论的倡议者，是实践被动性的积极人物，是顽固拒绝让步的流浪人。 换句话说，巴特比的主体性由一大堆矛盾组成，这让他的雇主感到完全"无人可用"。 最不祥的是，巴特比显示出，在一个提倡个人喜好为天赋权利的社会之中，允许每个人"几乎能为所欲为"的个人特权是多么有颠覆性。 这不仅仅是因为，巴特比是个虽然勤恳有才，却不愿再抄写任何契约和合同的抄写员。 巴特比说："目前，我宁愿不变得有些通情达理。"①这句宣言对公民秩序的威胁要来得大得多。 个人主义走向混乱的悬崖，自由政府走向悖论，是多么危险啊。[42]

《论美国的民主》一书的首位译者在讲到托克维尔最有名的新话时说："无论这在英语人众的耳中听来有多奇怪，我也不知道有哪个别的英语单词能与之完全对应。"事实上，"个人主义"之奇怪既是概念上的，也是语音上的，因为把个人自我拔擢至公共秩序的基础的做法，破坏了几个世纪以来的政治正统性。 西尔维斯特·格雷厄姆（Sylvester Graham）是美国最有影响力的关心自我论的倡导者，也是一位重要的政治理论家，与之相应，他用极其不协调的措辞描述了主权个人（sovereign individual）的出现："他不断追求幸福，是不快乐的；他发明新的愉悦方式，是悲凉的；他渴望保持健康，是病魔缠身的；他热爱美德，是恶毒的。"在这个人人都是英雄——"崇拜自身的造物主"——的时代，这样的矛盾修辞很是针砭症候，但英雄主义本身却是基于杰出人物的"崇高动机"上的更原始的过去的遗物。 因此，当文化权威自身面临崩溃之危时，自立个体们却获得了这一权威。 1849 年，《纽约先驱报》刊登了一则简短的通告，将这种颠倒现象推向了极致，该通告试图

109

---

① 译文参考［美］赫尔曼·梅尔维尔：《水手比利·巴德：梅尔维尔中短篇小说精选》，陈晓霜译，新华出版社 2015 年版，第 23 页。 ——译者注

从欺骗行为的猖獗中寻求道德慰藉。《先驱报》宣称，"这是一件好事，这充分说明了人类的本性，尽管文明在深化，报纸也在不断发出警告，但在最近的时代，人们还是**会上当受骗**"。 夏尔·波德莱尔诙谐地指出，现代性不是用煤气或蒸汽来衡量的，可这个问题一直扰动着梅尔维尔直到生命的最后一刻，对他来说，这是以"原罪的痕迹的消散"来衡量的。[43]

时人易于感叹说，原罪和其他形式的超验真理的消亡，有可能引发成功"自我奖赏"的道德的螺旋膨胀。《耕耘者》在一篇有关"勤业"的文章中反对说，"根据自身的估计，几乎每个人都**高于他真实的生活状态**，这是当今时代的一大厄运"。 但事实上，在自立之时代的弹性条件下，什么才算是生活里的"真实"样子？ 约翰·托德也陷入了同样的矛盾之中，他警告《学生手册》的读者，要警惕因过度渴望成功而产生的"有雄心的人的烦恼"，但他同时又承认，会阅读他的告诫的人无疑也都是雄心勃勃才会来读的。 自立本身依赖于一个命题——"创造和在创造中被创造"——其循环往复排除了以任何其他方式检验自己的主张的可能性。 而一旦每个人都可以自由地不再理性，这就尤其成问题了。 换句话说，虽说巴特比可能患有精神分裂症，但他的古怪并非人格上的怪癖。 这表明由自以为是自身真理之源的人组成的社会之普遍脆弱。"啊，巴特比，啊，人道！"①梅尔维尔在笔下故事的结尾写下了这句话，以防读者没有把握到它更普遍的寓意，即个人主义是一长串的认识论危机。 人道——不仅仅是商品——有烟消云散之虞。[44]

在举办于波士顿商业图书馆的讲座中，丹尼尔·哈斯凯尔对这一难题做出了回应，他试图重新安置时代躁动不安的能指，并将自我培育置于集体记忆的深处。 哈斯凯尔讲道，"我们的父辈将旧世界的封建机构和腐败抛在身后三千里，是为了追求一种容许每个人达致自己在生活中的位置的制度"。 从那个基始时刻以来，"我们的人民就特别容易崇拜

---

① 译文参考[美]赫尔曼·梅尔维尔：《水手比利·巴德：梅尔维尔中短篇小说精选》，陈晓霜译，新华出版社2015年版，第42页。 ——译者注

那些借由其自身人格的自然力量而起自微末，达于青紫的人"。 哈斯凯尔有力地解释道，"自立之男"也现身于创造。 更重要的是，其自立同国家自身的使命是同义的，这意味着"强调自己是命运的发明者……的新一代"，没有什么需要辩白的，纽约商业银行在《年度报告》中对协会成员描述道。 个人抱负是一种古老的美国习俗，这意味着，当沃伦·斯宾塞向另一个屋子里满座的年轻小职员讲授人皆有权追求自己的幸福时——因为在合众国，不论是"财富、名声还是祖先的威望都无济于事"——没有人怀疑他在发明一种革命性传统。[45]

最受欢迎的自我发明的模范人物——激励同时代的人将自己的生活视为自己想象力的成熟产物，同时还将这些努力与国家的建国动力绑定在一起——当然不是巴特比，而是本杰明·富兰克林。 更具体地说，这是富兰克林自己在到 1860 年已经出版了上百个版本的《自传》中展现的自我绘像，还要算上各种节选和供学校课堂使用的改编，此外，还有不可胜数的摘录以传记小品的形式在合集和流行杂志上流传。《耕耘者》承认："本杰明·富兰克林的一生，正是每一个有志年轻人深感兴趣之所在。"查尔斯·西摩在《自立之男》中进一步指出，"他的一生有两点值得称道，即伟大的抱负和伟大的德行。" 事实上，富兰克林对资本主义文明的重大贡献就在于他把这两者合二为一了。[46]

富兰克林的生平与新体制的关系，从《北美评论》刊登的两篇关于其自传的评论中可见端倪，其中第一篇发表于 1818 年，第二篇发表于 1856 年。 早发的那篇文章专门介绍了《我生活中的真实故事》中以前未曾发表的部分以及新近公开的私人信件，描述了一个凭借天赋和勤奋闯荡世界但也因此缺乏道德界限的人。《评论》在一篇散发着新加尔文主义自鸣得意的抨击文章中宣称，"他的性格基础很差；而促成其出人头地的道德品质是世俗的、极为利益导向的"。《评论》坚称，富兰克林雄心勃勃崛起的基础，恰在于其伦理上的失败。 他很早就抛弃了儿时的家，终生对父母因此遭受的痛苦无动于衷。 此外，他对罪恶和美德的本质的看法也经不起推敲，这是因为富兰克林认为"这样的东西就不

111

存在"。 正因如此，他才能在日常生活中奉行"放荡不羁"的生活方式，却没能在其回忆录中激起任何羞愧或忏悔之辞。 1818 年，富兰克林首次刊载的著名的可取美德清单——节制、沉默、秩序、决心、节俭、勤业、真诚、正义、节制、清洁、安宁、忠贞和谦逊——揭示了他毫不延伸到个人之外的责任观念。 这符合他的习惯，即眼里只关注对他**"最有利可图"**的事情，将德行自我完善变成效用和计算的吝啬事务，只不过是"攫取"重大机会的工具，就像在表格中排列的惰性数据一样被权衡和衡量。[47]

个人利益成了唯一的指引，难怪富兰克林"并非一个以勇敢努力或不辞辛苦的牺牲而脱颖而出的人"。 这一点在他革命期间的行为上表现得淋漓尽致，其特点是优柔寡断、摇摆不定，而且"过分地随时准备"同英方妥协、甚至是拥护了之了。 富兰克林未能在国家危难时挺身而出，这表明他缺乏"严谨的正直感"和"无私的爱国主义"。 因而，《评论》下结论道，将富兰克林列为国父或者说是美国未来的远见者是完全错误的。 相反，作为一名"首先将人视作具有某些自然的需求和欲望的今生之存在"的人，富兰克林代表着对世俗成功的平庸追求。[48]

将近四十年后，《北美评论》在一篇关于近期由捷利德·斯帕克斯（Jared Sparks）编辑的十卷本富兰克林作品集的评论里，对事实的陈述没有产生什么变动。 评论指出，"富兰克林性格中最重要的特点是忠于**实践**"，它观察到，这种忠诚表现为对理想主义和知性主体的一贯忽视。 但是，这种实用主义非但不是道德失败的根源，反而可确认是现代效用论之显著迹象。 富兰克林吸收了新英格兰"自我独立"和"自我控制"的价值观，同时明智地摒弃了清教徒文化中的死板习惯和狭隘视野。 其结果带来了独特的世界性："一会儿是商业，一会儿是文字游戏（*jeu d'esprit*）；一会儿是给扬基商人的建议，一会儿是给巴黎女士的短歌，似乎都成了同等合适的主题；一会儿是国务文件，一会儿是谚语；一会儿是寓言，一会儿是统计数据；一会儿是省钱的方法，一会儿

112

是组建政府的方式。"在富兰克林的格式塔心理中，抱负与道德正直不再构成对立，这也是他被誉为工业时代共识的原型的缘由。当然，他还有一些瑕疵，尤其是在性的方面。但是，同他"在不可避免的攻击，甚至侮辱、歪曲和讥笑中，仍能保持沉默的尊严"这一点相比，这些都是微不足道的。事实上，这种谦逊是富兰克林最值得钦佩的性格特征之一。谦逊使其认识到，"幸福是微小满足的总和"，正如财富是对"勤勉的奖赏"。这就是后来他能变成真正的"美国哲学家"的原因。因此，富兰克林对自己"从穷技工成长为政治家、哲学家"的崛起过程的记录，不亚于"自我培育的胜利"。[49]

因而波士顿在庆祝富兰克林诞辰一百五十周年时，打出了"1727年，干货店小职员"的横幅，向《自传》中复制信件、保管账簿、照看商店，乃至索要销售抽佣的描述致敬。作为自我培育的原型，富兰克林也成了影响深远的商业小职员，该职业也被证实是通往未来成功（包括成为开国元勋）的有利垫脚石。事实上，富兰克林在工业时代的地位并不亚于他作为开国元勋的角色，因为这部自传体戏剧实际上开始于年轻的本杰明逃离其父母让其在门下当学徒的兄长詹姆斯的"严苛专横的对待"。在这一于19世纪成为锻造个人生涯的普遍修辞的早先版本里，富兰克林就其后来抵达纽约的事写道："我主动承担，要求自由，离家将近三百英里外，我只是一个17岁的男孩，没有得到当地任何人的求职介绍，也不认识任何一个人，口袋里只有几个子儿。"[50]

在1844年的日记中，乔治·凯利写道："我希望我能成为他。"当时，富兰克林关于自立而自我炮制的叙事，已经成为合众国人最喜欢的礼品书。事实上，该书的大受欢迎揭示了传记的广泛兴盛，传记作为自我训导之工具，将他人的私人经历组织成一出具有线性连贯和因果的惯常戏剧，其功能是作为值得研究和模仿的对象，成为其时代又一行为手册的力作。这使得爱默生甚至宣称："没有历史，只有传记。"T.S.亚瑟则强调了传播"我们自立之男的历史故事……"的重要性，"以便我们知道他们是如何起于草莽的"。这些历史故事将自知转化为"有用的智识"，将个人投射作一种大众现象，即"个人主义"。 因此，詹姆斯·布鲁斯特(James Brewster)，康涅狄格州的马车制造商，建议"纽黑文的年轻人"要"在房间里常备一些行为准则的作品，首要的就是富兰克林"，以便随时在手"经常参考"。 布鲁斯特本人，即以最恰当不过的方式阅读富兰克林的作品，也就是说，每天下班后阅读一小时。[51]

事实证明，自传同此类的教化工作更为相关。 事实上，自传是种新颖的文学形式，乃至是一个新词语——富兰克林曾把自己的回忆录称为是一部"追忆"(Recollection)——取代了忏悔录或皈依者叙事等旧体裁的自我反思。 这些更早的个人经历的文类旨在发现作者生活与源于生活之外的永恒法则之间的一致性。 相反，自传展现的则是一个无法求诉先于己身的任何现实的主体。 因此，这种形式也从属于现代性将真理从圣贤领域剥开来置于此时此地的大分离，在此时此地，真理成为乡土经验的一种功能，而非神的启示，向任何愿意审问自己行为的前因后果的人敞开。 这必然使个人生活成了一个极具流动性的事件，因为自传体叙事无一例外地依赖于曾经的自己和现在的自己之间的差距。 换句话说，在面对未来所固有的不确定性时，自传者将之有效地驯服——戏剧自身就是明证——从而确立自身成为自己生活的独立作者。 这把他变成了笛卡尔式的英雄，但并非因为他渴望过上模范的生活——这并不新鲜——而是因为模范本身，已不再是上帝、而是个人的想象力的创作，是"我自己的实践"，本杰明·福斯特如是评价自己那堪称自传体草案的日记写作。[52]

富兰克林本人证实，这样的练习也构成一项"胆大而艰巨的企划"。 霍勒斯·格里利在评论詹姆斯·帕顿付梓的《本杰明·富兰克林其人与其时代》(*Life and Times of Benjamin Franklin*)一书所附的一篇关于"自立之男"的散文时也呼应了这一说法。 格里利断言，富兰克林"对全人类的贡献"最完美地表现在其将自己因为年轻而犯下的错误加以系统性地记录上。 例如，富兰克林在他的《自传》中承认："我惊讶地发现自己的缺点比想象中来得多。"这种审问正是引导后续的自我完善之努力的基本条件。 格里利又补充说，这确实是一个需要比在战场上目击任何事都要来得大得多的个人勇气的大胆举动，他的话在1865 年尚非空洞的陈词滥调。[53]

富兰克林借由一种自己发明的方法，将自己的自立历程转录到账簿上，进而对《自传》中那一段在 1818 年引起了《北美评论》极大愤慨的文字加以澄清。 富兰克林解释说，我编写了"一本小册子，其中，我为每一种美德都分配了一页纸"：

> 我用红墨水在每一页纸上划出七栏，一周的每一天各一栏，在栏里用一个字母标注每一天。我以十三条红线穿过每栏，在每条红线的起点处标出某种美德的第一个字母。

最后再用"小黑点"来填上相应的单元格，富兰克林就能给自己在任何特定日子里任何特定美德的履行之成败制出一本流水账。 这样，他就可以通过扫视一页或一连串的页面来评价自己的性格，弗雷德里克·贝克在《青年会计师指南》中就记账的实用目标描述说，这样的页面揭露出"无论何时都可以方便、快捷、清晰地理解和认知每笔账和整个账目的真实情况"，而事实证明这与富兰克林的个人资本的积累同样相关。 难怪马克斯·韦伯认为富兰克林是资本主义的先知，而夏尔·波德莱尔则无意逢迎，称他为"商店柜台伦理的发明者"。[54]

来自马萨诸塞州康科德市的著名教育家、"自立之男的典范"莱缪尔·沙特克将富兰克林的分类法应用于他的《学者日志》（*Scholar's Daily Journal*），后者 1842 年获得专利，用于"一目了然"展示"每个月的出勤率、品格和智识进步"。 沙特克将其行和列的版面安排在活版印刷的对开页上，同州人口普查的手抄本空栏相近，省去了自己在表格划线。 尽管如此，《学者日志》还是严格重述了富兰克林最初的方法。每一页都细分为用于跟踪个人业绩的标准网格。 增补栏得以保留，以记录流水总数。 此外，学生自己要记录所有相关数据，这样他就直接承担了规划自身俯仰沉浮的责任。 沙特克在解释构成其体系——以及更一般意义上的自立活动——的逻辑时写道："一个人意识到必须在簿子上记下其所做的每一件事的条目，这种意识本身就使其对应该做的事保持热切关注；而记下这些条目的做法是培养积极和刻苦习惯的最好训练。"[55]

事实上，"日志"（journal）是一个古老的词，最初指的是一天的劳作或一定量的土地，而且暗示了两者间的密切联系。 当然，资本主义革命切断了这种关联。 但富兰克林和沙特克都认为，如果如今栽培的

115 是个人自己的生活，那么日志分录仍然是和劳作高度相关的。 为此，

FORM OF THE PAGES.

TEMPERANCE.

Eat not to dulness : drink not to elevation.

	Sunday.	Monday.	Tuesday.	Wed'ay.	Thur'ay.	Friday.	Sat'ay.
Temp'ce.							
Silence.	*	*		*		*	
Order.	*	*	*		*	*	*
Resol'n.		*				*	
Frug'ty.		*				*	
Indus'y.			*				
Sincerity							
Justice.							
Moder'n.							
Clean'ss.							
Tran'ity.							
Chastity.							
Hum'y.							

* This little book is dated *Sunday, July 1st*, 1733.
*16

富兰克林的德行表。

威廉·奥尔科特建议他的《青年指南》的读者们"在口袋里放一个空白的小本子和铅笔",以便记录下发生的"任何有趣的事实",或者,换一种方式,"一有空闲"就记下来。 本杰明·希拉博(Benjamin Shillaber)在元旦日记里写道:"一件也许并不展现任何重要性的事件,可能会在岁月的迷雾中放大成值得时刻关注的事情",因此,这种文献纪实习惯

116

The Daily Journal of																										in the			
Date.	**CHARACTER.**			The highest Credits given or required, by the Rules of the School, for a perfect Recitation or Exercise.																					**DAILY TOTALS.**			**Age.**	
184 Month of Day of the Week.	Mo	Attendance.	Industry.	Behavior.	Reading.	Spelling.	Writing.	Arithmetic.	Grammar.	Geography.	History.	Algebra.	Geometry.		Music.	Astronomy.	Philosophy.	French.	Latin.	Greek.	Composition.	Declamation.	Extra Lessons.	Recitations.	Highest Credits given.	Highest Credits received.	Hours' Study at Home.	yrs. mo. dys. Remarks.
		M. A.																										

莱缪尔·沙特克的《学者日志》。

147

是必不可少的。 事实上，这些"陈腐的格言"使个人日志成了养成
"于所做万事皆恪守真理之用心"的经验主义式的严谨的典范。 威
廉·霍夫曼在自己日记的初始条目上也秉承了同一精神，这里他概述了
自己"严格叙述每一天的交易和发生的事情——好的——坏的——或别
的——"的计划，"相信如果严格遵守这初心，最终将大有裨益"。[56]

爱德华·贾维斯在北安普顿的新精神病院的奠基仪式上宣布："我
们需要更多的、更好的关于我们自身，还有关于我们的能力，其本质和
界限，其用途及其同外部世界的关系的知识。"日记在生成这类知识方
面尤为有效。 它们有助于确定一个人的生活是在朝着正确的方向前进
还是已经偏离了方向，确定这种偏离是错误步骤还是外力导致的结果，
是私人意识还是公共约束的结果。 这样，日记将个人的行为带入"定
期的记述过程，成了一种管理工具，或者说是一本可以定期用标记记入
自身的要务，建立一个能为今后参考和行动所用的档案库"的"备忘录
本"。 在一个与之不相关，却又有些类同的背景下，《亨特商人杂志》
建议说，"要用笔"，因为"它迫使你整理自己的思考"。 日记也是基于
同样的文书工作的原则，即将日记者铸造成自身的小职员，管理着一套
记录簿记和审查系统以助其实现"对主题的掌控"。 T.S.亚瑟从英国改
革家塞缪尔·斯迈尔斯(Samuel Smiles)那儿引用约翰·洛克所说的话，
没什么比"以定期记述过程的形式在眼前看到自身事务状况"更能使人
循规蹈矩了。[57]

假若日记充当了个人化的流通账目，那么可以说日记作者同自身之
间就保持着一种债务关系。"新年已经过去一个月了，我在哪些方面有
所进步？"塞缪尔·曼森在波士顿一家干货店开始新工作不久，就以盘
点的方式写作了。 1853 年 7 月 1 日，爱德华·托马斯也类似写道："这
是接下来的六个月的首日"，他对自己在过去半年中"智识的微小进
步"感到不满。"假如我不碰到健康问题，我保证接下来的六个月我会
更让人认可"，这些条目就像期票一样，人们承受着要在其中建立和完
善自己的私有财产，也就是个人自己的义务。 此外，在任何信用体系

中，以未来的名义对现在采取行动，希望减少生活中的极端不确定性，在这样的生活中，再也没有什么能阻挡你的道路、阻碍你的进步或阻塞你的脚步。因此，关于结平分类账的教学价值的泛泛而谈也获得了深刻的共鸣，它向年轻人传授成为负责任的成年人所需的知识。[58]

为康涅狄格州一家药剂师店充当小职员的托马斯·泰勒肯定了个人日记和账目本间的相似之处，即日记和账簿都没法简单加总起来就成为一个完整的故事。泰勒说："我们在记录某些行为或想法时常常会犹豫不决，因为这很可能会对未来自己那聪慧的耳朵构成冒犯。"这不是个好安排，"因为当未来来临的时候，如果我们对记下日志的那一天没有任何别的回想，我们肯定能记得我们在写日记的时候实施了欺骗"。这一逻辑促使辛辛那提的一名年轻律师卢瑟福·海耶斯，于1851年购买了一本空白的本子，他打算在上面写满有关"人物、思想……和事件，无论小大"的宽泛志记。对他来说，这些远比"纯粹的日志"更有价值，前者是他以前尝试写日记的工具，而威廉·奥尔科特等自立实践的专家则批评后者在道德上无动于衷。一个人要有效地成为自我认识的对象，并因此成为自己生活的主体，需要的正是"几页纸，而非几行字"。事实上，卢瑟福更全面的条目很快就证实其价值，揭示出"我的许多努力是多么漫无目的……最坚毅的决心是多么软弱无力"。他的个人缺陷因此暴露出来，从而处于可采取再补救措施的立场上。例如，卢瑟福在审阅自己的第一篇志记时，就已经附上了对其凌乱语法的批判性的评价："也必须试着修改一下"。本杰明·福斯特同样在自己日记里发现了"误入歧途"的迹象。本杰明热衷于阅读自己所录，他的日志"清楚地"显示出他日常实践中的某些东西偏离了他最初的计划。很快他就在一次值得称赞的自我研究回顾时得出结论，第一个需要纠枉的，不是其他，正是他记日记的方式，他断定这过于做作，甚至"花哨"，因此无法生成对其生活的可靠描述。[59]

威廉·埃勒里·钱宁在谈到这种关于自我的知识经济学时感叹道："值得观察的是，我们不仅能够辨别我们已经所是，还能辨别我们可能

118

所成，在我们自己身上看到无止境的成长的萌芽和期许。"布拉德利·卡明斯（Bradley Cumings）创建了一个现时主题的索引，方便他查阅过去的志记，以磨炼这种观察的技巧。 查尔斯·弗伦奇用他以前上笔法课时用过的同一本作文本开始写他的个人日志，本杰明·希拉博用以前的商业分类账来写日记，让个人条目去填满初设用以记录一天的财务交易的栏目，这些用法都非常恰当，并使得梭罗抱怨说："我很难买到一本空白的本子来记下思想；它们通常已经用美元和美分来划线了。"事实上，和分类账一样，有些日记也是对作者加以版式控制而设计的。詹姆斯·布莱克用了整整两倍的篇幅来总结每个星期天的布道，因为印刷出来的每周的形式划分给了安息日双倍的版面，而他尽职尽责地填上了。 其他人则遵照行列，每天的条目铺满一整页。 但是，大多数日记者更愿意在"空白页面"上书写自己的生活，或者可以说，以不受任何形式的命定影响来书写，由此产生的自发性似乎为自主思考提供了最佳机会。[60]

119　　　因此，日记成为一种将关于生存的原始材料加工成意识的组成部分，书写的手和沉思的头脑将经验置换成个人成长的连贯叙述的独异性方法。 但仔细检验后，情况并非如此。 日记——与账本还是并无不同——实际上是作为一种坚持不懈的前置性装置来运作的，它在一个类似艺术而非自然的过程中构建和重构自我。 假如说商业账目是一种记录现实的工具，可事实上，它也制造出这一现实，日记也是如此。 日志写于当下，汇报过去，探讨未来，将三种时态混合在一处。 因此，布置在一张资产负债表中的每一个别条目都充当一个共时性事件或自变量，而这一负债表悬置了日常生活的无情运动以评估其价值，而这样的评估则指导日记作者去着手塑造这一生活。

　　例如，威廉·霍夫曼经常在周日下午"男孩上床打瞌睡"的时候写日记。 要是将其认真记日志的做法同别的小职员公然不事生产的休闲活动对比，他有着值得称赞的自我培育的表现，威廉有理由为此自豪。事实上，威廉之所以在周日写作，是因为在一周内他很少有机会做这样的事。 他的日志条目本身并非对直接经验的无中介转写。 这些条目通常是处理过的数据，基于实时笔记并可以在日后铭写前加以审查和整理，这同威廉将销售数目从交易日记账抄写到存货明细簿上的过程并无二致。 换句话说，日记严格的线性分页展示的远非什么认识论之淳朴。 日记并未构成对客观现实的铭刻之"直截了当"的概述，而是后验地、根据与之相反的目的论而运作于个体意识之"白板"（tabula rasa）上，使任何事件都无法先于其记述而发生。 将自己的生活作志，也就是为其提供信息/影响自己的生活。 马克思在谈到市场交换的环路时指出，"每人是手段同时又是目的，而且只有变成手段才能达到自己的目的，只有把自己确定为自己的目的才能变成手段"。①他可能也是在描述日记的现象学。 表面上与计时运动本身相匹配的现在似乎是过去与未来之间"对话"的中介。 但是，由于现在书写了过去，而过去又影响/提供信息给我们未来的行动，所以说过去和未来成了现在的中介物也是成立的。 因此，日记者借由不断重置过去、现在和未来之间的关系——反之亦然——因而将自己的生活转化为用以塑造自我的生产经济中的计算序列，从而建立起一种对命运的掌控感。 换句话说，个人并不是一个需要加以控制的自然事件。 就像市场一样，他首先是被发明出来的。 我们甚至可以问，是一个人的经历产生了日记，还是日记产生了经历，这样的问题并不荒谬，然而显而易见的，两者得出的结论是相关的。[61]

鲁滨逊·克鲁索——"轻率而无度地希望自己的成长速度超过事物的本质"，这促使他违抗家长权威，最终展露为古典经济学的英雄，其搁浅了的存在方式，摆脱了所有外源性的社会义务——例证了这一动力学。 克鲁索在岛上的这些年里始终坚持写日志。 对他来说，在被迫缺席于文明的日子里，认真地留下安息日的记录尤为重要。 在故事里的某处，克鲁索的一阵发烧暗示读者，他可能标错了日子。 进一步思考

120

---

① 译文参考《政治经济学批判大纲（草稿）第二分册》，刘潇然译，人民出版社 1962年版，第 9 页。——译者注

后，读者同样可以清楚地发现，星期日究竟是什么时候这一问题完全无关紧要。鲁滨逊·克鲁索作为自己宇宙的主宰，其所处地位令其可以重演创世，这意味着只要尺度一致，任何给定的第七日都可以充当星期日。这种人为的年代学并没有使其对安息日的遵守不再真切，也没有失于有效地指引其行动。与之相同的本体论也引导了现代日记。以时间的自然流逝为基础，日记对日常经验的严格记述，构成了一册完全人为的重写本，为日记者自己起草、再起草、擦除和修改的需要所决定。这种矫揉造作既不是异想天开，也非完全任意。编排与再编排个人经历的能力——其方式让人回想起布朗兄弟为坏账创建暂记账户的做法——也是主体性的本真体现，没有比这更真实的个人主体性了。[62]

本杰明·福斯特在读完爱默生的《自力更生》（"Self-Reliance"）一文后，在自己的日记里声明说，人是个多变的存在。本杰明接着说，还有，"个人的变化永远不会停止，除非人自己停下来了，而后者永远不可能"。这样的格言能说明为什么"可塑性"成了19世纪中期美国青年创作的文学作品中的常用表达。事实上，"我"已经将其自身展现为一场完全可塑的事件，它依赖于那些支配市场的现行价值，也就是说，依赖于将知识从直接背景中剥离出来，将其再度安置以提高业绩的能力。这也是为什么当时的两大生产企划——自我的形成和市场的形成——是如此紧密地交织在一起，其形式化为这一时代最为重大的两个新词，个人主义和资本主义。"经济生产和主体性生产……是不可分割的。"毛里奇奥·拉扎拉托（Maurizio Lazaratto）就新自由主义时代的人的境况时如是评价道。[63]这就是为什么自立之男纵使尽力想栖居于商品体系之外部，却成了**经济人**的同义词，19世纪的自由主义者早已辨认出了这一动力学。

注释：

[1] 约瑟夫·熊彼特将这一逻辑称为古典经济学的第一假说。*A History of Economic Analysis*（1954；New York：Routledge, 1996），576—577.

〔2〕 Theodore Parker, "Thoughts on Labor," in "Critical and Miscellaneous Writings of Theodore Parker," *The Dial: A Magazine for Literature, Philosophy, and Religion*(April 1841).一代人之后,就连自由派杂志《普特南月刊》也使用了同样的修辞:"在这个小岛上,有726 000人躺下睡觉又起来吃饭。却没有一个人生产出一盎司粮食里的一粒麦子。"*Putnam's Monthly* 11, no.1(January 1868), 91.

〔3〕 *American Phrenological Journal*, "What Shall I Do for a Living," vol.17(April 1853), 67;威姆斯,见 Scott E. Casper, *Constructing American Lives: Biography and Culture in Nineteenth-Century America*(Chapel Hill: University of North Carolina Press, 1999), 71—73; William Ellery Channing, *Self-Culture*(Boston: James Munroe & Co., 1839), 11;"有谁不曾饶有兴趣地读过华盛顿生平中的一件事? 当他弄伤了父亲最喜爱的一棵树时,他坦率地承认了自己的过失"。"Integrity the Foundation of Mercantile Character," *Hunt's*, vol.24(May 1851), 649.

〔4〕 William Thayer, *The Printer Boy; or, How Ben Franklin Made His Mark*, n.p.(preface); repeated by Hatfield in his appearance before the New York Association of Dry Goods Clerks, in Rev. E. F. Hatfield, *The Night No Time for Labor: A Sermon on the Early Closing of Stores*(New York: D. A. Woodworth, 1850), 138.关于"个人主义",参见 Tocqueville, *Democracy in America*, 506—513, 525—528;华兹华斯原文:"男孩是成人之父", in "My Heart Leaps Up When I Behold"(1802) in *William Wordsworth: The Poems*, vol.1, ed. John O. Hayden(New Haven, CT: Yale University Press, 1977), 522; "Means of Self-Acquaintance," *Young American's Magazine of Self-Improvement*(May 1847), 137—143。1841年第二版的《韦氏美国词典》中出现的67个新词条——从"自我憎恶"到"自我崇拜"——全都以"自我"为前缀。 Noah Webster, *An American Dictionary of the English Language ... Revised Edition with an Appendix, Containing All the Additional Words in the Last Edition of the Larger Work*(New York: Harper Brothers, 1846)。同样可参考 James Livingston, "Modern Subjectivity and Consumer Culture," in *Getting and Spending: European and American Consumer Societies in the Twentieth Century*, Susan Strasser, Charles McGovern, and Matthias Judt, eds.(New York: Cambridge University Press, 1998), 413—430。

〔5〕 "无论有多么阴郁"见于 *United States Democratic Review*, February 1855, 120; Thomas Jefferson, *Notes on the State of Virginia*, ed. William Peden(New York: Norton, 1954), 165; *American Whig Review*(May 1852), 472;"鲶鱼"见 Walter Barret(pseud.), *The Old Merchants of New York*(New York: Carlton, 1863), 25;"直立的衣领"可见于 *Hunt's*, vol.10(February 1844), 143; Charles H. Foster, ed., *Down East Diary by Benjamin Browne Foster*(Orono: University of Maine at Orono Press, 1975), 233; Parker, "Thoughts on Labor," 511—512; Joel Ross, *What I Saw in New York*(Auburn, NY: Derby and Miller, 1851), 142。

〔6〕 Ezekiel Bacon, *Recollections of Fifty Years Since: A Lecture Delivered before the Young Men's Association of the City of Utica, February 2, 1843*(Utica: R. W. Roberts, 1843), 24; "Demand of the Age on Young Men," *American Phrenological Journal*, vol.10(August 1848), 252; Horace Greeley, *Hints toward Reforms*(New York: Harper and Bros., 1850) 360;"炉台"见于 *Young American's Magazine of Self-Improvement*(March 1847), 86; *Cultivator*(June 1854), 175。

〔7〕 Channing, *Self-Culture*, 41; Ralph Waldo Emerson, "Ode, Inscribed to W. H. Channing," in *Norton Anthology of American Literature*, 2nd ed.(1846; New York: W. W. Norton, 1985), 1:984; Emerson, "The Transcendentalist"(1843) in *Essays and Lectures*(New York: Library of America, 1983), 194.梭罗:"我们不坐铁路,铁路坐我们",引自 Leo Stoller, "Thoreau's Doctrine of Simplicity," *New England Quarterly*(December 1956), 446。同样可参考 Karl Polanyi, "Our Obsolete Market Mentality," in *Primitive, Archaic, and Modern Economies*, ed. George Dalton(Boston: Beacon Press, 1968), 59—77; Gregory S. Alexander, *Commodity and Propriety: The Competing Visions of Property in American Legal Thought*(Chicago: University of Chicago Press, 1997)。

〔8〕 "在无数的泪水中"出自 John Angell James, *Young Man's Friend and Guide through Life to Eternity*(New York: R. Carter and Bros., 1857), 38; James W.

219

Alexander, "The Merchant's Clerk Cheered and Counselled," in *The Man of Business, Considered in His Various Relations* (New York：Anson D. F. Randolph, 1857), 8—9; H. A. Boardman, *The Bible in the Counting House* (Philadelphia：Lippincott, Grambo and Co., 1853), 395; George W. Whitehouse, Diary, 1844 (Manuscripts and Archives, New York Public Library), 8; Charles Frederick Briggs, *The Adventures of Harry Franco：A Tale of the Great Panic* (New York：F. Saunders, 1839), 12—14, 37。

　　[9] 关于格里利与这句话的关系，见 Coy F. Cross II, *Go West Young Man！Horace Greeley's Vision for America* (Albuquerque：University of New Mexico Press, 1995); 同样可参考 *New York Tribune*, July 13, 1865; Clarence H. Danhof, *Change in Agriculture：The Northern United States, 1820—1870* (Cambridge, MA：Harvard University Press, 1969), 7; Frederick Jackson Turner, *The Frontier in American History* (New York：Henry Holt, 1921), 30。移民率见 Patricia Kelly Hall and Steven Ruggles, " 'Restless in the Midst of Their Prosperity'：New Evidence on the Internal Migration of Americans, 1850—2000," *Journal of American History* 91, no.3 (December 2004), 829—831; "汽船" 于 John Todd, *The Young Man：Hints Addressed to the Young Men of the United States* (Northampton, MA：Hopkins, Bridgman & Co., 1854), 120; New York State Census, Manhattan Co., manuscript returns, 1855 (New York Public Library); 主席和秘书参见 *New York Tribune*, January 12, 1850; Newburyport in Stephen Thernstrom, *Progress and Poverty：Social Mobility in a Nineteenth Century City* (Cambridge, MA：Harvard University Press, 1964), 15, 以及纽伯里波特的人口流动情况，参考 85, 87。Charles H. Foster, ed., *Down East Diary by Benjamin Browne Foster* (Orono：University of Maine at Orono Press, 1975), 219; "机车" 见 Lemuel Shattuck, "Contributions to the Vital Statistics of the State of New-York," 1850 (pamphlet collection, New York Public Library), 9—10。首次记录出生地的 1855 年纽约州人口普查中，对纽约市所有选区的统计抽样显示，该市近四分之三的小职员出生在其他地方。Brian P. Luskey, *On the Make：Clerks and the Quest for Capital in Nineteenth-Century America* (New York：New York University Press, 2010), 10.

　　[10] "辉煌而迷人" 参见 *Hunt's*, vol.17, no.3 (September 1847), 324; 会客厅炉灶可见 Duncan Faherty, *Remodeling the Nation：The Architecture of American Identity, 1776—1858* (Hanover, NH：University Press of New England, 2007), 179—180; "熊熊" 引自 Martin Bruegel, *Farm, Shop, Landing：The Rise of a Market Society in the Hudson Valley, 1780—1860* (Durham, NC：Duke University Press, 2002), 183; Albert Prescott Paine, *History of Samuel Paine, Jr.* (n.p., 1923), 88; Horace Bushnell, "Age of Homespun," in *Litchfield County Centennial Celebration* (Hartford, CT：Edwin Hunt, 1851), 119; Andrew Jackson Downing, *Architecture of Country Houses* (New York：D. Appleton, 1851), vi, 137—144; S. G. Goodrich, *Fireside Education* (New York：F. J. Huntington, 1838), 64。Vincent J. Bertolini, "Fireside Chastity：The Erotics of Sentimental Bachelorhood in the 1850s," *American Literature* 68, no.4 (December 1996), 707—708.同样可参考 Herman Melville, "I and My Chimney" (1856) in *The Writings of Herman Melville*, vol.9 (*The Piazza Tales and Other Prose Pieces*) (Evanston, IL：Northwestern University Press, 1987), 352—377。

　　[11] *Hunt's*, vol.29 (November 1853), 647.

　　[12] H. A. Boardman, *Suggestions to Young Men Engaged in Mercantile Business* (Philadelphia：Lippincott, Grambo and Co., 1851), 8; James D. McCabe, *Lights and Shadows of New York Life* (Philadelphia：National Publishing Co., 1872), 502; *Trow's City Directory* (1855); Hoffman, Diary (New-York Historical Society), March 9, June 25, and July 20, 1849; Whitman in Elizabeth Hardwick, "Bartleby in Manhattan," in *Bartleby in Manhattan and Other Essays* (New York：Random House, 1983), 223; 罗宾逊事件出自 Timothy J. Gilfoyle, *City of Eros：New York City, Prostitution, and the Commercialization of Sex, 1790—1920* (New York：Norton, 1992), 97; Patricia Cline Cohen, *The Murder of Helen Jewett* (New York：Knopf, 1999)。

　　[13] "休眠之少" 参见 Horace Mann, *A Few Thoughts for a Young Man：A Lecture Delivered before the Boston Mercantile Library Association* (Boston：Ticknor, Reed, and

220

Fields，1850），7；Wendy Gamber，*The Boardinghouse in Nineteenth-Century America* (Baltimore：Johns Hopkins University Press，2007），8，30—32，72—73，102—105，112—113。

［14］Henry Ward Beecher，"The Lecture System," in *Eyes and Ears*（Boston：Ticknor and Fields，1862），106—107；"潮湿的地下房间"于 *Atlantic*（January 1869），60—61；Edward Jarvis，*Lecture on the Necessity of the Study of Physiology*（Boston：W. D. Ticknor & Co.，1845），24—32；Andrew Combe，*The Principles of Physiology*（New York：Harper & Brothers，1834），177，179，185；James Wynne，*Report of the Vital Statistics of the US，Made to the Mutual Life Insurance Company of NY*（New York：H. Baillière，1857），207—210；"Health Insurance," *Chronotype*，May 2，1846；"Ventilation of School Rooms," *Common School Advocate*（September 1841），352；"新鲜空气"的重要性见于 *American Magazine of Useful and Entertaining Knowledge*，June 1，1836，439；同样可参考 "Contributions to Vital Statistics," *North American Review*（October 1863），324。

［15］*Hunt's*，vol.22，no.3（March 1850），361—362；E［dward］J［arvis］，［Untitled review of works on vital statistics］，*American Journal of the Medical Sciences*（July 1852），133，135—140；Granville Sharp，*Prize Essay on the Application of Recent Inventions Collected at the Great Exhibition of 1851，to the Purposes of Practical Banking*（London：Waterlow & Sons，1852），5—12；C. W. Moore，Diary，1842—1871，March 16，1847（New York Public Library）.同样可参考 Morrill Wyman，*A Practical Treatise on Ventilation*（Boston：James Munroe，1846）。

［16］Combe，*Principles of Physiology*，183；Wolfgang Schivelbusch，*Disenchanted Night：The Industrialization of Light in the Nineteenth Century*（Berkeley：University of California Press，1995），50—51；"The Character of Franklin," *North American Review*，vol. 83（October 1856），411；"整条街"参见 John Donaldson，*Jack Datchett，the Clerk：An Old Man's Tale*（Baltimore：H. Colburn，1846），5；Rev. E. F. Hatfield，*The Night No Time for Labor：A Sermon on the Early Closing of Stores*（New York：D. A. Woodworth，1850），126，135—136，139。参见 Louis Bader，"Gas Illumination in New York City，1823—1863"（PhD diss.，New York University，1970），228—254，331—338。

［17］凯利见于 Luskey，*On the Make*，12；Diary，1834—1838，September 2，1836（Canaday Special Collections Manuscript Collection，Bryn Mawr College）；Edward N. Tailer，Diary，December 5，1849（New-York Historical Society）；Edward Isaiah Thomas，Diary，1852—1858，June 18 and 19，1853（American Antiquarian Society）。

［18］*Atlantic Monthly*，March 1861，296；*Massachusetts Teacher*（August 1850），246；"其手臂和手"出自 Platt R. Spencer，*Spencerian Key to Practical Penmanship*（New York：Ivison，Phinney，Blakeman & Co.，1869），24；Foster，*Down East Diary*，148；*New England Farmer*，May 15，1833；"mouthful" in "Merchant's Clerk," *Hunt's*，vol.29（November 1853），646，重提于 Frazar Kirkland，*Cyclopaedia of Commercial and Business Anecdotes*（New York：D. Appleton，1864—1865），2：686—687。更一般的可参考 Andrew Lyndon Knighton，"Idle Threats：The Limits of Productivity in 19th-Century America"（PhD diss.，University of Minnesota，2004）。关于脑力劳动的危险，请参阅 Joan Burbick，*Healing the Republic：The Language of Health and the Culture of Nationalism in Nineteenth-Century America*（New York：Cambridge University Press，1994），156—167。"对他来说，坐在木头上唱歌，看乔纳斯修补手推车，比自己去干活更快乐；他把这种感觉误认为是累了。"一个格外受欢迎的儿童故事如是说：*Rollo at Work；or，The Way for a Boy to Learn to be Industrious*，5th ed.（1837；Philadelphia：Hogan & Thompson，1841），14。

［19］"额头"见 Melville，"The Paradise of Bachelors," 1257；*Vanity Fair*，March 17，1860，183；Asa Greene，*Perils of Pearl Street；Including a Taste of the Dangers of Wall Street*（New York：Betts and Anstice，1834），25—26；戒指相关的见 *Democratic Review*，February 1855，121；"涂脂抹粉的"出自题为 "Stick to the Farm" 的社论，*Cultivator*，June 1854，175；Henry David Thoreau，"Life without Principle," *Atlantic Monthly*，October 1863，488；Walter Harding，"A Checklist of Thoreau's Lectures," *Bulletin of the New York Public Library* 52（1948），84。

155

〔20〕Henry David Thoreau, *Walden*；*or*，*Life in the Woods*(1854；New York：Holt，Rinehart and Winston，1963)，4，47—48. "你不再习于享受大地的丰饶，而是开始将美元和美分的概念与餐桌上的食物联系起来；你不得不受到的苦恼，来自生活的细节上厉行节约，而不是来自体制，你感到自己的灵魂逐渐变得狭隘，与狭隘的环境蝇营狗苟。" "Stick to the Farm，" *Cultivator*（June 1854)，176。 同样可参考 Michael Warner，"Walden's Erotic Economy，" in *Comparative American Identities*：*Race*，*Sex*，*and Nationality in the Modern Text*，Hortense J. Spillers，ed.(New York：Routledge，1991)。

〔21〕*A Collection of the Political Writings of William Leggett*（New York：Taylor & Dodd，1840)，2：164；*Cultivator*，June 1854；T. R. Malthus，*An Essay on the Principle of Population*(1797；New York：Cambridge University Press，1992)；Thoreau，*Walden*，8.更一般的可参考 Jeffrey Sklansky，*The Soul's Economy*：*Market Society and Selfhood in American Thought*，*1820—1920*(Chapel Hill：University of North Carolina Press，2002)。

〔22〕Channing，*Self-Culture*，22；"Manual Labor：Its Influence upon the Mind，" *Phrenological Journal* 15（March 1852)，54—55；亚历山大 · 布莱恩 · 约翰逊出自 Jean-Christophe Agnew，"Banking on Language：The Currency of Alexander Bryan Johnson，" in *The Culture of the Market*：*Historical Essays*，*ed*. Thomas L. Haskell and Richard F. Teichgraeber III（New York：Cambridge University Press，1996)，256；Tyler in Marilyn S. Blackwell，"Growing Up Male in the 1830s：Thomas Pickman Tyler（1815—1892) and the Tyler Family of Brattleboro，" *Vermont History* 58，no.1（Winter 1990)，12。 任何有抱负者都必须认识到，必须利用自己的资源，就像"铁匠以耐心的技巧和精力，使原料从粗糙的状态变得光彩夺目、富有弹性和尖锐"。"Self-Culture，" in *American Phrenological Journal*，vol.14(1851)，60.

〔23〕"顶多谈得上是不稳定保有"出自 *Cultivator*(March 1835)，32；Thoreau，*Walden*，1；Blackstone 引自 Robert W. Gordon，"Paradoxical Property，" in *Early Modern Conceptions of Property*，John Brewer and Susan Staves，eds.（New York：Routledge，1996)，95；Channing，*Self-Culture*，11。

〔24〕*Family Lyceum*，September 1，September 29，and October 13，1832；Charles C. B. Seymour，*Self-Made Men*(New York：Harper & Bros.，1858)，15—16，31—33.

〔25〕Leo Stoller，"Thoreau's Doctrine of Simplicity，" 458；Foster，*Down East Diary*，232；*Young American's Magazine of Self-Improvement*，March 1847，85；*Phrenological Journal* 15(1852)，54. "梭罗先生被称为是怪人，一个扬基的第欧根尼，好像真正可笑的怪人并不在我们这些'衬衫领子硬挺'的人身上，而在他这名自然与思想的虔诚信徒身上一样。" 引自 Walter Harding，ed.，*Thoreau*：*A Century of Criticism*(Dallas，TX：Southern Methodist University Press，1954)，10。

〔26〕James，*Young Man's Friend*，31；Channing，*Self-Culture*，13；*Harper's*(November 1854)，862.

〔27〕Charles Edward French，Journal No.4，February 7，1857，as well as Journal No.3，Fall 1852，and Journal No.2，October 29，1851(Massachusetts Historical Society)；Mercantile Library Association of the City of New-York，*Seventeenth Annual Report*(1838)，7；Eliza Cope Harrison，*Philadelphia Merchant*：*The Diary of Thomas P. Cope*(South Bend，IN：Gateway Editions，1978)，423；*Hunt's*，vol.3(July 1840)，9.关于商业图书馆的总体情况，请参见 Thomas Augst，*The Clerk's Tale*：*Young Men and Moral Life in Nineteenth-Century America*(Chicago：University of Chicago Press，2003)，158—206。关乎"有用知识"，更一般的可参考 Alan Rauch，*Useful Knowledge*：*The Victorians*，*Morality*，*and the March of Intellect*(Durham，NC：Duke University Press，2001)。

〔28〕"特别的好处"出自 Thirty-fifth Annual Report of the Mercantile Library Association of Boston(Boston：Dutton and Wentworth，1855)，4；"向心力"于 Alexander，"Merchant's Clerk，" 8；"校舍"见 Daniel N. Haskell，*An Address Delivered before the Boston Mercantile Library Association*(Boston：Dutton and Wentworth，1848)，17；"社会发明"见 *Hunt's*，vol.29(July 1853)，43；Jürgen Habermas，*Structural Transformation of the Public Sphere*：*An Inquiry into a Category of Bourgeois Society*(Cambridge，MA：MIT Press，1991)，5；Donald M. Scott，"The Popular Lecture and the Creation of a Public in Mid-Nineteenth Century America，" *Journal of American History* 66，no.4(March 1980)，

222

800—801。

[29] Hoffman, Diary, March 31, 1848, and September 8, 1848; Foster, *Down East Diary*, 256—257(February 8, 1850), and Mann on 227(November 2, 1849), Greeley on 241(December 21, 1849); Tailer, Diaries, January 14 and 15, 1850; Charles E. Rogers, Diary, 1864—1865, February 5, January 4 and 5, and October 5, 1864(Special Collections, New York Public Library); Samuel Lyman Munson, Diary, 1861—1862, February 7, 1861(New-York Historical Society); A Journal of Albert Lane Norris, 1857—1862 (Manuscript Collection, Winterthur Library), February 18, 1859; Henry A. Patterson, Diaries, 1832—1849, October 2, 1841(New-York Historical Society); Robert Graham, Journal, 1848—1849, February 11, 1848(New-York Historical Society).

[30] William M. Thayer, *The Poor Boy and Merchant Prince; or, Elements of Success* (Boston: Gould and Lincoln, 1857), 235; James Carlile, *Wrongs of the Counter*(London: B. Green, 1848), iv; Diary, 1834—1838, August 25 and October 19, 1836; Hoffman, Diary, January 7 and 20, 1849, and May 13, 1848; Rev. E. F. Hatfield, *The Night No Time for Labor: A Sermon on the Early Closing of Stores*(New York: D. A. Woodworth, 1850), 135; *New York Tribune*, September 1, 1841; Charles E. Rogers, Diary, April 4, 1864.

[31] "被束缚"见Channing, *Self-Culture*, 52; "小职员解放"见*New York Tribune*, August 31 and September 1, 1841; 关于潦倒可见*Tribune*, January 12, 1850。对女性购物者的恳求，可见如*Tribune*, September 1 and 6, 1841; January 12, and February 28, 1850(quotes at January 12, 1850)。同样见于*The Young Americans' Magazine of Self-Improvement* 1(1847), 122—123; David Scobey, "Anatomy of the Promenade: The Politics of Bourgeois Sociability in Nineteenth-Century New York," *Social History* 17, no.2(1992), 203—227。

[32] *New York Tribune*, August 20, 21, and 31; September 1 and 3, 1841; December 14 and 24, 1846; January 12 and 23; February 28; March 1; May 15 and 20; and July 12, 1850; *New York Herald*, August 23, 1841; Hoffman, Diary, January 7, 20, 1849; Charles French, Diary, Journal No.5, June 13, 1857(Massachusetts Historical Society). Association, 引自*Tribune*, January 23, 1850; *Tribune*, February 28, 1850; "被书桌牢牢吸住"与"被钉在长凳上"，见Herman Melville, *Moby Dick*(1851; New York: W. W. Norton & Company, 1967), 12—13; "正因为他们所要的不是金钱，而是时间"，可见于*Tribune*, May 15, 1850; Marten Estey, "Early Closing: Employer-Organized Origin of the Retail Labor Movement," *Labor History* 13, no.4(1972), 560—570。

[33] "Leisure—Its Uses and Abuses" *Hunt's*, vol.1(November 1839), 404.

[34] "Mercantile Library Associations," *Hunt's*, vol.29(October 1853), 439; "纯粹肮脏"参*Tribune*, February 28, 1850; Thayer, *Printer Boy*, 79—81; *Duties of Employers*, 29, 38; John Gourlie, *An Address Delivered before the Mercantile Library Association*(New York: James Van Norden, 1839), 16—17; Guy Aiken, "Educating Tocqueville: Jared Sparks, the Boston Whigs, and *Democracy in America*," *Tocqueville Review* 34, no.1(2013), 180。且试同最为出名的Thorstein Veblen相比, *Theory of the Leisure Class: An Economic Study of Institutions* (1899; New York: Modern Library, 1934), esp. chap.3。

[35] John Locke, *Two Treatises of Government*, ed. Peter Laslett(1698; Cambridge: Cambridge University Press, 1988), 172(First Treatise); "The Money or Commercial Value of the Man," *Hunt's*, vol.35(July 1856), 37; 富兰克林引自box 6, commonplace book, vol.3, 155, Daniel F. Child Papers(Massachusetts Historical Society); E. J. Hundert, "The Making of *Homo faber*: John Locke between Ideology and History," *Journal of the History of Ideas* 33, no.1(1972), 268 and passim。马克思指出"增加自由时间"可以用于"生产固定资本，这种固定资本就是人本身"。①*Grundrisse* (London: Penguin, 1973), 711—712.关于工人阶级休闲，见Steve J. Ross, *Workers on the Edge: Work, Leisure, and Politics in Industrializing Cincinnati, 1788—1890*(New York: Columbia Univer-

223

---

① 译文参考《马克思恩格斯全集》（第三十一卷），中共中央马克思恩格斯列宁斯大林著作编译局译，人民出版社1998年版，第107—108页。——译者注

sity Press，1985）。

［36］Thomas Jefferson，*Notes on the State of Virginia*（*1787*；New York：W. W. Norton & Co.，*1954*），165；O. S. Fowler，*Self-Culture and Perfection of Character*，*Including the Management of Youth*（New York：Fowlers and Wells，1847）；Channing，*Self-Culture*，115，118。

［37］Max Weber，*The Protestant Ethic and the Spirit of Capitalism*（1904；New York：Scribner's，1958），51—52；George S. Hillard，"The Dangers and Duties of the Mercantile Profession，" *An Address Delivered before the Mercantile Library Association at Its Thirtieth Anniversary*，*November 13*，*1850*（Boston：Ticknor and Fields，1854），38；"西方理性主义"引自 Franco Ferrarotti，"Weber，Marx，and the Spirit of Capitalism，" in *A Weber-Marx Dialogue*，ed. Robert J. Antonio and Ronald M. Glassman（Lawrence：University Press of Kansas，1985），267；Michael Chevalier，*Society*，*Manners*，*and Politics in the United States*（Boston：Weeks，Jordan and Co.，1839），334；William A. Alcott，*The Physiology of Marriage*（1866；New York：Arno Press，1972），96；John Todd，*The Young Man：Hints Addressed to the Young Men of the United States*（Northampton，MA：Hopkins，Bridgman & Co.，1854），16—17。同样可参考 Paul du Gay，"Max Weber and the Moral Economy of Office，" *Journal of Cultural Economy* 1，no.2（2008），129—144；Margaret C. Jacob and Matthew Kadane，"Missing，Now Found in the Eighteenth Century：Weber's Protestant Capitalist，" *American Historical Review* 108，no.1（2003），20—49。

［38］"转变思想"，见于 Channing，*Self-Culture*，13；Mary Cayton，*Emerson's Emergence*，105—106；J. S. Holliday，*The World Rushed In：the California Gold Rush Experience*（Norman：University of Oklahoma Press，1981），361；John Todd，*The Student's Manual*（Northampton，MA：Hopkins，Bridgman & Co.，1859），120—121。

［39］Hoffman，Diary，101，April 10，1848；Foster，*Down East Diary*，59（October 3，1847）；*North American Review*，vol. 64（January 1847），269。

［40］Michael Zuckerman，"The Fabrication of Identity in Early America，" *William & Mary Quarterly* 34，no.2（April 1977），183—191；Hugh J. Dawson，"Fathers and Sons：Franklin's 'Memoirs' as Myth and Metaphor，" *Early American Literature* 14（1979—1980），277—281，Mather on 277；"傲慢"见于 Gregory Nobles，"The Politics of Patriarchy in Shay's Rebellion：The Case of Henry McCulloch，" *Dublin Seminar for New England Folklife Annual Proceedings*（Boston：Boston University，1985）；John Angell James，*The Young Man from Home*（New York：American Tract Society，1845），19。

［41］"Mr. Greeley's Comments，" in *Love*，*Marriage*，*and Divorce and the Sovereignty of the Individual：A Discussion by Henry James*，*Horace Greeley*，*and Stephen Pearl Andrews*（New York：Stringer & Townsend，1853），34；box 7，commonplace book，vol.5，Daniel F. Child Papers（Massachusetts Historical Society），200；Benjamin Franklin，*The Autobiography of Benjamin Franklin*，ed. Leonard W. Labaree，Ralph L. Ketchum，Helen C. Boatfield，and Helene H. Fineman（New Haven，CT：Yale University Press，1964），160；Thomas Hobbes，*Leviathan*（1651；New York：Barnes & Noble，2004），33.同样可参考 R. Jackson Wilson，*Figures of Speech：American Writers and the Literary Marketplace*，*from Benjamin Franklin to Emily Dickinson*（Baltimore：Johns Hopkins University Press，1989），29—40。

［42］Alexis de Tocqueville，*Democracy in America*，ed. J. P. Mayer（New York：Doubleday，1945），508. "奇怪又令人好奇的感觉"引自 Scott A. Sandage，*Born Losers：A History of Failure in America*（Cambridge，MA：Harvard University Press，2005），24—25；Herman Melville，"Bartleby，the Scrivener，" *Putnam's Monthly* 2（November—December 1853），nos.11—12；Andrew Lyndon Knighton，"Idle Threats：The Limits of Productivity in 19th-Century America"（PhD diss.，University of Minnesota，2004），49—52。同样可参考 Elizabeth Hardwick，"Bartleby in Manhattan，" in *Bartleby in Manhattan and Other Essays*（New York：Random House，1983）；Liane Norman，"Bartleby and the Reader，" *New England Quarterly* 44，no.1（1971），22—39。就梅尔维尔的故事 Richard Henry Dana 写信 Edward Evert 说："这样一个低效、无害的生物却拥有凌驾于其雇主的秘密力

224

量，且雇主也一直对它心存疑虑，但这个力量却表现不出丝毫常人的洞见力。"见 Hershel Parker，*Herman Melville：A Biography*（Baltimore：Johns Hopkins University Press，2005），2：179。

［43］托克维尔的译者的问题见 F. O. Matthiesen，*American Renaissance：Art and Expression in the Age of Emerson and Whitman*（New York：Oxford University Press，1941），6；Sylvester Graham，*A Defence of the Graham System of Living；or，Remarks on Diet and Regimen*（New York：W. Applegate，1835），88；"Arrest of the Confidence Man，"*New York Herald*，引自 Herman Melville，*The Confidence-Man：His Masquerade*，ed. Hershel Parker（New York：W. W. Norton，1971），228（强调为原文所加）；Charles Baudelaire，*Intimate Journals*，trans. Christopher Isherwood（1947；Mineola，NY：Dover Publications，2006），8—9。同样可参考 Susan Buck-Morss，"The Flaneur, the Sandwichman and the Whore：The Politics of Loitering，"*New German Critique*，no.39（Autumn 1986），99—140。Herman Melville，"Billy Budd，"in *Billy Budd and Other Tales*（New York：New American Library，1961）.本杰明·富兰克林："瘟疫和英雄，都是一门手艺！"引自 Steven Forde，"Benjamin Franklin's 'Machiavellian' Civic Virtue，"in *Machiavelli's Liberal Republican Legacy*，ed. Paul Rahe（Cambridge：Cambridge University Press，2006），157。约瑟夫·熊彼特："工商业活动本质上不是骑士心目中的英雄主义……赞美为打仗而打仗、为胜利而胜利的那种观念的意识形态，可以理解地会在写字间里、在所有数字栏目中逐渐消亡。"①*Capitalism，Socialism，and Democracy*（London：George Allen & Unwin，1947），128。

［44］"其奖赏"引自 Margaret R. Hunt，*The Middling Sort：Commerce，Gender，and the Family in England，1680—1780*（Berkeley：University of California Press，1996），71；"Industry，"*Cultivator*（March 1835），18；Todd，*Student's Manual*，30—31，367，370—371；"创造"引自 George Gusdorf，"Conditions and Limits of Autobiography，"in *Autobiography：Essays Theoretical and Critical*，ed. James Olney（Princeton，NJ：Princeton University Press，1980），44。参见 Louis A. Sass，*Madness and Modernism：Insanity in the Light of Modern Art，Literature，and Thought*（New York：Basic Books，1992），1—39。

［45］Haskell，*Address Delivered*，31；New York Mercantile Library，*Seventeenth Annual Report*，7；Spencer in *Hunt's*，vol.37，no.6（December 1857），701.

［46］Nian-Sheng Huang，*Benjamin Franklin in American Thought and Culture，1790—1990*（Philadelphia：American Philosophical Society，1994），42—43；"Benjamin Franklin，"*Cultivator*（August 1834），83；Seymour，*Self-Made Men*，429.例如，Harper & Brothers 出版社分两部发行了"图文并茂"的 *Life of Franklin*，一部"广受欢迎的作品"。*New York Journal of Commerce*，January 13，1850.

［47］*North American Review*，no.21（September 1818），289—323.同样可参考 Charles Francis Adams 论 Franklin："他没有那种因自身的错误而反抗的良好意思，也没有那种不属于分粪间接利益的慷慨，无论这样的利益获得是多么自然。"引自 Nian-Sheng Huang，*Benjamin Franklin*，53。更一般的可参考 Thomas N. Baker，*Sentiment and Celebrity：Nathaniel Parker Willis and the Trials of Literary Fame*（New York：Oxford University Press，1999）。

［48］关于一种保守的、反民主的、且并未在世界上崛起的自我模式（最终未被美国人采纳），见 Stephen Carl Arch，*After Franklin：The Emergence of Autobiography in Post-Revolutionary America，1780—1830*（Hanover，NH：University Press of New England，2001），58—59。

［49］*North American Review*，vol.83，no.173（October 1856）.*Young American's Magazine of Self-Improvement*（1847）第 1 卷封面上的富兰克林肖像也很有特色。

［50］一百五十周年参见 Luskey，*On the Make*，23；Franklin，*Autobiography*，71（"将近 300 英里"），105.富兰克林是忠诚职员的原型一事同样可参考 Seymour，*Self-Made Men*，434—437。关于富兰克林与自己儿子的紧张关系，请参见如 Gordon S. Wood，*The Americanization of Benjamin Franklin*（New York：Penguin Press，2004），139，160—163。

---

① 译文参考［美］约瑟夫·熊彼特：《资本主义、社会主义与民主》，吴良健译，商务印书馆 1999 年版，第 205 页。——译者注

〔51〕Cayley，参见 Luskey，*On the Make*，33；Ralph Waldo Emerson，"History"（1841）in *Essays and Lectures*（New York：Library of America，1983），240；James Brewster，*An Address ... to the Young Men of New Haven*，CT（New York：Isaac J. Oliver，1857），26；Arthur，引自 John G. Cawelti，*Apostles of the Self-Made Man*（Chicago：University of Chicago Press，1988），41。

〔52〕Augst，*Clerk's Tale*，32—34，53，60；James，*Young Man's Friend*；Foster，*Down East Diary*，77（November 27，1847）。Larzer Ziff，"Autobiography and the Corruption of History，" in *Benjamin Franklin*，*an American Genius*，ed．Luigi Sampietro and Gianfranca Balestra（Rome：Bulzoni，1993）；Michael Mascuch，*Origins of the Individualist Self：Autobiography and Self-Identity in England*，*1591—1791*（Cambridge，UK：Polity，1997），51；Georges Gusdorf，"Conditions and Limits，" 32—33.关于美国内战前时期名人之发明这一密切相关的主题，请参见 Baker，*Sentiment and Celebrity*。

〔53〕*Franklin*，*Autobiography*，155；Greeley，"Self-Made Men，" in *Life and Times of Benjamin Franklin*，by James Parton（New York：Mason Brothers，1864），677—679.

〔54〕Franklin，*Autobiography*，151；Frederick Beck，*The Young Accountant's Guide；or，An Easy Introduction to the Knowledge of Mercantile Book-Keeping*（Boston：Stimpson and Clapp，1831），5；Weber，*Protestant Ethic and the Spirit of Capitalism*，47—57；Charles Baudelaire，"Further Notes on Edgar Poe，" in *The Painter of Modern Life and Other Essays*，trans. Jonathan Mayne（London：Phaidon Press，1964），101.当时另一位政治理论家、狂热支持奴隶制的 George Fitzhugh 同样将富兰克林视为美国资本主义的原型。

〔55〕Charles Hudson，"Memoir of Lemuel Shattuck，" *Proceedings of the Massachusetts Historical Society* 18（1880），155；"District of Massachusetts Clerk's Office，" November 26，1842，box 1（Lemuel Shattuck Papers，Massachusetts Historical Society）；A Parent，*The Scholar's Daily Journal*（Boston：Lemuel Shattuck，1843），in box 2（Lemuel Shattuck Papers，Massachusetts Historical Society）.

〔56〕William A. Alcott，*The Young Man's Guide*（Boston：T. R. Marvin，1849），226."我总是随身携带我的小本子。" Benjamin Penhallow Shillaber，Journal（Special Collections，Columbia University），January 1，1849；"格言"见 *Harper's*，May 1851，840；"恪守真理之用心"见 Thayer，*Poor Boy*，116—117；Hoffman，Diary，n. d.（opening page）.Charles Taylor，*Sources of the Self：The Making of the Modern Identity*（Cambridge，MA：Harvard University Press，1989），175—176。

〔57〕"备忘录本"出自 Walter Taylor Marvin，Diary（Special Collections，Rutgers University），opening entry；*Hunt's*，vol.15（October 1846），383—384；T. S. Arthur，*Advice to Young Men*（Philadelphia：G. G. Evans，1860），40。

〔58〕Munson，Diary，January 1 and February 2，1861；Thomas，Diary，July 1，1853.

〔59〕Marilyn S. Blackwell，"Growing Up Male in the 1830s：Thomas Pickman Tyler（1815—1892）and the Tyler Family of Brattleboro，" *Vermont History* 58，no.1（Winter 1990），12；Charles Richard Williams，ed.，*Diary and Letters of Rutherford Bichard Hayes*（Columbus：Ohio State Archaeological and Historical Society，1922），1：358；Foster，*Down East Diary*，77（November 27，1847）.

〔60〕Channing，*Self-Culture*，23；Bradley Newcomb Cumings，Journal，1828—1847（Massachusetts Historical Society）；Shillaber，Journal，January 1，1849；梭罗出自 Richard F. Teichgraeber III，"'A Yankee Diogenes，'" in *The Culture of the Market：Historical Essays*，ed．Thomas L. Haskell and Richard F. Teichgraeber III（New York：Cambridge University Press，1996），294；James Barnard Blake，Diary，1851（American Antiquarian Society）.John Todd's *Index Rerum；or，Index of Subjects，Intended as a Manual to Aid the Student and the Professional Man，in Preparing Himself for Usefulness*（1837），该书持久畅销，创建了一种易于使用的分类法，用于记录和查看人们在书籍、杂志或报纸上阅读过的信息，以此旨在改进传统的摘记簿。 Parker，*Herman Melville*，1：108—109.更一般的可参考 Augst，*Clerk's Tale*，19—61。

〔61〕Hoffman，Diary，April 16，1848；Marx，*Grundrisse*，244."倘若一个元素在另

一个之上造成的结果又成了一个原因，这个作为原因的结果又反过来影响前面的元素，然后通过成为反作用的原因又一次重复这一过程，那么我们在行动之中就有了一个真正的无限。"①Georg Simmel, *The Philosophy of Money*, ed. David Frisby, trans.Tom Bottomore and David Frisby(London：Routledge, 1990), 119.

　　[62] Carl Menger, *Principles of Economics*(Auburn, AL：Ludwig von Mises Institute, 1976), 133—141；Daniel Defoe, *The Life and Adventures of Robinson Crusoe*(London：Penguin, 1965), 101—106："经验告诉他这些，而我们这位从破船上抢救出表、账簿、墨水和笔的鲁滨逊，马上就作为一个道地的英国人开始记起账来。"②Karl Marx, *Capital* (Moscow：Progress Publishers, 1954), 1：81("The Fetishism of Commodities and the Secret Thereof").

　　[63] Foster, *Down East Diary*, 210—211(July 25, 1849).有关"可塑性"，见 John 227 Demos and Virginia Demos, "Adolescence in Historical Perspective," *Journal of Marriage and the Family* 31, no.4(1969), 634；Maurizio Lazaratto, *The Making of the Indebted Man：An Essay on the Neoliberal Condition*(Cambridge, MA：MIT Press, 2012), 49。

---

　　①　译文参考［德］西美尔：《货币哲学》，陈戎女、耿开君、文聘元译，华夏出版社 2018 年版，第 76 页。——译者注
　　②　译文参考《资本论》（第一卷），中共中央马克思恩格斯列宁斯大林著作编译局译，人民出版社 2004 年版，第 94 页。——译者注

第四章

办公桌职业病

　　S.G.古德里奇在其《一生的回忆》（*Recollections of a Lifetime*）中详细记载了"自旧联邦制衰落以来"，为美利坚公众所连续信奉的"煽动主义和民主主义、消化不良和超验主义、素食主义和灵性论"。消化不良，是古德里奇在工业动荡时代重建秩序的一系列体系中最不为人所知的。事实上，这是对一系列消化系统疾病所下的惯常诊断。反过来，这也是神经疾病普遍爆发的症状，主要影响的是久坐不动的男人，他们最远离家庭互助和外出辛勤劳作的农耕信条。在一次论商人及其职员、律师、实业家和学生等长期以牺牲身体为代价来使用大脑的人之"学习生理学的必要性"的演讲中，爱德华·贾维斯指出："他们的消化很差，呼吸不畅，大脑无精打采。"[1]

　　文化史学家彼得·洛根（Peter Logan）发现，这种现代神经质的突出特点是癖好谈天，"尤其是谈论自己"。一位波士顿的医生在19世纪50年代就注意到，这种喋喋不休同五十年前的公共谈话形成了对照，当初的公共谈话对于"不能在讲礼节的场合讨论的细节"完全保持沉默。与之相反，今之社会，每个人都公开承认"男人有大便、拉稀或便秘"，而其消化性疾病诊断史成了共同关注的问题。事实上，一个人的"便秘"或"失禁"的状况，连同另外的头痛、眩晕、视力下降、肝功能障碍、耳聋、痔疮和膀胱衰竭等一大部疾病分类，都被统统归入"办公桌职业病"的范畴，出现于1826年伦敦首版的同名书中，它是一部身体成长小说，讲述了人类因放弃生产艺术而被迫付出的代价。[2]

然而，"我们的祖先并不知道"的伏案工作者的那些呕吐生理现象并不仅仅预示着一个颠倒的世界。 办公桌职业病也有助于拨乱反正，而且其作用之发生，也同样基于那些起初就扰乱社会秩序的多变条件。多产作家爱德华·贾维斯在《学校初级生理学》（*Primary Physiology for Schools*）中解释说："每个人都有责任照料自身的健康，维系自己的生命。"1830 年之后，越来越多的医学启蒙读物的语料被引入一般学校的课程中，贾维斯一书就是典型。 这些书同样教授年轻人和老年人说，疾病不再被视为上天对人类罪孽降下的报应，而是"我们自己引发"的一种病症，其治疗方法也出自同一源，也即同样是我们自己引发。 约翰·冈恩（John Gunn）在他的《家用医学》（*Domestic Medicine*）中相应地宣布："我们想要的就是知识。"这是一本献给安德鲁·杰克逊的反垄断小册子，到 1870 年已重印了 100 版，它希望让每个公民都成为"自己的医生"。 个人了解治疗一系列众多的常见病和非常见病的方法，以及正确的饮食、睡眠、沐浴和锻炼的方式后，将学会如何照料自己的身体，以此确保整个身体政治的福祉。 照此，神经失调给这个自立之男的唯我主义时代带来了一剂令人愉快的有机确定性，成功成了对自身的奖赏。[3]

我把自己弄得病快快的

威廉·霍夫曼搬到曼哈顿后，"以最糟糕的方式"患上了消化不良。 爱德华·泰勒越来越因一种剧痛而心事重重，他溯源后认为是视神经"被我们会计室不请自来的卑劣致盲光线弄得负担太大、太过度使用了"。 罗伯特·格雷厄姆抱怨说，在长期抄写信件之后，感到了令人衰弱的头痛，这与艾伦·里士满所说的同样劳作密集的办公室工作导致的"折磨人的头痛和该死的恶心"不相上下。 与此同时，在给店里的积欠日志过完账后，查尔斯·弗伦奇的眼睛肿胀得厉害，"我一个星期都不能出门，……不得不把眼睛罩起来，以便一直闭着眼睛"。[4]

霍夫曼、泰勒、格雷厄姆、里士满和弗伦奇都患上了严重的资本主
义病症，其体弱是快速资产的时代特有的"快走、快驾、快吃、快喝、
快讨价还价［和］快做生意"的直接结果——如《波士顿医学和外科杂
志》（Boston Medical and Surgical Journal）所认定。凯瑟琳·比彻（Ca-
tharine Beecher）在《生理学与健身操》（Physiology and Calisthenics）中
进一步解释了当时的神经疾病的流行，现代人生活在一个过度刺激的世
界里，这必然驱使他寻找更多的刺激，"大脑因兴奋而跳动，血液循环
完全紊乱"。这是一个恶性循环，其人体变成了类似投机性膨胀的东
西，迟早会导致耗尽其资源的灾难性挤兑，然后全面崩溃。比彻告诫
读者，这就是为什么"我们的父祖辈"比我们健康得多。也正因如
此，威廉·霍夫曼最终宣称他去乡下旅行治愈了反复发作的便秘，因为
只有在乡村，一个人的"自然活力"才能得到修正和恢复。[5]

《大西洋月刊》也证实，在西部州和上新英格兰地区仍然可以找到
吃苦耐劳的男人。《纽约每日时报》援引久坐阶级不断蔓延的失能说，
"在对最白、最柔的手的争夺战里，曾经被尊为有男子气概的东西都被
遗忘了"，然而这些有自然获利的人则生来地、哲学性地对这些猝然发
生在失能者身上的失调的流行病免疫。"与疾病悲伤为伴的和对早逝的
预感"很快接踵而至。《医学和外科杂志》以逐字从《办公桌疾病》中更
丰富的临床细节里摘取的方式补充说，在埋头处理文书工作时头部的斜
角阻碍了血液流向大脑，导致反复头痛，而办公室仪貌规矩要求的一丝
不苟系领带，又进一步加重了这一问题。随后，中风、麻痹和谵妄又
预示了下一阶段的衰颓。[6]

在一个封闭的房间，那些被迫"在干货企业的销售柜台后无所事
事"或者"被绑在会计室的笔杆上"的年轻人，呼吸着"一种被反复带
到肺里又排出来所污染的……空气"——事实上是在毒害自己——填账
目填到一天的工作结束后，变得如此暴躁，其舌头发白长毛，胃部胀得
连晚饭都"像一块铅"，也无足为怪？在谈到自己的伏案惯习时，威

廉·霍夫曼烦躁地供认说，自己"很少或根本没有进行身体活动"。由此产生的倦怠和头晕、疲惫和迷糊、脸颊发红、头痛、不正常的口渴，"还有千千万万个出趟门的借口"，都表明金钱经济之桎梏令人窒息，室内生活方式的柔和则使人专注于心智的计算。《哈珀月刊》在讨论娘娘腔和不健康时再三央求，"看看我们好运的年轻人。""有这样……面色苍白、胸膛细狭、腿细如柴、身材矮小的种族吗？"即使是像奥利弗·霍尔斯特德（Oliver Halsted）博士于1844年申请专利的"抗消化不良椅"这样的创新，用近似于马术训练的动作来缓解"强制久坐"者的折磨，也充其量是一种治标不治本的解决办法。[7]

　　《马萨诸塞州教师》以明显的欣慰之情指出，大自然因而仍然在留下印记，彰显于"我们承受的每一次疼痛、每一次干涩的咳嗽；每一次停顿的脚步；每一次对死亡临近的忧虑中"。安德鲁·孔贝（Andrew Combe）在《生理学原理》（*Principles of Physiology*）一书中指出，没有人能够逃离自己身体之真实，这意味着对医学漠不关心的个体注定要罹患"多次违背［健康］规律所必然带来的后果"。根据同样的原理，疾病并非一个独立的实体，它遵循离散发展路径，在每个宿主身上重演同样一堆症状，同时于人群中传播。这只在19世纪更晚些时候病菌被发现后才成了病理学的主流模型，其发现同时也引起了社会批评家的抗议，他们担心个人对其健康的责任会因而遭到削蚀。在这个转变之前，"医学中的因果领域同一般社会中的意义领域是无法区分的"——查尔斯·罗森堡（Charles Rosenberg）对深植于社会经验中的治疗风气如是评价。安德鲁·孔贝因之在他的《生理学原理》中敦促读者去辨认导致他们生病的原因，从而"追溯生活中的举止同健康崩坏之间的联系"。在当时刚刚替代了古早的体液论的解剖学词汇中，这种联系位处脊柱"及其被称为神经的无数分支"之中。《马萨诸塞州教师》进一步声称，神经连接了"身体和道德的法则"，将肉体萎缩与思想堕落捆绑在一起，形成了一个因果的共生关系并被纳入关于疾病的希腊语语源学——"pathos"（它也包括精神体验）。血液的循环、四肢的活力以及内脏器

125

官的特定官能都被纳入一个与环境和习惯（或者说"身体素质"），以及其人的生活方式密不可分的身体的整体性模型中，这也是为什么爱德华·贾维斯能够将消化很差、呼吸不畅、大脑无精打采，与令人麻木的室内工作的常轨无缝联系在一起。《美国教育年鉴》断言："古人陈曰不全之体同健全之心势同水火，此言得之。"身体与灵魂之间的互惠性——影响了当时流行的其他诊断模型，如迷魂术、灵性论、相面术和颅相学——颇有成效地将个人而非任何特定疾病指定为医学首要的关注对象。[8]

126 　　因此，在这些年里，除了由国家行政部门组织的公共卫生运动越来越关注大众贫困化、拥挤的廉租公寓和沉闷的工厂日益恶化的条件之外，还开展了针对大众的又一医疗项目。后者的组织活动要求自立者的阶级照料自身的疾病，其紧迫性不亚于对社会中更欠纪律性的部族的关注，尽管方式截然不同。在日记中，威廉·霍夫曼记录了1849年夏天纽约市霍乱患者的每日死亡人数，并紧接在这些数字后面用更担忧的口吻记述了自己的消化煎熬以及"让自己摆脱"令人厌恶的便秘的相应尝试，充分体现了两者的差异。事实上，在那个时代，霍乱之症候性毫不亚于威廉的办公桌疾病，它和当时不断增长的商品库存一起，穿行过同样的由运河、铁路和都会仓储地组成的路径。在谈到越来越多的城市居民被工业贫困这致人衰颓的魔爪所拿捏时，西尔维斯特·格雷厄姆指出，"人为生活的习俗和环境"造成身体尤为脆弱易染霍乱。但新兴的"生命统计数据"始终表明，霍乱也算是一个高度集中的事件，只限于外国人和穷人。这种平民危机是影响特定人口和地理区域的医疗紧急情况，而且其发生遵循一定的时间范围，这与神经疾病占据的私密、持久的空间形成了鲜明对比。亨利·沃德·比彻勇敢地记录下了其可怕的结果："他痉挛地抓着自己的破衣烂衫，肿胀的舌头从发黑的嘴里垂下，血红的眼睛瞪得滚圆，他尖叫着咒骂，时而亵渎上帝，时而恳求上帝。"让这些平民病人为自己的生理状况承担至高责任没有什么意义。相反，旨在拯救他们的公共卫生措施，将这些流行病变成了一种家长制的对边缘化的酒醉鬼赌徒和妓女的隔离措施，这些人缺乏自我控制的迹象，正在以千百计地凋亡，又或者，这些措施成了增强国家劳动阶级的身体耐力的本质主义运动。 这与建立以个人卫生和自我诊断为基础的持久、神经质的制度形成鲜明对比。 换句话说，瘟疫来来去去，但脆弱的神经在市场社会中永恒乃至是正常地在场，这样的社会迫使个人自我竭力挣扎来达成恢复。 霍乱需要社会福利的集中管理，而办公桌职业病就其本质而言，只能由每个人进行私人管理。[9]

在一篇关于消化不良和身体政治的讨论中，《哈珀新月刊》指出，有产阶级越来越惯于"不停摸脉搏或看舌头，然后向医生询问会有什么问题"。 这种行为引起了医学界的蔑视，后者认为其焦虑是一种泛滥化的疑病，对其嗤之以鼻。 在一系列抨击威廉·奥尔科特的文章中，一位医生指出，"所有人，无论生病与否，都应该关注自己的健康"，后者同西尔维斯特·格雷厄姆于 1837 年创立了美国生理学协会（American Physiological Association），世界上第一个致力于向公众传播医学知识的组织。 这些批评者被专业精神所激发，力图为正规专业知识赢得更大的权威，他们指责奥尔科特及其盟友"无可估量地造成并加剧了他们自己意在防止和纠除的那类抱怨"。 其结果是，所有人都对自己的内脏器官、饮食以及"与身体有关的一切"给予了过度的关注。 但是，这种批评没有认识到，在一个革命性动荡的时代，疾病的传播对于社会机体的健康而言是多么关系重大，而且也未认识到疾病的恶化也是一个可靠的信号，表明公众正在成为诊断学的顺从对象和康复方案的热情支持者。[10]

也没有任何人需要以主动要求诊断的方式来成为疾病的主体，因为不论是谁忘记了健康的准则，都会"善于记起自身正时时处于危险之中这件事"。 换言之，整个人群都栖居于一个慢性病的宇宙，这就是为什么在认可西尔维斯特·格雷厄姆将健康等同于自治，而将疾病等同于他治的等式之余，爱德华·贾维斯还宣称"顺天者昌，逆天者必获殃"。《青年美国人自我完善杂志》发表社论称，身体成为市场波动性的换喻，它"不断消瘦，同时又因接受营养而不断更新，因此，一段时间后，我们拥有的身体已不含一粒原初的物质"。 这种退废和康复的循环为每个人提供了亲身解决时代病症的机会。 例如，托马斯·列恩·沃德(Thomas Wren Ward)每天都在日记中提醒自己，"我现在最重要的目标应该是正确地生活、观察和控制自己——还要提高——避免诱惑——认识我自己"。 这样的自我认识必须首先献给自己的健康，托马斯深知，如果忽视健康，它就会身处危机和崩溃。 这样的认识将疾病从玄学式天谴中分离，将其重组为一种针对不节制、不负责任的行为的有机制裁，是对托马斯·霍布斯所指摘的以自我利益为组织中心的社会的最大威胁之"野心、贪婪、怒火及其他激情"的解毒剂。 哈佛大学医学教授本杰明·沃特豪斯(Benjamin Waterhouse)因此指出："上帝降下的

128

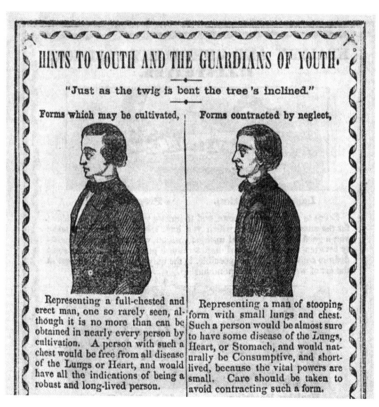

摘自简·泰勒(Jane Taylor)的《想认识汝自身》(*Wouldst Know Thyself*)，1858 年。

是**急性**疾病，但**慢性**失调却是我们自己造成的。"这一洞见将疾病变成了一种既具伦理性又具躯体性的事件，优先考虑每个人认识自己的能力，与此同时也迫使每个人根据这种认识去采取行动。惠特曼蓄意调侃道，对金钱的病态欲望滋生了如此之多的"自立/自作自受的罹病者"，可通过扭转个人野心来遏制这种病态欲望。个人将借由践行个人优先权来解决自己制造的危机，而同样的个人优先权恰恰令他们的个人主义首先成了令人担忧的根源。在这方面，事实证明疾病为正确行使个人主权提供了必要的训练，以及在自由时代恢复权威的理想时机。[11]

因此，衰弱、退化的身体并非为当时的庶民阶级所独有，也不是将黑人、女性或无产阶级"他者"标明并排除在公共生活之外的一种手段。[12]在异常得到医学化详细钻研的同时，相反的动态即正常态的医学化，在资本主义生活中也同样普遍。对商业共和国的模范公民来说，消化不良的"午夜惊魂"几乎化为普遍的经历，这些努力奋斗、自信满满的主体却被肉体自我和等待着他们的健康风险所折磨。多年来众多历史学家和理论家在试图确认男性、白人和有钱人在这个本应是民主的时代的特权来源时论证说，美国有产阶级的话语里泛滥着对个人衰弱的耸人听闻的表现，这表明他们的社会特权并不依赖于一个抽象出来的声称免受时代躁动之猖獗影响的人格。[13]

事实上，苍白的面容和消瘦的身体大规模爆发式涌现——当"额头上的汗水"不再是田地已犁毕待种的明证，而是成了汇票即将到期而买方却仍在犹豫不决的明证时——成了久坐类人群一心想要克服对自己和整个社会构成的威胁而坚定康复表现之背景。个人抱负将自证其能够处理自己制造的失调，当然，这与其自负是完全吻合的。一家机车厂的出纳丹尼尔·柴尔德（Daniel Child）在他的便笺中写道："最好的政府是教会我们治理自己者，除此无他。"慢性病就充当了这样一种学习经历，能促使个体认识到个体性所固有的危险，同时指引自身去尽力康复。资产阶级自己并没有放弃身体，而是坚持生活于其中，并通过这

129

样的身体来生活，因而事实证明他们远没有原先所公认的那么完美无瑕——也远来得更歇斯底里。 在这个契合变革性时代的术语之颠倒里，一个人必须先生病才能变健康。[14]

胃病

文书工作的长时间伏案使胃壁上排出肠道所含物所必需的肌肉变得薄弱，因此无法定期排便。 随之而来的便秘成了人们广泛谈论和惊愕的话题，因为每日排便是良好健康所不可或缺的。 换句话说，当人体的输入和流出之间的均衡被打破时，往往就会出现失调。[15]

催吐剂、泻药、利尿剂和放血曾是疏通阻塞、恢复流动和平衡的传统方法。 为此，在《办公桌职业病》（*Desk Diseases*）一书中开出的一组江湖药方里甚至可以找到水蛭。 但这种作为共和国早期占主导地位的医学理论的"不畏艰难的医学"（heroic medicine），在 19 世纪中叶让位于以排汗、通风和饮食为基础的侵入性低得多的养生法。 这些都是自我管理的做法，因此更适应于个人对自身行使的政治和医疗管辖权。例如，沃尔特·惠特曼颂扬这种新的"健康艺术"的出现，它取代了"旧的加药和放血体系"，并赋予每个人对其肉体专有的掌控力。 因此，"经常用纯净水冲洗全身"，而不仅仅是暴露在公众视线下的部位，对于确保排泄物可靠地流出体外至关重要。 通过清洁皮肤和打开毛孔——要么在家沐浴，或者在城市澡堂盥洗，又或者去哈德逊河游泳，威廉·霍夫曼就靠这么做省了公共浴池所需的 25 美分——平均每天可排出六百余克废物。 时人称，"一桶冷水含一整箱药"，其效果在于用粗毛巾擦干，进一步刺激皮肤后会更好。 无怪乎商业图书馆的沐浴课程的报名如此踊跃。[16]

然而，这一时代反复迸发的失禁问题并不能通过如此表面地关注自己的孔穴来解决。"胃的适当管理"展现了一种更为有效的能够在个人身体与身体政治上同时重建平衡的治疗胃肠危机的方案。　这是因为胃比其他任何器官都"更直接受意志的控制"，这一点将消化过程转化为饮食、欲望和纪律的矩阵，使其成为个人意志的阿基米德枢纽。　这充分度量了个人自我管理的意愿，或者说是失于管理的惨痛代价。[17]

因此，美国健康公约（American Health Convention）决定将"暴食"视为"当代最大的罪过和痛苦的根源之一"。　当然，这并不是什么特别现代的罪过。　人类长期以来围绕食物而生的禁欲式放弃的历史，就清楚地表明了这一点。　然而，在一个有了"廉价和充足面包"的时代，食欲获得了新的意义，因为一旦盈余成了人的生产性努力的惯常结果，积累也就取代了稀缺成为劳动的驱动逻辑，经济就不再致力于避免匮乏。　工业文明滋生了截然不同的物质困境，其基础是过多而非太少。　人们对这一革命性发展的看法是，那些曾经先吃饭以活下去的人，现在要先活下去再吃饭，这使得西尔维斯特·格雷厄姆讽刺地提及现代性"充满了可怜和悲惨"。　约翰·冈恩在《家用医学》一书中警告称，人类的食欲限制已经移除，却形成了"可怕的、不竭的灾难源泉"，这可以说是对人类同必要性之颠倒关系简要又愠怒的描述。　梭罗通常会哀叹曾支撑着一个古老而透明的绝对价值世界的"饥荒之刚性准则"之失却，来强调其危殆。　在这类传统的措辞中，饥饿是克制这一固定菜单上的主菜，体现为作为自然正义的饮食基础，即双手劳作以便嘴巴可以进食的"必要性"的美德。[18]

但是，一旦人们断定自己不是"生而悲惨"，这种自给自足的伦理就失去了其有益的作用。　查尔斯·考德威尔（Charles Caldwell）在他的《体育教育思考》（*Thoughts on Physical Education*）中估计道，在美国，人们甚至能以"**五比一的比例**"更容易地获致丰裕，因而事实会证明随之而来的灾难尤其可怕。"也许从来没有一个群体能如此幸运地拥有对人类的舒适而言是不可或缺的手段的充足的食物供给"，这就是为什么博学者们惯常为人们在正午正餐大快朵颐忧心忡忡，因为这样的正餐包括两种肉、面包、土豆、肉汁、腌菜和各种调味品，餐后往往辅以

131

布丁、奶酪、黄油、馅饼和更多的面包，而且所有食物都以"蒸汽机般的速度"被消耗掉。据观察，在美国，即使是穷人也能给自己上个二道三道菜。托克维尔抱怨这个世界上唯一的民主制的地方，晚饭餐桌上没有葡萄酒，他同样对"人们不知何故塞进食道里的触目惊心的食物量"感到震惊。还有一些人则忧心忡忡地关注着大众对半生不熟、填满黄油的烤饼，又或者是那些构成了当时最突出的"自我毁灭工具"，腐蚀着磨坊主雪白纯洁的饕餮（bolts）的糕点的喜好。《马萨诸塞州教师》斥责公众说，"如果胃一想到要塞进东西就会犯恶心，那么我们在餐桌上摆满黄金做的菜肴"，能济何事？得益于处女大陆的自然恩惠，本应是基督教世界中最健康的美国人恰恰因为如此，却成了病得最重的人。[19]

现代的"面包联系"（bread-nexus）要求每个人通过实施对自己摄入的有意控制来应对工业进步的后果，从而抑制市场经济的无限刺激，因为市场经济正忙于消除对自我的所有其他社会和物质限制。威廉·埃勒里·钱宁最杰出的弟子霍勒斯·曼就如此自由和丰裕的一般后果谈道："随着人为需求的增加，诱惑也随之增加。"曼告诫听众："必须增加警卫和安保措施，否则社会就会劣化。"《大西洋月刊》在盘点公众对饮食失调日益增长的兴趣后报道称，这就是为什么已经有五百部专门关于人体消化系统的著作付梓了，在这样一个依赖甲鱼汤和龙虾沙拉为生的"贪图安逸的时代"，食欲成了关于繁荣之危险的首要寓言。如此一来，胃在政治经济学中继续发挥着中心作用，但它不再是充当客观需要性的鞭策，而是显现为自我治理的主体手段。[20]

对过度消费的警惕源自乡村反对奢侈腐败的传统，与"朴素的家庭生活"的广泛影响形成鲜明对比。但是，资本主义已经摧毁了这种家庭，也摧毁了其用钱节俭的道德基础设施，从而使长期以来同贵族的挥霍联系在一起的辛辣食物和感官放纵得以民主化——美国化——了。霍勒斯·布什内尔可能会一以贯之地颂扬家常口味的粗犷德行，他对食品储藏室里的甜甜圈、寝室里的山核桃、地窖里光滑的苹果表示应有的敬意，他认为这些是良好消化的基本成分，其"本身已是人格的重要部分"。 但是，现代"烹饪滥用"最好还是由科学的规训力量来约束。美国生理学会解释说，百里香、丁香、肉桂、肉豆蔻、胡椒、生姜、芥末、辣根、大蒜和洋葱不可接受，因其不仅会刺激烹饪欲望，换句话说，还会延缓整体消化过程，伤害胃部，"并进而从胃开始伤害整个系统"。 相比之下，小麦中的**谷蛋白**、蛋中的**蛋白**、奶中的**酪蛋白**和动物肉中的**纤维蛋白**被视为对这些危险的必要解毒剂，是适当均衡饮食的关键要素，可为人体内部系统提供整体保护。 爱德华·贾维斯就此宣称，"我们吃什么？"和"我们吃多少？"不再是"有失体面"的问题。"健康食品的自然饮食"，即简单调理，绝不能油炸并且系统性地去除了所有调味品，只保留一小撮盐和偶尔加一丁点醋，不仅能有效缓解肠道的污秽，还能在更一般意义上有效缓解工业时代的挥霍带来的丑恶，帮助公民克制对更多事物的嗜好。 马克思贬低了资产阶级对自身经济成功的神经反应，他写道，现代财富科学因此转化为"克制的科学"①。拉尔夫·沃尔多·爱默生记录了他每天进餐时摄入的净重量，并高兴地报告说，他的"每日量"在一周内就从 400 克减少到 350 克，这正是焦虑之悭吝的范例。[21]

　　《普特南月刊》承认，"吃"是一件可怕的事情，"而且正令人恐惧地变得越来越难"。 可以预见的是，责任落在了那些狼吞虎咽着"与农民或日结工一样多，或至少是一样量的食物"的人身上。《波士顿医学和外科杂志》解释说，任何从事脑力活动的人，"他的进食必须同要使肌肉发挥最大能力的人截然不同"。 困居曼哈顿南街办公桌上的乔治·凯利因此抱怨自己在晚饭后变成了"一坨毫无用处的冷漠傻大块，胃里有一种懒洋洋的沉重感"。 近来皈依素食主义的查尔斯·潘恩说，他的呕吐显然是暴食者"邪恶放纵"的结果。 由于胃是一个柔软的大小不定的肉袋，因此"在拥堵到不自然的时候"，它就能显著膨胀。

133

---

　　①　译文参考《1844 年经济学哲学手稿》，中共中央马克思恩格斯列宁斯大林著作编译局译，人民出版社 2014 年版，第 252 页。——译者注

57. Mean Time required for the Digestion of various Articles of Food in the Stomach.

Articles.	Preparation.	Hrs.	Min.	Articles.	Preparation.	Hrs.	Min.
Apples, sour, hard,	Raw,	2	50	Corn, green, and beans,	Boiled,	3	45
—— mellow,	Raw,	2		—— bread,	Baked,	3	15
——, sweet, do.,	Raw,	1	30	—— cake,	Baked,	3	
Aponeurosis,*	Boiled,	3		Custard,	Baked,	2	45
Bass, striped, fresh,	Broiled,	3		Dumpling, apple,	Boiled,	3	
Barley,	Boiled,	2		Ducks, domesticated,	Roasted	4	
Beans, pod,	Boiled,	2	30	——, wild,	Roasted	4	30
Beef, fresh, lean, rare,	Roasted,	3		Eggs, fresh,	Boiled hard,	3	30
——, dry,	Roasted,	3	30				
—— steak,	Broiled,	3		——,	Boiled soft,	3	
——, with salt only,	Boiled,	3	36				
——, with mustard,	Boiled,	3	10	——,	Fried,	3	30
——, old, hard, salted,	Fried,	4		——,	Roasted,	2	15
	Boiled,	4	15	——,	Raw,	2	
Beets,	Boiled,	3	45	——, whip'd,	Raw,	1	30
Brains,	Boiled,	1	45	Flounder, fresh,	Fried,	3	30
Bread, wheat, fresh,	Baked,	3	30	Fowl, domestic,	Boiled,	4	
——, corn,	Baked,	3	15		Roasted,	4	
Butter,	Melted,	3	30	Gelatine,	Boiled,	2	30
Cabbage head,	Raw,	2	30	Goose,	Roasted,	2	30
——, with vinegar,	Raw,	2		Heart,	Fried,	4	
				Lamb, fresh,	Broiled,	2	30
——,	Boiled,	4	30	Liver, beef's, fresh,	Broiled,	2	
Cake, sponge,	Baked,	2	30	Meat hashed with vegetables,	Warm'd,	2	30
Carrot, orange,	Boiled,	3	15				
Cartilage,*	Boiled,	4	15	Milk,	Boiled,	2	
Catfish,	Fried,	3	30	——,	Raw,	2	15
Cheese, old, strong,	Raw,	3	30	Mutton, fresh,	Roasted,	3	15
Chicken, full-grown,	Fricas'd,	2	45	——,	Broiled,	3	
Codfish, cured, dry,	Boiled,	2		——,	Boiled,	3	

摘自爱德华·贾维斯的《生理学与健康法则》。

T.S.亚瑟附言说，这种拥堵是当时许多年轻"自我满足"的直接结果，约翰·冈恩则强调说，它是将饥饿从身体感官需求的自然指引变成了"虚构需求"的来源，象征着"众多假想需求"或者"**人为食欲**"。 这一动力学彰显于人们对调味食物的偏爱上，这种偏爱又加深了人们对更多相同食物的渴求，对"刺激而无营养"的菜肴的渴求，作为对凯瑟琳·比彻著名的《家内经济论》（*Treatise on Domestic Economy*）的补充，于 1846 年出版的《比彻小姐的家用菜谱簿》（*Miss Beecher's Domestic Receipt Book*）一书对这一点做了进一步解释。 在这种情况下，人吃得越多就越饿。[22]

134

这种病理学破坏了物质实证主义和道德实证主义的根基，把需求变成了与欲望毫无区别的相对体验，一个只有通过食饭者同等人为、自我用心的努力才能解决的难题。"离开餐桌时要经常……残留一点食欲。"约翰·冈恩建议说。《新英格兰农夫》也认为："不要让胃有太多事情做，这样它永远不会给你带来麻烦。"由于人体的吸收性总是滞后于分泌性，因此跳过一餐不吃成了重新校准人的生理、清除消化道、"进而清除大脑底部"的积压杂质的有效机会。 这取决于在时间定好的下一餐前不再摄入任何食物，也不允许补偿性地增加正常摄入量。 在改正自己的饮食习惯后，托马斯·列恩·沃德接纳了这些"科学烹饪"的信条，例如，他将晚餐限为一道，同时根据杂志上的营养建议增加了坚果和葡萄干的消耗。 他的"单菜"法只是一系列用以支撑"内部疗法"的治疗方案和秘方中的一种技巧，后者的方案同其意在预防的疾病一样多。 而"一日一餐制"则是另一个加强个人对胃的控制、克服当时的快速饮食所带来的危险的谋略。 有意识地尝试吃得更慢也是如此，而且可以说是最为"赫拉克勒斯式的任务"①。 因此，《美国颅相学杂志》建议"小口进食""把面包、酱、布丁和所有吃的东西都切成小块，一次吃一块；用小的勺吃要用勺子盛的食物"。 充分和有意识的咀嚼和混涎作用——这也减少了啐唾沫的粗野习惯——也表现为一种必然的策略（在说服雇主给予更多的进餐时间时也是如此）。 在吞咽之前确保食物"完全浸泡在唾液中"，能控制摄入率，同时还能复苏乏力的肠胃。增加黑麦泥和糖浆的用量，增加"鹿肉"也是如此，在约翰·冈恩眼里，鹿肉是猪肉的理想替代品，因为更容易消化，尽管冈恩还讽刺地补充说，如果慢性肠胃气胀患者真的有意缓解，那么他们应该自己去猎杀动物。[23]

但是，正是西尔维斯特·格雷厄姆称之为"生活体系"的营养学方案主导了正在工业化的美国的肠胃话语，而这一体系是为一个"其成员

135

---

① 意为艰巨的任务。 ——译者注

一旦被人为的、反复无常的食欲所控制，就无法长久维持其存在"的共和国设计的。 一位曾是小职员和学生的人，作了一番关于其从长久疾病中康复从而对生活体系富有代表性的详细讲述。 据《格雷厄姆健康与长寿杂志》（*Graham Journal of Health and Longevity*）报道，年轻人沉迷于生鲜肉、馅饼、布丁和咖啡而自甘堕落，很快"全身衰弱"，支气管发炎、胃部和肠部剧烈疼痛以及持续性钝头痛加剧了这一情况。围绕基本"生理学原理"设计的康复方案是他唯一的希望。 该疗程规定早餐含六块用粗小麦粉烤制的小威化饼干，每块 15 克重，配上 250毫升的无盐印第安粥食用。 正餐六个小时后吃，包括 230 克印第安布丁，不要酱汁，加上一个煮熟的土豆和一水果拼盘。 又六小时过后，晚餐包含煮熟的米饭或印第安面包，再加 250 毫升无盐印第安粥，事实表明这种严格控制个人进餐时间的做法是调节肠道的关键。 这种养生法可以辅以少量牛奶，每天不超过两次，最后再加个烤苹果。 当然，吃所有的东西都要经过深思熟虑，经"简单而自然"的过程彻底咀嚼，最终让一度暴食者恢复良好健康。 事实上，这个年轻人在几个月内就"开始重新积极处理业务"，身体状况与同样情况下的任何其他人无异。[24]

诚然，时人在提到格雷厄姆的"全人类饥饿计划"时暗暗影射称，格雷厄姆派的风格是说教式、不留情面的，甚至近乎自我戏仿。《北美评论》断言，虽然"以节食为主题的书籍以惊人的速度层出不穷"，但人们的时间应该用在别的事情上，而不是读这些书。 康涅狄格州医学会(Connecticut State Medical Society)主席路德·蒂克纳（Luther Tic-knor）充分认识到暴食与"我们想要突然攫取财富的贪得无厌的欲求"之间的关系，而"很少有人能够安全地经受"这种状况，但他嘲笑当前涌出的那些"旨在变革整个人类家庭的饮食习惯，限其食用格雷厄姆面包和掺水稀粥"的企图。 约翰·冈恩同样对那些只食用任何未经施粪肥直到完全长熟的蔬菜的虔诚信徒的极端主义嗤之以鼻。 他还谴责素食主义是对自然法则的践踏，人体的解剖结构和胃液的活动都无可辩驳地证明了人是生来食肉的。 本杰明·福斯特是另一位打趣这种中等阶级的稀缺性表演的人。 就当下流行的少花钱多办事风尚,本杰明写道:"用一片并不很好的面包和一杯水作为一顿饭是很辛苦的。"但与此同时,他也还是尽力避免食用肥肉和其他油腻物,以免胃肠不适扰乱身体的营养基础,诱发疾病,而这些是源自《格雷厄姆健康与长寿杂志》的某页的建议。 本杰明希望减轻"自己的内部疗法中的'懈怠与松弛'",而引入自身膳食的变化也不止这些。 类似地,威廉·霍夫曼也"沉湎于"用格雷厄姆面包做成的早餐,其价格明显高于普通的早餐小圆面包,而霍勒斯·格里利在19世纪30年代末刚到纽约时住过格雷厄姆式的客栈——那里的"同住者"在黎明前的沐浴归来后,早餐就食用无筛面粉做的面包和过滤的雨水——他一直相信这段经历治愈了他的慢性偏头痛,让他之后"几乎再没有任何疼痛了"。[25]

但是,约翰·托德在《学生手册》中所载的一则轶事,对饮食与社会秩序之间的现代关系做出了最敏锐的概括。 托德讲了一个富足的男人多年来不断虐待自己的胃的故事。 由于健康状况急剧下降,这位贪食者向专业人士求助。 医师在初步检查后宣称,我可以治好你,先生,"只要你听从我的建议"。 暴食强迫症者答应听从:

> 医生说,"现在,你得去偷一匹马"。
>
> "什么! 偷一匹马?"
>
> "是的,——你必须去偷一匹马。然后,你会被逮捕、定罪,并安置到一个能让你的饮食和养生法在短时间内使你的健康得到完美恢复的环境。"[26]

托德因此尽可能明确地将消化与警治联系起来,强调了胃与治理之间的重大关系。

对于食欲不调及其并发的意志衰退,最常见的医学诊断是消化不良。 消化不良者苦于食物消费的系统性失衡,其影响表现在一系列症状上，不仅包括可预见的饭后身体压迫感、打嗝、口臭、呕吐、便秘肠结、不愿使劲，无论是头脑用劲还是其他方面用劲，还包括血液循环减弱、喉咙紧缩、视力受损、头皮发软、脉搏减弱，从而引起眩晕、头痛和昏昏欲睡。 如果病情不及时治疗，人的血管系统总会受到影响，从而诱发心悸。 此时，身体排出体液的能力进一步衰颓也显现出来，表现为尿量减少，尿液出现砖红色沉淀物和油渍表层。 肠道以前是便秘的，后来转为慢性腹泻，招致消化管道的急性应激。 这种胃功能障碍甚至可能扩散到肺部，有引发肺危象的可能。[27]

纽约健康界的资深人士拉塞尔·特罗尔（Russell Trall）于 1854 年创办了纽约卫生治疗学院（New York Hygeio-Therapeutic College）并成为著名的格雷厄姆面粉零售商，在《消化与消化不良》（Digestion and Dyspepsia）一书中他解释道："由于消化是所有器官官能过程中最为复杂的，因此消化失调……也是所有病症中最复杂的。"虽然胃部虚弱是最常见的发病原因，但特罗尔认为，"他们也可以说是头部、心脏、手或脚的虚弱；当消化过程无法提供力量要素时，所有的人都会虚弱"。 如此，消化不良将一系列不同的错乱和失调整合到一个单一的病理特征叙事中。 其症状的杂乱性质凸显出这一诊断已发展成为一种医学的元分类，一种不断发展的、足以将不同种类的躯体表现组织成关于整个自我的连贯话语的栏目。 奥利弗·霍尔斯特德为那些被迫久坐的人发明了模拟马术运动的专利椅，他在《治疗消化不良新方法的全面准确描述》（Full and Accurate Account of the New Method of Curing Dyspepsia）中业已指出，疾病的无数致病因皆非从前所不知或最近才发现者。 消化不良之所以成为一种新的医学症状，并日益成为一种普遍的诊断结果，是因为科学界新近认识到所有这些症状之间的相互依存关系及它们连接大脑和胃部的神经轴的共同起源，其中包括直接受所食者影响的滋养大脑的血液的阴沉性质。 乔尔·罗斯在他的《健康黄金法则》（Golden Rules of Health）一书中总结说，没有其他病理能产生如此多的痛苦与恶作剧。 但他进一步指出，没有任何别的病像它这样易于治愈。[28]

雷内尔·科茨(Reynell Coates)在《大众医学》(*Popular Medicine*)上问道:"为什么近年来消化不良比以前更普遍了?""因为自祖辈以来,我们的生活习惯已经完全改变了"。 饮食惯例显然难辞其咎。 都市寄宿公寓的菜单被单独拎出来当作特别令人发指地违反科学烹饪的准则的例子。 但日常生活的加速节奏和个人命运的迅速逆转也是这个"抱负与不消化"时代的特征,巴特比的雇主如上精辟地指出了现代神经紧张的两大基石。 乔尔·罗斯因此觉得,"可能没有其他疾病像消化

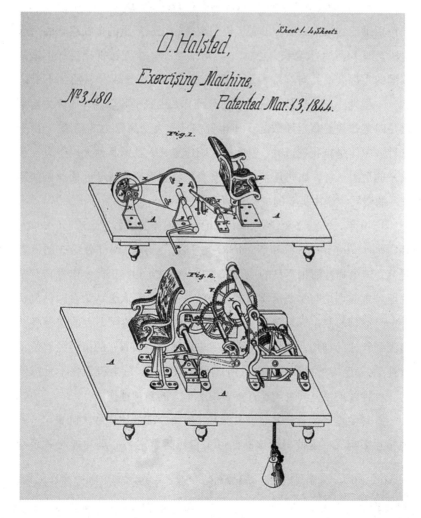

不良一样如此广泛地折磨着人类"。 提到消化不良病情在社会的好逸恶劳阶级中的格外赘生，S.W.艾弗里(S. W. Avery)在《消化不良监测》(*Dyseptic's Monitor*)一书中证实说："很少有人在轻松的环境中没有偶尔患过某种形式的胃病。"[29]

但是，这一由抱负和不消化共同驱动的流行病——既来自道德的涣散也有身体上的损伤——也引来了怀疑论。 例如大卫·M.里斯(David M. Reese)博士就在他的《纽约的谎言：抗议大众错觉》(*Humbugs of New York：Being a Remonstrance against Popular Delusion*)中记录了一次特别迅猛的爆发：该书出版于美国迄今为止最严重的金钱痉挛的兴起阶段，即1837年大恐慌①之后。 里斯描绘了一个无法抵挡胃部不适的浪潮的大都会，其对"每种不适都愚蠢、不加区分地冠以消化不良之名"。 里斯不屑一顾地评论说，几乎没有人逃脱了其影响，他认为这不过是时髦仿效的蔓延导致的一连串疑病，即大众想象力的臆造。 由于这种病原体是自我捏造的，因此缺乏临床意义，就像其他无中生有捏造出来的现象一样，如同几年前在约瑟夫·霍普金森在关于"商业诚信原则"的谩骂演说中提到的虚构账面价值。[30]

1840年，N.查普曼(N. Chapman)在《美国医学科学杂志》(*American Journal of the Medical Sciences*)上发表了一篇由两部分组成的专题研究，试图弥合消化不良的生理和本体表现之间的差异。 作为宾夕法尼亚大学的理论与实践医学教授，查普曼希望为众人公认为全国性危机者(无论真假)制定标准流行病学。 他的做法是将消化不良的精神症状追溯到脊柱的损伤，控制消化系统"非常复杂的装置"的诸神经就位于脊柱上。 连接精神和身体的管道的充血紊乱，实际上将消化不良描绘为一种神经崩溃，其生理学直接表现于个人的精神损伤。[31]

查普曼提醒读者，解剖学中没有任何两个部分比胃和大脑更"一致地相互影响"。 这使得新诊断法成了自然哲学之将心理功能与其余身

---

① 1837年大恐慌是美国的一场金融危机，引发了一场持续到19世纪40年代中期的大萧条。 ——译者注

体器官置于人体解剖的连续统一体的做法里，一个尤为有说服力有条理的例子。 因此，在安德鲁·孔贝对这一纵使在 19 世纪医学的诸医学模型中也极具代表性的人体解剖所衍生的相互影响的阐释里，消化不良可以说是在身体与灵魂间的夹缝里发展起来的，它明确表现了消化系统对肌肉、肺、心脏和大脑的影响，相应的大脑对身体所有器官的影响，以及循环体液在形成、支持和修复这些器官中的作用"等等"。 在这方面，消化不良将一系列看似随机的疾病组合整编成一个有着因果互动和共同派生的综合矩阵。 此外，同时代的人们因将匍匐的心灵与衰弱的身体联系起来，因而可以将健康与伦理相提并论，从而将有意识行为的身体表现与身体行为的意识表现联系在一起。 这就解释了为什么消化不良常常与大脑紊乱联系起来，证明了"我们的道德本性密切依赖于我们的身体素质"，查普曼总结其发现说。[32]

然而，根据几个月后也发表了相关主题的论文的奥斯汀·弗林特（Austin Flint）的说法，查普曼在描述消化不良的精神病理学方面还走得不够远。 因为这对乔治·比尔德（George Beard）就神经衰弱的发现有着重要影响，下决心拓展消化不良的现象学的比尔德后来援引了弗林特，这一现象学作为内战后才出现的一种诊断法，带入了对工业生活压力引起的精神障碍的更加心理学化的理解。 例如，他鼓励医师多关注疾病中不那么可感知的方面，从而赢回感觉医学对他们的帮助少得可怜的"那类病人阶级"。 此外，弗林特还对消化不良的模棱两可加以强调——"某种不定的恐惧和忧虑感"——从而有意强调了这种病的歇斯底里性质。 除了"心理的病态感情"之外，没有任何明显的原因激发了如此广泛的肉体错乱，这一事实甚至提升了弗林特所说的"想象出来的疾病"的可能性，又和消化不良的常见描述相吻合，即由"众多真实和想象的痛苦"所组成。[33]

弗林特认为，查普曼未能充分理解这种情况的膈肌性质，是因为查普曼对人体消化器官和人的精神卫生之间的相互关系把握不当。 诚然，两位医生都承认，"胃失调症状"与人的理智能力失调之间存在着

140

密切关系。 但弗林特认为，除非在穷人身上，不节制的饮食及其伴生的衰弱不可能充当精神崩溃的主要原因，因为穷人无论如何和挥霍联系甚微。 很多人在饮食上花着本分的心思，但还是患有"特别顽固的"消化不良。 因此，疾病的源头无法追溯到他们的饮食，甚至更笼统地说，无法追溯到他们的身体素质上。 相反，弗林特解释说，消化不良患者久坐不动的生活性质——焦虑的例行公事和过度用脑——才当被界定为导致其不愉快状况的致病源。"道德、知性和社会"方面的忧虑——后来，爱德华·贾维斯在北安普顿的新精神病院的奠基仪式上，将这些忧虑将描绘为因所有的生计和职业向所有人开放而产生的"困惑、恐惧和焦虑"——换句话说，这并不是疾病的后果。 而是其原因。[34]

弗林特展示了一个身心循环模型，其循环表现为反常引发了肠胃危机，而肠胃危机又加剧了一开始引发危机的不断升级的忧郁和不满感。又或者如 1836 年的一位医学生在日志中所称，"烦躁会扰乱胃的功能，诱发消化不良。 悲伤会减弱神经系统的能量，降低血液循环的力量，阻碍分泌，诱发器质性疾病"。 有鉴于此，大卫·里斯将消化不良视为作秀而非疾病的观点，也是建立在一种错误的二分法之上的，它拒绝承认真实与虚构之间的密切相互联系，或者说个人可以借想象性疾病来决定"宁愿不变得有些通情达理"的可能性。 这种模棱两可在病理学史上很常见，现今事实证明其对于将个人置于医学关照的中心来说尤为重要，这也是为什么歇斯底里到了 19 世纪就变得如此明显的原因，因为它煽起了病人的自主性。 只有他——或者说，通常情况下，尽管出于不同的原因，只有她——自己才能描画并因而界定其所受痛苦的性质。[35]

纽约市著名医师瓦伦丁·莫特（Valentine Mott）博士告诉一名前来咨询肠道过敏问题的年轻人说，他的病情是局部神经受损而不是全身性消化不良所致。 然而，这位受打击的病人并不这么认为，他拒绝接受莫特的严密临床推理，认为这与他的经验无关。 他的话证实了心理和身体疾病之间的密切相互作用："事实是，我在两方面都遭受痛苦，一方的疾病产生出另一方的病"，他将其归咎于"任何公共和私人事务都有的强烈焦虑"。 安德鲁·孔贝在《消化生理学》（*Physiology of Digestion*）中探讨了这一本体论，他认为，无论人们是多么关注饮食的特殊性，直到消化不良的人避开"匆忙和喧嚣（以及）业务带来的焦虑和兴奋"还有其他使大脑过度疲劳的现代生活的特征这些大难之前，都不会有什么缓解。 到了 19 世纪 60 年代，《纽约医学杂志》（*New York Medical Journal*）敦促医师承认，"消化官能在很大程度上受到个人心理组织的影响"。 亨利·沃德·比彻发现自由与平等之间的互动产生了狂躁的影响，而对这种疾病的心理背景的认识的日增，则使消化不良成为美国人特有的一种临床病症。 托克维尔在《论美国的民主》一书中描述了同样的现象，同年奥斯汀·弗林特在《美国医学科学杂志》上刊登了他的发现，指出公民的心智在习惯上被其普遍旨在改善自身状况的抱负"困扰甚重"。 这种个人发展前景的普遍性反而缩减了其目标实现的实际机会。 换句话说，"平等所激发的欲望与平等所供应的满足欲望 142 的手段之间始终如一的冲突"，是民族心理的结构性错乱的原因，是市场承诺为所有愿意付出努力的人带来繁荣的直接后果。 约翰·托德据此认为，"一个丧失抱负并失望的人是可悲的，不是因为其丧失真的如此之重，而是因为他的想象多年来一直在让他觉得这很惨重"。[36]

资本时代的便秘大患并非纯粹"口味重的食物"和"滥用烹饪"的结果。 奥斯汀·弗林特写道，每当"我们部分丧失对自身官能的管治"时，会招致一种恐怖，而消化不良则是自我主权内在的生成风险的一种表现，它体现了自我主权制度所固有的生存风险，是一个来自人是**"自立抑或从未立就的"**的世界的神经性后果。 例如，乔尔·罗斯将消化不良性头痛描述为"头脑中的混乱"，而不是任何实际的疼痛体验。 罗斯就这些患者谈道，"他们觉得自己好像不是自己了"，进而最终得出了"试图改善自己的状况但毫无效果"的凄凉结论。 当然，这种对改善，尤其是对自我改善的信心之丧失，标志着个人意志的最终崩溃。 乔治·摩尔（George Moore）在《人及其动机》（*Man and His*

Motives)一书中总结道,"责任感走到了尽头",其结果是个人"诉诸心灵以求得控制自己的动机的能力"的退化。 这就是为什么查尔斯·考德威尔也声称——失去自我控制的样貌的疯子,通常在神志比较清醒的时候才出现消化不良的症状。 这也是为什么雇主徒劳地寻找巴特比器质性病变的迹象,以解释这名小职员令人费解的行为,他猜想,也许是不停地抄写损坏了抄写员的眼睛——而巴特比最终饿死了自己。[37]

消化不良将萎缩的躯体和不受约束的灵魂——办公室文书生活的双重图腾——联系在一起,体现了激发自治所需的道德纪律和生理严苛之所需。 奥斯汀·弗林特甚至进一步推动了这一讨论,他指出,一旦消化不良患者的秩序感严重扭曲,以至于其"对时间和空间的感知"失灵,就会形成一种"偏狂"(monomania)的病情。 从而,具体的经验就会被"想象或记住的印象"所取代。 当然,这种时间和空间的割裂是市场的必要条件,后者的波动性以想象的碎片取代了有机的确定性和绝对价值,其最常见的表现形式就是浮动价格。 在资本主义革命持续产生重大影响的几十年里,事实证明消化不良是将"真实"和"名义"纳入个人经历单一链条之中的一种格外富有抱负的尝试。[38]

143 身体锻炼

19世纪,大脑与身体其他部分之间的神经联系成为一种全新的知识经济的主题,这种知识经济被称为"体育教育"。 在1847年出版的《如何做人》(*How to Be a Man*)一书中,哈维·纽科姆(Harvey Newcomb)承认,"读者也许会嘲笑**教育**肉体的想法",显然,他不得不为赋予肉身主体在精神和道德品格方面的同等地位的做法正名。 查尔斯·考德威尔在《体育几思》(*Thoughts on Physical Education*)的序言中也有类似的免责声明。 考德威尔宣称:"谁都不能说这种教育观点牵涉了唯物论,或任何不利于道德或宗教的原理。"然而,在关于"健康"的讨论上，《马萨诸塞州教师》评论称，如果不是经文一贯禁止基督徒在规纪自己时休养身体的话就好了。 托马斯·温特沃斯·希金森(Thomas Wentworth Higginson)1858 年在《大西洋月刊》上发表的一篇关于健身练习的文章中进一步指出，传统上说圣人素以自己的身体为耻，其神圣就在于孱弱的体格与强健的精神之间的严格对立，难道这不是事实吗？ 希金森公开承认，"在这里没有任何东西能提供像古希腊那样的圣洁灵魂与强壮躯体的结合的例子"。 直到如今，一直没有什么这样的例子，即在一个将财富的积累视为对才能和坚韧的正直回报以及文明进步所不可或缺之物的社会中，将道德正直与物质匮乏相等同的说法越来越站不住脚。 希金森是一位在美国内战前积极从事社会改革的一位论派牧师，根据其说法，一种尤为"美利坚式的圣性"已经成形，它将强壮的身体和圣洁灵魂结合为一种"充满活力的男子汉的生活"，与之相对的是那种"消化不良也会让它变得最糟糕"的品性。[39]

体育是实现这种统合的手段，用于增强神经系统，从而稳定其明显有时代性的精神与物质——名义与现实——之间断断续续的关系。 查尔斯·考德威尔在《体育几思》一书中解说，这就要求我们对自己的生理有初步的了解，包括"以任何方式对人体产生影响，可能会损害或有利于其健康、活力和行动之健壮的任何事物"，划定出其教育体系的广阔范围。 威廉·霍夫曼是新教理的勤勉信徒，他报告说，由于严格执行格雷厄姆面粉、盐水浴和每天晚上睡觉前服用硫磺药丸的课程，他的体质得到了明显改善，健康成了"我近来主要的研究课题"。《美国教育年鉴》在一系列的"体育教育论"中扩展了霍夫曼的处方清单：每个人都需要极为密切地关注"最上乘纯净的空气，最优质合身的衣服，最佳的食物和饮料；……关注睡眠的数量、质量和环境，关注清洁、锻炼、通风、温度以及其他千千万万的事务"。 爱德华·贾维斯就这种个人主体性的实践称，千千万万的事务表明了这一企划的范围及其"自我管理"的目标。 无怪乎有人甚至声称这门新学科是"所有理性的、成功的文明的基础"。[40]

144

145

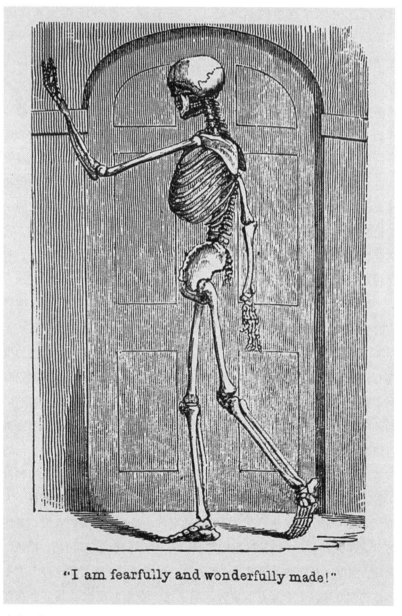

"I am fearfully and wonderfully made!"

威廉·奥尔科特的人体解剖学畅销书《我居住的房子》的卷首插图。

体育教育是用蒸汽替代了肌肉的工业革命带来的另一个结果。 举个同时代的例子，自火药发明以来，任何孩童都有能力打倒阿喀琉斯。这使得知识成为"伟大权力的唯一基础"，脑力而非体力成为繁荣和进步的始基。 但是《大西洋月刊》提到，人类前进的高昂代价是"知性虽得益，身体却受损"。 体育教育借由把身体本身变成一个知识系统，把血肉之躯还原为信息的品级，从而将其纳入理性指挥和控制的目标论里，进而解决这一困境。 说到底，我们人类不就是倚靠复杂的管道和泵构成的回路来运转的消化、呼吸和神经活动的集成机制吗？ 例如，安德鲁·孔贝就惊叹于"能让人利用每个器官的每个动作"的精湛技艺，惊叹于胸腔是如何在每次吸气时扩张推动肠道向前，让肺部充盈将其填满——前提是有稳定的新鲜氧气供应——而随后的呼气则向后拉动肋骨，收缩肠道，使胃得以开展其基本任务。 公开讲座上展示的骨骼和人体模型，以及各式各样的关于重要器官的图解、人体肌肉组织和血液循环系统示意图，还有如《健康杂志》（*Journal of Health*）、《家庭健康图书馆》（*Family Library of Health*）和《健康教义》（*Catechism of Health*）等医学文化的流行载体上传播的庞杂的关于自我诊断的印刷文化品，都是让公众熟识"健康所依赖的自然条件"。 威廉·奥尔科特在其于 1837 年出版且备受推崇的儿童解剖学入门读物《我居住的房子》（*The House I Live In*）中强调了这种技术教育的重要性，同年他和人共同创立了美国生理学会。"难道我们终其一生，始终怀揣的，不是一台巧夺天工……的机器吗？"在奥尔科特的笔下，每个人都需要像对待蒸汽机和珍妮纺纱机等其他巧夺天工的系统一样，勤勤恳恳、认认真真地对待自己的肉体。 其目标是将个人本身变为人的观察和干预的有意识对象，通过调节最重要的物质资源，即人的自我，让艺术改善自然。据此，人们将注意力集中在饮食、排泄、锻炼、透气、睡眠和激情等事情上，构成了一张由被科学视为"非自然"的元素所构成的名册。 这样的名册指代的是我们生理上最易受意识控制的方面，因此它在这个自立的时代获得了特殊意义，这也解释了为什么欧仁·贝克拉德（Eugene

146

Becklard)把他的论生理学的流行著作命名为《认识汝自身》(*Know Thyself*),还在扉页提醒读者"知识就是力量"。[41]

《马萨诸塞州教师》承认,"认识汝自身"是崇高的题词。 但"'治理汝自己'会比它更高尚"。 体育教育将这些目标化零为整。 自主的个人训练头脑直至敏捷和训练"每块肌肉和神经直至服从",将身体从混乱的根源化身为稳定的支柱。 奥尔科特在《我居住的房子》序言中问道:"如此蔚为重要的知识却被忽视如是之久,这难道不奇怪吗?"事实上,一点也不奇怪。 奥尔科特这部名著的标题本身就见证了其后父权时代的出处。 阿尔科特提到的"房子"——"我"所居的住所——不是别的,正是每个人自己的身体,"对任何人都没有好处,除了我自己"。 他发表了一部最为私人的自由保有地之旅,启自大腿骨、膝盖骨和足弓,延续到毛孔和腺体、毛发和指甲,当然还有皮肤的颜色,最后结束于呼吸、消化、循环和排泄得以组织的内部腔室。 这一对身体的集装的详尽描述,能赋予每个人以切实可行的管理身体的各个组成部分,并将自我占有付诸实践,成为对自身人体的合格的"所有者和享有者"的手段。 在《学校初级生理学》中,爱德华·贾维斯补充道:"我们看到,物质身体并不是自生自灭的,而是由每个拥有头脑的人所引导。"他在书中对人健康的定义不亚于"心理哲学"。 事实上,同当时新的会计教学法一样,体育教育也摒弃了死记硬背的补救措施的"该做什么"和"不该做什么"的清单,而是向公众反复灌输对系统内部逻辑的因果性理解。[42]

设计出《学者日志》来记录一个人的"知性进步"的莱缪尔·沙特克,还策划出了一个类似的程序来记录每个人的生理进步。 沙特克在《促进公众和个人健康的一般计划》(*General Plan for the Promotion of Public and Personal Health*)中解释说,这要借由"个人卫生检验"来实现,该计划承诺,只要人们记录自己的日常活动对身体状况的影响,就能得到预防性保护,免受慢性疾病的侵害。 沙特克总结了生理自我管理的演绎逻辑,这次"发现特别有利的,应该重复去做",而那些"已知

147

不利的，应该收手"。 这一推理用风险取代了命运，成为医学史和经济史上的一个决定性时刻，同时也让医疗改革的倡导者们指责公众只在生病后才关注自己的身体，不理解疾病"预防比疾病治疗来得更容易"——美国首位体育教育的教授爱德华·希区柯克（Edward Hitchcock）在他的《已预见并遭抵制的消化不良》（*Dyspepsia Forestalled and Resisted*）一书中坚称。 美国生理学会也宣告说"预防胜于治疗"，以此宣扬基于个人对自身健康负专责的伦理。 由威廉·奥尔科特创办、副标题为"人类建设"的杂志《道德改革者》（*Moral Reformer*）在关于"教育肠胃"的讨论中宣称，只有当这些真理被置以人类启蒙万神殿的中心位置时，国民才有"希望看到脑袋、心脏和双手的气力联合起来改善人类的境遇"。[43]

这类改善在体育馆得到了最有力的体现。 例如，霍勒斯·曼在波士顿参加了一场惊人的跳跃和速翻筋斗的示范表演，"当患者骑上飞驰的骏马后，消化不良即不再能拿捏他"；而在健身者以灵活的动作将自身甩开之后，"风湿病、痉挛和抽筋只能盘踞在角落里喋喋不休"。1852 年秋天，纽约的克罗斯比街体育馆也组织了一场类似的振奋人心的关于负责自我的展示，一千多名观众聚集在一起观看商人、小职员和其他专业男士像"年轻的参孙"①一样在绳索和梯子上滑行，这些人直到最近还在为胸口的闷痛是否是肺衰竭的前兆而焦虑不安。 约翰·冈恩解释说，他们的成就既不是魔术，也不是奇迹的结果，而是出于一个简单的事实，一个普通人之身体，通过定期锻炼出汗排出的恶臭物质，要远远超过一个人的"屎尿统共能排出者"。 血液循环也得到了加强以增加肌肉——例如将胸肌的周长扩大 7—10 厘米——同时消除充血，提高呼吸效率。 因此，塞奇威克的大都会学院和体育馆（Metropolitan Academy and Gymnasium）允诺可以修复久坐不动者坏脾气的病态，做

---

① 参孙，为《圣经·士师记》中记载的一位犹太人士师，生于公元前 11 世纪的以色列，他借着上帝所赐的极大力气，可徒手击杀雄狮并以只身与以色列的外敌非利士人争战周旋而著名。 ——译者注

法是将"矮小而不优雅的身体"和"沮丧而空虚的心灵"转变为挺拔、胸腔深邃的男子气的标杆。此外,入会费用"只占他之前支付的药费和医师费用的一小部分"。[44]

弗朗西斯·巴特勒(Francis Butler),受雇于他兄弟的造纸厂的曼哈顿办事处[该企业的生产设施位于河对岸的帕特森(Paterson)],不出所料受到这些关于强壮、匀称身体的演讲的激发,报名参加了联合体操学院(Union Gymnastic Academy),这里有超过550平方米的楼层空间来放置最受大众认可的体操装置。弗朗西斯在日记里宣布,他计划每天早上在体育馆花一个小时来"享受活力健康的好处",然后下一步再去办公室。这样的惯习将有双重好处,因为弗朗西斯本质上就不是一只早起的鸟。这样,一日之计始于黎明前,既能预防疾病,又能为他赢得额外的意识活动时间,夺回因沉溺于睡眠、懒惰和怠惰而失却的闲暇时间。爱德华·泰勒也在联合体操学院锻炼身体,不过在弗朗西斯·巴特勒入学前几个月,他因与馆长里奇先生发生争执而放弃了会员资格,因为爱德华指责后者在管理体育馆和体操运动员方面过于刻板。不过,爱德华与弗朗西斯·巴特勒不同,后者"为健康着想"只坚持了不到一个月就去了哈瓦那,而爱德华并不打算完全放弃这个企划,他在寻找一个更投缘的环境来继续他的体育教育。他很快就发现穆尔金(Mourquin)的体育馆是这么个去处,爱德华一大早匆匆洗漱完毕后,就开始在秋千、单杠、水平梯和哑铃上锻炼,然后再转向旨在增强背部和腿部的地面练习,最后绕体育馆跑了二十五圈结束,这"让我出了一身令人愉悦、神清气爽的汗",并防深冬感冒于未然。[45]

爱德华是古典体操现代复兴运动的狂热门徒,这一运动在19世纪20年代传入美国,并在随后的几十年里催生了无数类似的"不畏艰难的努力"的例子。他事实上都会在体育馆加额外的班——除非前一天晚上在办公室留到很晚——在旨在加强其健康的杠铃、绳梯和鞍马的流水线上操作。威廉·奥尔科特在《关于生命与健康的几课》(*Lectures on Life and Health*)中指出,换句话说,健身成了生产性技艺的一种官能，其应用与"布匹、纸张或别针"的制造的受同一个体系和有意识的企图的影响，作为健康科学的一个分支，促进体育教育成为一种现代工作伦理。 爱德华在续约一年穆尔金的会员资格后高兴地讲道："我在身体力量和发育方面的进步非常大。""这是我在我自己身上用钱最好的方式。"[46]

149

摘自 1857 年特罗尔的《家用体育馆图绘》（*Illustrated Family Gymnasium*）。

《大西洋月刊》在转述爱默生的《自力更生》一书时指出，"现代美国人口袋里只有一块表、一支铅笔和一张汇票"，他们稳步退化为一种衰弱的物种，明显劣于财产清单仅含一根棍棒、一支矛和一张睡垫的新大陆原始人。 体育馆及其锻炼习惯有望改变这种糟糕的状况，大幅降低进步的代价，乃至能从根本上改变报偿的总结余。 例如，同在冬天根本不可行的划船，在夏天则更行不通的滑冰——也不同于在城市里也仍然昂贵得令人望而却步的骑马——相反，体育馆一年四季、全天候都可以使用，同时还能"在最短的时间内提供最多的锻炼"，其声明同这一匆忙的时代状态极为契合。 此外，体操针对"全身"，能为不幸被人忽视的肩膀和胸部、腹部肌肉和脊柱带来缓解，从而分别改善肺部、胃部和神经的官能。[47]

150　　锻炼还可以调整于引导血液流向特别病态的肢体，或用以提高肌肉间汁液的质量以克服便秘并改善对身体排泄的总体控制。 更重要的是，体育馆使人们对整个自我的有意识的控制，有可能达到一种前所未知的水平，能学会让肌肉得以"在意志的瞬间迅捷而快速地行动起来"，且"除非是有意为之，否则绝不做任何多余的动作"。 因此，"不论小职员还是裁缝"都可以借转印第安棒和荡秋千来克服久坐生活使人疲软的引力，"其手脚飞舞"展现的动感在精度上堪比液压滑轮和杠杆。 如此一来，工业文明所固有的肉体衰退将被文明自身的"庞大自我恢复能力"所遏制，从而推翻关于现代性之堕落的农耕主义陈词滥调。 事实上，波士顿体操协会主席约翰·沃伦（John Warren）称，"生命、健康、能耐和力量"最为充分地体现在那些"知识、财富和舒适得到最为广泛之传播的群体上"，并且他还宣称能为"因缺乏空气和锻炼而在群体中消亡的人"提供救赎。 换句话说，在不牺牲健康的情况下，实现利润最大化成为可能。 关于原住民的高贵性和野蛮人不受腐化的天性的陈腐事实可以被丢进迷信的垃圾桶，或者被归为反动者的蒙昧主义偏见。[48]

　　在另一篇关于体育的文章中，《大西洋月刊》指出，在城市锻炼的人比在乡村的人多，这似乎有些矛盾，但"我们相信这是真的"。 就此而言，体育馆亦从属于经济的结构性转变，即从家户转向个体化劳动力更加灵活的投入。 与此同时，同样重要的是，体育馆还将美德带入了原本建立在个人膨胀和货币竞争的基础之上的城市文化的中心。 例如，本杰明·福斯特入会于纽伯里波特的一家体育馆，该体育馆实际上是如同一家公民结社一样运作，如收取入会费、选举官员、激发对机关的忠诚度。 在19世纪50年代，卢瑟福·海耶斯加入了辛辛那提的一家健身馆，他在和其他年轻的城市律师社交时，同样发现了博爱与锻炼之间的密切联系。 纽约市的联合体操学院甚至为其成员提供了一间阅览室，实现了詹姆斯·亚历山大牧师对体育教育应该定位在同公共讲座和音乐会结成文化联盟，以对抗剧院、台球室及其他"恶行的窝点"组成的邪恶轴心的愿景。《纽约论坛报》紧接着称，"管理得当的体育馆"是在"任何城市都有用的一个机构"，它能治疗"思考太多而锻炼太少"的人群，并为"日日努力让自己的后代同救济院之间的距离再拉开10美元而彻底累坏了"的普通美国人提供一个让他们从资本的桎梏和腐化下喘息的近乎乌托邦式的机会。 威廉·奥尔科特在他的自传中写道：它无疑给了小职员们健康的食欲和"耕作者……才能有的酣睡"，同时充当充分磨砺的"**身体**和**道德真理**"的源泉。[49]

《大西洋月刊》进而吐露道，"人们于这座真理之宫狂欢"，而"绝对正义"则在此昭雪。"那杆、那绳、那砝码绝对会考验你的"，更何况，这个考验还发生在再也没有人挥舞镰刀的都会里。 托马斯·温特沃斯·希金森就锻炼的这种益处评论道："我们不会说通过锯木材来测试任何人的身体状况，而是借由其在体育馆一小时的锻炼。"因此，体育馆成了现代城市景观的意识形态地标，正如凯瑟琳·比彻在《关于健康与幸福而致人民的信》(*Letters to the People on Health and Happiness*)中宣称，体育馆是健康的殿堂，其高大的穹顶为构造适当的体型——甚至是本杰明·福斯特"虽**敦实**但不过分**厚实**"的身躯——提供了一个振奋人心的类比。 但即使没有像纽约第七军团体育馆(Seventh Regiment Gymnasium)、波士顿特里蒙特体育馆(Tremont Gym)或芝加哥大都会体育馆(Metropolitan Gymnasium)那样有着可夸耀的巨大规模，这些"忙着运动的人肉机器的车间"的存在也为正面临更新以疏导涌向城市的人潮的城市设计贡献了一份独特的启蒙。 就此而言，体育馆与医院、下水道和公共公园有了相同的官能，都成了工业化世纪的社会和个人卫生的宏大改革的要素。 理想上体育馆会设在底层，以便所有的踩踏和冲撞不会对大楼的地基施加过大的压力，它得以被颂为反制衰败的宽敞又通风良好的力量。 1861 年在波士顿创办了体育师范学院(Normal Institute for Physical Education)的著名家庭生活问题宣传员迪奥·刘易斯(Dio Lewis)在《新体操》(*New Gymnastics*)一书中解释说，在污浊的空气中锻炼显然是荒谬的。 体育馆的房间里还需要扫除因锻炼（这些锻炼时为了提振腿部和脚部的血液循环）而出现的灰尘，解决这个问题最方便的办法是用热水和糖浆组成的黏稠溶液清洗地板，把尘土固定在地缝和节点里，而不是在健身者的肺中。 同样关紧的是要用足够数量的炉子加热空间，因为如果炉温降到 50 摄氏度以下，血液循环——"肌肉生长的**唯一**条件"——就会相应地受到影响。 随后，体育馆则广而告之其改进的设施和设备来竞争会员数，这样的设施和设备包括带有"淋浴设施"的更衣室（其水温即使在 12 月也固定在 35—56 摄氏度之间）、延长开放时间、减少班级人数，以及配备能确保个人锻炼符合"体育训练的基本规律"的经验丰富的教练。[50]

当然，人们也可以不去健身房锻炼身体。 例如，J.E.达尔方斯（J. E. D'alfonce）的《体操指导》（*Instructions in Gymnastics*）的特色就在于介绍了无需任何器械也能锻炼头部、手臂、腿部和肌肉的几套动作。 与此同时，各种家用版的锻炼器械也开始广为销售。 曼的反应式举重器（Reactionary Lifter）——可算作一种"全面的健身体系"——就成了这么一种私下锻炼全身的方法。"每天一次十分钟"，即可以给神经衰弱、血液循环不畅、肝脏和肠道问题带来永久性缓解。 在 1852 年美国学会年度展上，欣斯代尔县的家用体育馆邀请参观者对设备进行测试，并且承诺能达到同样的效果："从头到脚检验一下——对体育教育和健康的事业感兴趣的人——没谁会不感兴趣吧？"与此同时，《北美评论》认可了 C.E.朗顿（C. E. Langdon）的"家庭、学校和医院健身"，因为可以"在闲暇或零碎的不固定时间运用之"，类似的考量也是使巴尼特（Barnett）博士的"改良客厅体育"项目大受欢迎的一个重要因素，纽约教育委员亦采用了该项目的一个版本，用于"让疲惫的大脑休息"。巴尼特的体系由一根印度橡胶的弹性缆绳构成，缆绳两端各有一个可由手臂以相对的方式拉伸开的把手，轻巧便携，因此可"随时随地"使用，乃至是在"火车或办公桌"旁。 广告专门针对"精神和神经系统过载"的职场人士和商人，向他们许诺说其胸腔憋闷、肺部虚弱和血液循环迟缓可通过这种简单的装置得以矫正，它还为没有地方存放一套哑铃、双杠或吊环的寄宿者提供了实用的解决方案，更不要说还加了一个旧垫子来防止摔倒。 巴尼特还提供了一种能对腿部施加同样举措的客厅划船机。[51]

不管是在家里还是在体育馆，所有这些身体锻炼都有助于将旺盛的劳动力从田土移植出来，安置在与一个不再一心制造物品、而是创造自

153

身的社会相契合的专注自身健康的身体活动中。 在资本主义对常识令人惊人的颠覆里，生产性活动已成了久坐不动者的职责。 办公室人类可以吃到自己的格雷厄姆面包，小职员则可以取代农家子弟成为模范公民，因为他有着展示自我治理技能的理想定位。《大西洋月刊》争辩说，是健身者在展现"如此优于古代雕像"的肌肉。 这暗示了，凡是锻炼的人，都是古典美德的嗣子，都是廉洁正直、自我约束和个人修养的典范。 资产阶级缺乏——而且事实上已经摧毁了——古老的、基于土地的公民身份，因而得以确立新的对公民价值的主张，并进而继承美国社会的领导权。[52]

同时还有另一重颠覆在作用，因为体育教育不仅取代了作为生产性美德源泉的农场，还将农场本身也再造为一种锻炼的形式。 霍勒斯·格里利在《忙碌生活的回忆》（*Recollections of a Busy Life*）中宣称，"我希望我们所有的男孩都能学会热爱斧头"，将其鼓吹为"人类操控过的最健康的工具"，因为它让人收起肩膀，挺胸抬头，并进而张开肺部。 这把斧头还能让人们在森林中开辟道路，为家人建造遮蔽风雨之所，因而化为政治和生理健康的工具。 当然不存在比农活更好的"室外消遣"——亨利·沃德·比彻在他关于"健康与教育"的论述中呼应了这样的感想，和他的论述一同发表的还有关于大批城市商人回归田土去寻找在"自己农场的宽阔怀抱"中独有的"娱乐与休息"的报道。[53]

一如《健康杂志》之解释，诸如清理田土、劈柴、焚树桩、装设大门、挤牛奶、挖土豆——爱德华·希区柯克在《已预见并遭抵制的消化不良》一书中确认挖土豆"对健康特别有利"——都被移置到基于"人为的生活模式"与"自然指示的生活模式"之间的对立的医学改善技术中。 因此，在农场工作可以算作对神经障碍的一种补救措施。例如，爱德华·泰勒偶尔会在早餐前花一个小时做园艺，"而且还异乎寻常地享受这项运动"。 威廉·霍夫曼被家里人打发去喂马、打扫马厩，并在一趟回上州家族的宅地探访时去搬木柴生火，这让他深受鼓

154

舞并放言称"适度劳动肯定对我的健康大有裨益"。 1850 年，哈特菲尔德牧师对干货店职员互利互卫协会（Dry Goods Clerks' Mutual Benefit and Protective Association）的听众说，这些劳动带来的俊朗面容和强健体魄是"我们身体系统的定律"，同办公室工作者的苍白浮肿的面相形成鲜明对比。 只有身体活动才能为"所有器官"提供对健康至关重要的"定期锻炼"。 威廉·奥尔科特传播了一位获建议搬回农场的正在康复的消化不良患者的故事。"被迫……践行最严格的节约，不再受不法放纵的诱惑，还要在户外做大量有益健康的锻炼"，这位重生的农艺师很快就欣然接受了完全没有疾病困扰的"符合生理规律"的生活。[54]

因此，事实证明披荆斩棘建造住居的拓荒者是杰斐逊式"上帝选民"当之无愧的继承者，是以自建屋顶和自种庄稼来培养个人美德的强健身体政治的模范。 西尔维斯特·格雷厄姆也把自己发明的小麦面包食谱之救赎品质，同国家边疆的处女地及居住在"我们西部乡野的惬意木屋"中的人们联系在一起。 就此而言，在土地上劳作仍然与顾客的随意和任性形成鲜明对比。 然而，约翰·沃伦在他的《体育教育》（*Physical Education*）中将"土地的耕作者"称为社会最有活力的一员，看似只是在重复先前的农本主义真理，事实上，他表达的是农业的目标不再定义为产出产品，而是对土地的全新认知——"充满活力和健康"的自我。 哈德逊河画派的画家托马斯·科尔谴责现代工业秩序的腐化时称，农场被赋予了一种新的文化资本，其价值来自它在"为制造更多的劳作而劳作""为扩大规模而积累"的经济之外的表面地位。 同样在这些年，对土壤的解救力量的感知刺激了乡村别墅的大规模营销，以及一场流传甚广的美化运动，其致力于重建乡村为淳朴优雅的形象。 换句话说，一如农耕本身被后农本时代的利润逻辑所取代的同时，田园传统也被接纳了。[55]

然而，大量统计数字证明，土地上的人的寿命，比起商人或是技工都要长，"为 64 岁比 52 岁"，从而着重说明了时代的乡土陈词滥调。

此类数据不断堆积。 例如，爱德华·贾维斯宣读了一篇关于马萨诸塞州多彻斯特的生死统计数据的论文，文里小镇农民的平均寿命为45岁，又称当地商人的平均寿命远远落后于农民，并且揭示了个人耐力方面的巨大差距，而这种差距又归因于耕种土地者的生活习惯，根据定义，他们"通常没有压抑的焦虑"。 这一健康与职业间的关系同样影响了人寿保险公司的精算表，后者将小职员及其"矫揉造作的人为生活方式"视作极高风险。 与此相反，约翰·沃伦声称，看看土地的耕耘者吧，他们每一员都"健康、有活力、非常适于劳动"。 约翰·冈恩同样呼吁："瞥一眼看看水手那肌健的手臂和结实的胸膛……看看粗实的樵夫强壮的轮廓……以及所有确实从事着积极又辛勤的事业的人。"《大西洋月刊》于又一次赞美户外辛勤劳动的疗效时承认，大自然的甜美空气是人们"真正的体育馆"。 亨利·帕特森表示赞同。 在一次从纽约到里士满的海上航行中，他先是"读完了自己全部的书"，剩下的时间就用来帮助拖拉索具。 他满意地感叹道："这是一项苦工，但却是很好的锻炼。"[56]

亨利在前一年出席了商业图书馆的一场主题为"商务事业是否比农活更有利于心智的发展"的辩论。 辩论的一系列过程迎来终点时，与会的小职员们宣布自己支持农业。 这类忠于农场生活的宣誓显然是一种强制性的姿态，即使是放弃了这类生活的人也概莫能外。 1856年，在盼望即将来临的去斯坦福（Stamford）度假时，爱德华·托马斯充满热情地说道："哦，再次看到绿色的田野，再呼吸到乡村的新鲜空气，我将会多么幸福啊。"威廉·霍夫曼在信奉健康与活力的田园理想方面也不遑多让，他公开表达其对"普通的乡村区位和定居点"而非熙熙攘攘、单调乏味的哥潭——"包括其所有的玛门——商业——其未来的奢侈品——过大的'市场'"——的喜爱。 虽然这些情感并未能让威廉不变卖家庭农场，将土地转化为金融资产，但他清楚地认识到，这种流动性为建立健康的公民生活奠定了坚实的基础。[57]

良性治理

克服无处不在的混乱的威胁，需要"按规则生活"——《马萨诸塞州教师》的一篇《关于体育教育的演讲》断言，"完美的健康与完美的服从相伴"——而这没有侵害任何人的独立男子气概。 新斯巴达式的素食主义、冷水浴以及黎明前的锻炼习惯，如果真有什么不同的话，那就是对自我归属的坚定宣告，宣告私人生活先于集体存在，并且前者已经成为保证后者可行性的关键。 自我剥夺似乎只是一个矛盾修辞，换句话说，它实际上依赖的是基于人的尊严、优先权和个人禀赋以及每个人为自身命运担负的独有责任之上的人类能动性的公理。 这就是为什么这个时代的慢性病痛从未引发过身份危机，也是为什么威廉·霍夫曼、爱德华·泰勒和罗伯特·格雷厄姆这些各自和便秘、瞳孔缩小和偏头痛作斗争的被办公桌拖垮的人，从未对自己的生计有过二心。[58]

因此，詹姆斯·麦迪逊在18世纪所作的关于共和政体的权力来自"人民主体"的修辞，在19世纪获得了更为切实的意义。 爱德华·贾维斯就"身体生命的法则"的普遍关联性向听众讲授说："每个人、每种境遇和每个年龄的人都不可避免地需要监管自己体内的生命活动。"《马萨诸塞州教师》进一步认定，在实践这些法则上，"每个人都和别人一样有能力"，该刊也就将健康和疾病的问题变成了衡量未能正确饮食或适当锻炼的人的缺点的一种手段，也即变成了这是民主时代的社会等级制的一种自然——而且中立——的来源。 也就是说，一个人能通过建立起对自身体质的可识别的控制，获得了评判他人控制不足的道德权威。 丹尼尔·柴尔德在写给自己的信里说："掌控自己，就能掌控世界。"这无疑是这个时代的新兴自律阶级最为简洁的格言。[59]

但是，健康不仅仅是掩盖权力的手段。 它还为自主的个人提供了一种互相谈论自身的语法，将表面上与共同经验隔绝的私人习性转变为

157

常识。 人类学家玛丽·道格拉斯曾指出："关于世界如何运作的理论，如果不仅仅是一种理论，那么它就能在竞争中生存下来。"[60]感到不舒服当然不仅仅是一种理论。 确定自己的症状，在可辨识的诊断学的基础上，对症状登记分类，然后采取适当的补救措施，这一系列事件将个体联系在一起，形成共同的因果逻辑。 因此，自我反思可以成为大众传播的基础。

从这意义上说，办公桌职业病的激增是由一种启蒙雄心所驱动的，它想要将隐匿者加以显现，并创造一个有公信力和信任度的领域。 神经紊乱成为共情的源泉，亚当·斯密认为，一旦市场开始撕裂共同体的现有形式，共情对于维持社会机体而言是必不可少的。 斯密写道："通过想象，我们设身处地地想到自己忍受着所有同样的痛苦，我们似乎进入了他的躯体。"①这为个人健康制度指明了方向，它提供了一个将主权自我与人类其他部分既统一又分离的机会。 这就是为什么体育教育从来都不仅仅是一项教学法的倡议，而是自由主义政治思想的基石，生理学不仅仅是科学的一个分支，而是公民美德的必然结果，医学不仅仅是对疾病的临床应答，而是抵御不良治理的堡垒。[61]

生病这件事也能为由奋斗中的个人所组成的市场社会所用，因为它既不尊重形式上的特权，也不尊重继承得来的地位。 事实上，它将社会推向了相反的方向，它使得任何一个观照自身健康的人都能实现自我治理，从而为后父权制时代的个人抱负的世界改造了男子气，或者更确切地说，为一个"男孩是成人之父"的社会重塑了父权制。 在其关于现代政治的著名言论的开篇处，尤尔根·哈贝马斯写道，家户秩序的终结所引发的"合法化危机"将交由"有机体的自我康复能力"②——即赋予主体"对其权能的完全占有"的力量——来应对。《大西洋月刊》问道，美利坚体制的目标难道不是要把整个国家变成一个贵族社会，"以

---

① 译文参考［英］亚当·斯密：《亚当·斯密全集·第1卷·道德情操论》，蒋自强等译，商务印书馆2014年版，第6页。——译者注
② 译文参考［德］尤尔根·哈贝马斯：《合法化危机》，刘北成、曹卫东译，上海人民出版社2009年版，第3页，译文有改动。——译者注

确保……更大规模的雄壮身体优越性吗？"医学化为实现这一目标提供了理想的手段。 这是否意味着文明开化的进展反而依赖于返祖的身体？ 当然如此。 进步是生理与文化、本能与意志、身体与灵魂之间的不断相互作用的无可辩驳的机能。 然而，由此产生的张力却不能被理解为矛盾，当然也不是结构性脆弱的标记。 相反，这样的张力构成了一份邀请函，让每个个体都经由一整套排练充分的症状的展演来掌控自己，让每个人都能对别人说出"我知道你的感受"。[62]

马克思曾经说过："人类始终只提出自己能够解决的任务。"①办公室疾病恰恰例证了这样的做法。 正如约翰·托德在《年轻人》一书中所呼吁的那样，他们所倡导的社会风气具有高度的实用性，他们所设想的世界并不一定是一个治愈了慢性疾病的世界，相反，其主权成员有意识、有条不紊地努力将他们狂热的抱负所滋生的"恒常纷扰"置于个人控制之下，尽最大努力确保他们个性之镜中所映照的对象，是他们性格中"纯洁而美丽"的部分。 本杰明·富兰克林，一如其平素所为，早已辨别出这一成了市场社会核心的动力学。 富兰克林在《自传》中写道："虽然我从未达到我一直汲汲欲成的完美境界，而是相差甚远，但通过努力我成了一个比原本更好、更幸福的男人。"换句话说，体育教育的目的并不是全知全能地掌控自己的身体状况，不管怎么讲，这在这样一个充满断裂的年代是一个不切实际的计划。 相反，人们要认真追求或许遥不可及的崇高目标，但其努力追求本身也是其自我的本质。越来越不受公共监督的自治的公民可以成为公共秩序的可靠基石，而且是通过践行其自治性来实现这一点的。 个人主义可能免疫外部控制，但这种控制已不再必要。 事实证明主体性同样是一种有效的社会规制的手段。[63]

布赖恩·特纳对有关现代进步的陈词滥调做了个颠倒，他写道：

---

① 译文依马克思：《政治经济学批判》序言，《马克思恩格斯文集》（第二卷），中共中央马克思恩格斯列宁斯大林著作编译局译，人民出版社 2009 年版，第 592 页。——译者注

"文明需要不满。"[64]作为不息世界中的常态，同时也是这一世界的缩影，神经紊乱为个人提供了与资本主义革命无休止的运动和骚乱完全呼应的自我个性。因此，事实证明得病的身体对健康的公民生活而言是

159　至关重要的，因为它可以协调混乱与控制、碎片与整体、特殊与普遍间的辩证关系——尽管高度冲突，所有这些都是现代工业文明的基本价值观。随之产生的便秘、恶心和头痛则直接承认了世界之确遭颠覆，但也公认每个人都有责任——同时还有能力——将之匡正。

注释：

227　　　[1] S. G. Goodrich, *Recollections of a Lifetime*; *or*, *Men and Things I Have Seen* (New York: Miller, Orton and Mulligan, 1856), 64; Edward Jarvis, *Lecture on the Necessity of the Study of Physiology* (Boston: W. D. Ticknor & Co., 1845), 34—35. 另一份现代灵丹妙药清单："动物磁流学说（animal magnetism）、欧文主义、马蒂亚斯主义、摩门教、玛丽亚·蒙克主义（Maria Monkism）、范妮·赖特主义（Fanny Wrightism），等等。" *Boston Medical and Surgical Journal*, November 21, 1838, 253. 或者，又一位时人云："一种主义通常会产生另一种主义"；引自 Jayme M. Sokolow, *Eros and Modernization*: *Sylvester Graham*, *Health Reform*, *and the Origins of Victorian Sexuality in America* (Rutherford, NJ: Fairleigh Dickinson University Press, 1983), 146。关于金融资本所谓的"不可表征的症状"，见 Fredric Jameson, "Culture and Finance Capital," *Critical Inquiry* 24 (Autumn 1997), 252。

　　　[2] Peter Melville Logan, *Nerves and Narratives*: *A Cultural History of Hysteria in Nineteenth-Century British Prose* (Berkeley: University of California Press, 1997), 2; "讲礼节的场合"引自 Walter Channing, William Ellery's younger brother, in Lamar Riley Murphy, *Enter the Physician*: *The Transformation of Domestic Medicine*, *1760—1860* (Tuscaloosa: University of Alabama Press, 1991), 113; W. M. Wallace, *A Treatise on Desk Diseases* (London: T. Griffiths, 1826)。同样可参考 Michel Foucault, "Technologies of the Self," in *Ethics*: *Subjectivity and Truth*, ed. Paul Rabinow (New York: New Press), 248—249。

　　　[3] "我们的祖先并不知道"出自 Robert Tomes, "Why We Get Sick" (1856) in Gert H. Brieger, *Medical America in the Nineteenth Century* (Baltimore: Johns Hopkins University Press, 1972); Edward Jarvis, *Primary Physiology for Schools* (Philadelphia: Thomas Cowperthwait, 1850), 156; John C. Gunn, *Gunn's Domestic Medicine* (Knoxville: University of Tennessee Press, 1986), 10, 270—271, 275—276, 211。Joan Burbick, *Healing the Republic*: *The Language of Health and the Culture of Nationalism in Nineteenth-Century America* (New York: Cambridge University Press, 1994), 16—18.

　　　[4] Hoffman, Diary (New-York Historical Society), 184—185, 198, n.d.; Edward N. Tailer, Diaries, May 30, 1850 (New-York Historical Society); Robert Graham, Journal of Passing Events (New-York Historical Society), March 25, 1848; Allen Richmond, *The First Twenty Years of My Life* (Philadelphia: American Sunday-School Union, 1859), 129; Charles Edward French, Diary, Journal No.6 (1859), 83 (Massachusetts Historical Society).

　　　[5] "快走"引自 James H. Cassedy, *Demography in Early America*: *Beginnings of the Statistical Mind*, *1600—1800* (Cambridge, MA: Harvard University Press, 1969), 158; 比彻部分引自 Harvey Green, *Fit for America*: *Health*, *Fitness*, *Sport and American Society*

（Baltimore：Johns Hopkins University Press，1986），31；Hoffman，Diary，January 26，1850。

［6］*Atlantic Monthly*，vol.3（May 1859），540；*New-York Daily Times*，October 15，1852；*Boston Medical and Surgical Journal*，July 24，1856，505—506；Wallace，*Desk Diseases*，5—6，41—42。

［7］"所污染的" 参见 Wallace，*Desk Diseases*，5—6，41—42；"销售柜台后无所事事" 出自 *Medical and Surgical Journal*，July 24，1856，506；Hoffman，Diary，March 8，1847；"千千万万个借口" 见 *Massachusetts Teacher*（July 1849），217；Andrew Combe，*The Principles of Physiology*（New York：Harper & Brothers，1834），125；"Why We Get Sick," *Harper's*，October 1856，646；Gretchen Townsend，"Working Chairs for Working People：A History of the Nineteenth Century Office Chair"（MA thesis，University of Delaware，1987），16—25。"我们不仅忽视空气的纯净，而且实际上还通过我们的设计使空气越来越不纯净"："Importance of Fresh Air," *American Magazine of Useful and Entertaining Knowledge*，June 1，1836，439。

［8］*Massachusetts Teacher*（April 1851），107，10；Combe，*Principles of Physiology*，22；Charles E. Rosenberg，"Disease and Social Order in America," in *Explaining Epidemics and Other Studies in the History of Medicine*（Cambridge：Cambridge University Press，1992），266—267；*Annals of American Education*，June，1833，243.同样可参考 Simon Schaffer，"States of Mind：Enlightenment and Natural Philosophy," in *The Languages of Psyche：Mind and Body in Enlightenment Thought*，ed．G. S. Rousseau（Berkeley：University of California Press，1990）；Guenter B. Risse，"Medicine in the Age of Enlightenment," in *Medicine in Society：Historical Essays*，ed．*Andrew* Wear（Cambridge：Cambridge University Press，1992）；H. Tristam Engelhardt Jr.，"The Concepts of Health and Disease" in *Evaluation and Explanation in the Biomedical Sciences*，ed．H. Tristam Engelhardt Jr. and Stuart F. Spicker（Dordrecht，The Netherlands：D. Reidel，1974），125—141；John Harley Warner，*The Therapeutic Perspective：Medical Practice*，*Knowledge*，*and Identity in America*，*1820—1885*（Princeton，NJ：Princeton University Press，1997）；Bruce Haley，*The Healthy Body and Victorian Culture*（Cambridge，MA：Harvard University Press，1978）；Nancy Tomes，*The Gospel of Germs：Men*，*Women*，*and the Microbe in American Life*（Cambridge，MA：Harvard University Press，1998）。

［9］Hoffman，Diary，191（July 16，1849）；格雷厄姆出自 Stephen Nissenbaum，*Sex*，*Diet*，*and Debility in Jacksonian America：Sylvester Graham and Health Reform*（Chicago：Dorsey Press，1980），93—97，引文出自 97 页；比彻出自 Clifford E. Clark Jr.，"The Changing Nature of Protestantism in Mid-Nineteenth Century America：Henry Ward Beecher's Seven Lectures to Young Men," *Journal of American History* 57，no.4（March 1971），836。霍乱和办公桌疾病的对比见于 J. D. B. DeBow，*Mortality Statistics of the Seventh Census of the United States*，*1850*（Washington，DC：Nicholson，1855）。同样可参考 Charles E. Rosenberg，*The Cholera Years：The United States in 1832*，*1849 and 1866*（Chicago：University of Chicago Press，1962）；Claudine Herzlich and Janine Pierret，*Illness and Self in Society*（Baltimore：Johns Hopkins University Press，1987），3—23。

［10］*Harper's*，February 1857，409；"Dietetics—Dr. Alcott's Work—No.II," *Boston Medical and Surgical Journal*（October 24，1838），222—223.

"刘易斯·塔潘先生说，几分钟前他来到那个地方时，在门口遇到了一位医师——他并不觉得说这话是对他不利的，因为他相信这对他们的事业反而有利——医师出门时告诉他，他坐在那儿听到了太多对自己不利的事情。（大笑）" *A Report of the Proceedings of the Second American Health Convention*（Boston and New York，1839），11.奥尔科特同 *Boston Medical and Surgical Journal* 有着密切联系并且在其中广泛刊文。该攻讦也是医学界广泛争论的一部分，争论的焦点主要是医生的治疗能力（相对于自然的治愈力）。Warner，*Therapeutic Perspective*，23—38；Murphy，*Enter the Physician*，116—120；Hebbel E. Hoff and John F. Fulton，"The Centenary of the First American Physiological Society founded at Boston by William A. Alcott and Sylvester Graham," *Bulletin of the Institute of the History of Medicine* 5，no.8（October 1937），687—734.更一般的可参考 Nikolas Rose，"Medicine，History and the Present," in Roy Porter and Colin Jones，*Reassessing*

Foucault: Power, Medicine, and the Body (New York: Routledge, 1994), 48—70; and Paul Starr, *The Social Transformation of American Medicine* (New York: Basic Books, 1982)。

229

[11] "时时处于危险之中"出自 Wallace, *Desk Diseases*, 13; Jarvis, *Lecture*, 33; *Young American's Magazine of Self-Improvement* (May 1847), 139; Thomas Wren Ward Papers, Diary, 1827—1853, May 8, 1853 (Massachusetts Historical Society); *Massachusetts Teacher* (August 1850), 245; 沃特豪斯见 Charles E. Rosenberg, "Catechisms of Health: The Body in the Prebellum Classroom," *Bulletin of the History of Medicine* 69, no.2 (Summer 1995), 193; Walt Whitman, *The Gathering of the Forces*, ed. Cleveland Rodgers and John Black (New York: G. P. Putnam's Sons, 1920), 2:131—133。

[12] 关于庶民身体, 可参考如 Peter Stallybrass and Allon White, *The Politics and Poetics of Transgression* (Ithaca, NY: Cornell University Press, 1986); Charles Bernheimer, *Figures of Ill Repute: Representing Prostitution in Nineteenth-Century France* (Cambridge, MA: Harvard University Press, 1989); Logan, *Nerves and Narratives*; Steven Bruhm, *Gothic Bodies: The Politics of Pain in Romantic Fiction* (Philadelphia: University of Pennsylvania Press, 1994); Griselda Pollack, "Feminism/Foucault—Surveillance/Sexuality," in *Visual Culture: Images and Interpretations*, ed. Norman Bryson, Michael Ann Holly, and Keith Moxey (Hanover, NH: Wesleyan University Press, 1994); Karen Halttunen, *Confidence Men and Painted Women: A Study of Middle-Class Culture in America, 1830—1870* (New Haven, CT: Yale University Press, 1982); Carroll Smith-Rosenberg, *Disorderly Conduct: Visions of Gender in Victorian America* (New York: Oxford University Press, 1985)。

[13] "午夜惊魂"参 William A. Alcott, *Forty Years in the Wilderness of Pills and Powders* (Boston: John P. Jewett, 1859), 275。免遭影响的身体见如 Michael Warner, "The Mass Public and the Mass Subject," in *Habermas and the Public Sphere*, ed. Craig Calhoun (Cambridge, MA: MIT Press, 1992); Karen Sanchez-Eppler, *Touching Liberty: Abolition, Feminism, and the Politics of the Body* (Berkeley: University of California Press, 1993); Carole Pateman, *The Disorder of Women: Democracy, Feminism, and Political Theory* (Stanford, CA: Stanford University Press, 1989); Francis Barker, *The Tremulous Private Body: Essays on Subjection* (Ann Arbor: University of Michigan Press, 1995); Susan L. Roberson, " 'Degenerate Effeminacy' and the Making of a Masculine Spirituality in the Sermons of Ralph Waldo Emerson," in *Muscular Christianity: Embodying the Victorian Age*, ed. Donald E. Hall (Cambridge: Cambridge University Press, 1994)。Victor J. Seidler, "Reason, Desire, and Male Sexuality," in *The Cultural Construction of Sexuality*, ed. Pat Caplan (London: Tavistock Publications, 1987).

[14] Hoff and Fulton, "Centenary," 724; box 17, commonplace book, vol.4, 252, Daniel F. Child Papers; Barker, *Tremulous Private Body*, 86—95; Dror Wahrman, *The Making of the Modern Self: Identity and Culture in Eighteenth-Century England* (New Haven, CT: Yale University Press, 2004), 296—297.

[15] Roy Porter, "Consumption: Disease of the Consumer Society?" in *Consumption and the World of Goods*, ed. John Brewer and Roy Porter (London: Routledge, 1993), 59—61.

[16] Wallace, *Desk Diseases*, 41; Whitman, *Gathering of the Forces*, 199, 202—203; "Labor a Necessity and Duty," *American Phrenological Journal*, vol.11 (October 1849), 308; "经常冲洗"参见 Green, *Fit for America*, 57; Hoffman, Diary, June 26 and July 1, 14, and 15, 1849; Catharine Maria Sedgwick, *Means and Ends, or Self-Training* (Boston: Marsh, Capen, Lyon & Webb, 1839), 43—45; "整箱药"见 *Massachusetts Teacher* (August 1850), 248; 粗毛巾参见 Alcott, *Forty Years*, 17; Gunn, *Domestic Medicine*, 118—119; New York Mercantile Library, *Thirty-First Annual Report* (New York: Printed for the Association, 1852), 25; *Thirty-Fourth Annual Report* (New York: Printed for the Association, 1855), 30. Alex Berman, "The Heroic Approach in 19th Century Therapeutics," in *Sickness and Health in America*, Judith Walzer Leavitt and Ronald L. Numbers, eds. (Madison: University of Wisconsin Press, 1978), 77—86。此外, "进食后不要马上洗澡"也很重要。参考 *American Phrenological Journal*, vol.8 (May 1846), 138。

〔17〕"适当管理"出自 "Proper Feeding of the Body," *American Phrenological Journal*，vol. 11（April 1849），131；George Moore，*The Use of the Body in Relation to the Mind*（London，Longman，1846），283；"更直接"参见 Oliver Halsted，*A Full and Accurate Account of the New Method of Curing Dyspepsia*（New York：O. Halsted，1830），14。

〔18〕*Report of the Proceedings of the Second American Health Convention*（Boston and New York，1839），16；"廉价面包"参见 *Niles（MD）Weekly Register*，October 1840，314；Lemuel Shattuck，*Report of a General Plan for the Promotion of Public and Personal Health*（Boston：Dutton & Wentworth，1850），241；Sylvester Graham，*A Defence of the Graham System of Living；or，Remarks on Diet and Regimen*（New York：W. Applegate，1835）；Gunn，*Domestic Medicine*，12；Henry David Thoreau，*Walden；or，Life in the Woods*（1854；New York：Holt，Rinehart and Winston，1963），26。人们经常挨饿，"不是因为缺乏必需品，而是因为缺乏奢侈品"，梭罗写于 *Walden*（50）。James Vernon，*Hunger：A Modern History*（Cambridge，MA：Harvard University Press，2007），1—20.同样可参考 J. A. Etzler，*The Paradise within the Reach of All Men，without Labour，by Powers of Nature and Machinery：An Address to All Intelligent Men*（London：J. Brooks，1836）。

〔19〕Charles Caldwell，*Thoughts on Physical Education*（Edinburgh：Maclachlan，Stewart，& Co.，1844），52；*Atlantic*，vol.1（March 1858），593；糕点见 Joel H. Ross，*Golden Rules of Health and Hints to Dyspeptics*（New York：A. Fraetas，1849），24；"蒸汽机般的速度"参见 Sarah Josepha Hale，*The Good Housekeeper；or，The Way to Live Well and to Be Well While We Live*（Boston：Weeks，Jordan & Co，1839）；Alexis de Tocqueville，*Letters from America*，ed. Frederick Brown（New Haven，CT：Yale University Press，2010），24；烤饼见 *New England Farmer*，May 11，1836，347；*Massachusetts Teacher*（August 1850），244。关于现代食物的丰裕，请参阅 Cindy R. Lobel，*Urban Appetites：Food and Culture in Nineteenth-Century New York*（Chicago：University of Chicago Press，2014），39—72。"总之，美国是劳动之国，绝非英国人和法国人传说的街道上铺满了半配克面包，屋子里贴满了煎饼，家禽飞来飞去，随时准备烤熟，叫着来吃我吧的乐土（Lubberland）或菘蓝国度（Pays de Cocagne）"：Benjamin Franklin，*Information for Those Who Would Remove to America*（1752）in Franklin，*The Autobiography and Selections from His Other Writings*（Indianapolis，IN：Bobbs-Merrill，1952），196。

〔20〕"贪图安逸"见 Ross，*Golden Rules*，56；甲鱼汤喝龙虾色拉见 Horace Mann，*A Few Thoughts for a Young Man：A Lecture Delivered before the Boston Mercantile Library Association*（Boston：Ticknor，Reed，and Fields，1850），17；有关曼的部分，见 Michael B. Katz，*The Irony of Early School Reform：Educational Innovation in Mid-Nineteenth Century Massachusetts*（Cambridge，MA：Harvard University Press，1968），41；"面包联系"参见 E. P. Thompson，"Moral Economy of the English Crowd," in Thompson，*Customs in Common*（New York：New Press，1993），189—200。关于变化有多小，请参见 Susan Bordo，"Hunger as Ideology," in *Unbearable Weight：Feminism，Western Culture，and the Body*（Berkeley：University of California Press，1993），99—138。

〔21〕"朴素生活"及"重要部分"来自 Horace Bushnell，"The Age of Homespun," in *Litchfield County Centennial Celebration*（Hartford，CT：Edwin Hunt，1851），124；山核桃见第 116 页；"滥用"于 Gunn，*Domestic Medicine*，125；出自美国生理学协会（1837）的宪章，in Hebbel E. Hoff and John F. Fulton，"Centenary of the First American Physiological Society," *Bulletin of the Institute of the History of Medicine*，vol.5（October 1937），725；*Miss Beecher's Domestic Receipt Book*，3rd ed.（New York：Harper & Brothers，1856），3；Jarvis，*Lecture*，22；"健康食品"出自 W. Chambers & R. Chambers，*Treasury of Knowledge*（New York：A. S. Barnes & Co.，1849），148；"自然饮食"出自 *Medical and Surgical Journal*，December 19，1838，319；Karl Marx，*Economic and Philosophical Manuscripts of 1844*，ed. Dirk J. Struik（New York：International Publishers，1964），150；爱默生的部分见 Roberson，" 'Degenerate Effeminacy,' " 160。

〔22〕*Putnam's*，vol.11，no.1（January 1868），91；*Boston Medical and Surgical Journal*，July 24，1856，506—507；凯利部分见 Brian P. Luskey，*On the Make：Clerks and the Quest for Capital in Nineteenth-Century America*（New York：New York University Press，2010），11—12；Albert Prescott Paine，*History of Samuel Paine，Jr.*（1923），140；Jarvis，

Lecture，14—17；Arthur，*Advice to Young Men*，27；Gunn，*Domestic Medicine*，12—13；*Miss Beecher's Domestic Receipt Book*，11，23。根据 Samuel Woodward 的说法，当时的另一种医学流行病手淫"非但不能缓解兴奋，反而会加剧兴奋"。Woodward，*Hints for the Young*，8。

［23］Gunn，*Domestic Medicine*，12—13；*New England Farmer*，May 11，1836；"大脑底部"见 Hoff and Fulton，"Centenary，" 710，715；Thomas Wren Ward Papers，Diary，December 3，1852，and March 22，1853；Edward Hitchcock，*Dyspepsia Forestalled and Resisted*（Amherst，MA：J. S. & C. Adams，1831），23，"单菜"见第 64 页；"赫拉克勒斯式"参见 "Patent Right for Eating Slowly," *American Phrenological Journal*，vol.11（February 1849），71；"一日一餐制"于 *American Phrenological Journal*，vol.11（April 1849），132；"小口"参见 *American Phrenological Journal*，vol. 11，71；John C. Warren，*Physical Education and the Preservation of Health*（Boston，William D. Ticknor，1846），42；混涎见 Ross，*Golden Rules*，20；Dr. Philip Mason，*A Legacy to My Children*（Cincinnati，OH：Moore，Wilstach & Baldwin，1868），421；Gunn，*Domestic Medicine*，147。有关需求和欲望，参见 Bryan S. Turner，"The Mode of Desire," in *The Body and Society：Explorations in Social Theory*（Los Angeles：Sage Publications，2008），17—32。

［24］Sylvester Graham，*A Defence of the Graham System of Living；or，Remarks on Diet and Regimen*（New York：W. Applegate，1835），12；"Recovery from Protracted Ill Health," *Graham Journal of Health and Longevity*，September 29，1838，305—308；Hubbard Winslow，*Young Man's Aid to Knowledge，Virtue，and Happiness*（Boston：D. K. Hitchcock，1837），328。

［25］"全人类饥饿计划"出自 *Boston Medical and Surgical Journal*，November 21，1838，255；*North American Review*，October 1838，381；Luther Ticknor，*New York Journal of Medicine and Collateral Sciences*，September 1846，188；Gunn，*Domestic Medicine*，144；Charles H. Foster，ed.，*Down East Diary by Benjamin Browne Foster*（Orono：University of Maine at Orono Press，1975），75（November 21，1847；July 24，1847），38；Hoff and Fulton，"Centenary，" 710，715；Hoffman，Diary，August 25，1850。同样见于 William Colgate，January 1843：bread .06，Graham crackers（.25）on February 4，1843，Colgate-Colby Family Household Accounts（New-York Historical Society）；Horace Greeley，*Autobiography；or，Recollections of a Busy Life*（New York：E. B. Treat，1872），105。事实证明，用粗糙的全麦面粉制作的面包很难卖出去，因此，人们用细白面制作面团，予之必要的黏合性，然后加入碎麦和粗面粉，以及用以着色的糖蜜，尽管厚重的面团仍然不能很好地发酵。Hoff and Fulton，"Centenary，" 710。

［26］John Todd，*The Student's Manual*（Northampton：Hopkins，Bridgman & Co.，1859），281。

［27］Wallace，*Desk Diseases*，7—9；Oliver Halsted，*A Full and Accurate Account of the New Method of Curing Dyspepsia*（New York：O. Halsted，1830），34—50。

［28］R. T. Trall，*Digestion and Dyspepsia*（New York：S. R. Wells，1875），82—83；特罗尔参见 Jayme M. Sokolow，*Eros and Modernization：Sylvester Graham，Health Reform，and the Origins of Victorian Sexuality in America*（Rutherford，NJ：Fairleigh Dickinson University Press，1983），146，161；特罗尔也可参见 Green，*Fit for America*，63—65；Halsted，*Full and Accurate Account*；Ross，*Golden Rule*，155。

［29］科茨部分见 Stephen P. Rice，*Minding the Machine：Languages of Class in Early Industrial America*（Berkeley：University of California Press，2004），105；"抱负与不消化"于 Melville，"Bartleby，" *Putnam's Monthly*，vol.2（November 1853），548；Ross，*Golden Rule*，141；S. W. Avery，*Dyspeptic's Monitor*（New York：E. Bliss，1830），iii。

［30］里斯部分引自 Gert H. Brieger，"Dyspepsia：The American Disease? Needs and Opportunities for Research," in *Healing and History：Essays for George Rosen*，Charles E. Rosenberg，ed.（New York：Dawson Science History Publications，1979），186；Joseph Hopkinson，*Lecture upon the Principles of Commercial Integrity*（Philadelphia：Carey and lea，1832），13。对于霍尔斯特德的攻讦，参见 *Boston Medical and Surgical Journal*，December 28，1830。更一般的可参考 Roy Porter，"The Body and the Mind, the Doctor and the Patient," in *Hysteria beyond Freud*，Sander Gilman，Helen King，Roy Porter，

232

G. S. Rousseau, and Elaine Showalter, eds.(Berkeley: University of California Press, 1993), 225—266。

［31］N. Chapman, "On Dyspepsia, or Indigestion," *American Journal of the Medical Sciences* 50(February 1840), 323.同样可参考 "A Full and Accurate Method for Curing Dyspepsia," *American Quarterly Review*, vol.19(March 1831), 233—246。

［32］Chapman, "On Dyspepsia," 330, vol.51(May 1840), 108; Combe, *Principles of Physiology*, 25; Chester R. Burns, "Diseases versus Healths: Some Legacies in the Philosophies of Modern Medical Science," in *Evaluation and Explanation in the Biomedical Sciences*, ed. H. Tristam Engelhardt Jr. and Stuart F. Spicker (Dordrecht, The Netherlands: D. Reidel, 1974), 39—41; Simon Schaffer, "States of Mind: Enlightenment and Natural Philosophy," in *The Languages of Psyche: Mind and Body in Enlightenment Thought*, G. S. Rousseau, ed.(Berkeley: University of California Press, 1990); George Rousseau, "Cultural History in a New Key: Towards a Semiotics of the Nerve," in *Interpretation and Cultural History*, Joan H. Pittock and Andrew Wear, eds.(London: Macmillan, 1991).

［33］Austin Flint, "Remarks upon Dyspepsia as connected with the Mind," *American Journal of the Medical Sciences*(January 1841), "病人阶级" 参见 74, "恐惧和忧虑感" 见于 66, "想象出来的疾病" 参考 66, 66—74; "真实和想象的痛苦" 见于 Halsted, *Full and Accurate Account*, 236. George Miller Beard, *Practical Treatise on Nervous Exhaustion* (New York: William Wood, 1880), xi. "这种疾病很少（乃至没有）得到应有的一份同情，因为从未真正感受过它的人既看不到它，也无法完全理解它，而这种疾病却常常受到无情的蔑视，或因嘲笑而加重。" Avery, *Dyspeptic's Monitor*, vi.

［34］Chapman, "On Dyspepsia," 108, vol.51(May 1840); Flint, "Remarks upon Dyspepsia," 66, 64; Edward Jarvis, *Address, Delivered at the Laying of the Corner Stone of the Insane Hospital at Northampton, Massachusetts*(Northampton: J. & L. Metcalf, 1856), 15—16.

［35］医学生出自 Charles Rosenberg, "Body and Mind in Nineteenth-Century Medicine," in *Explaining Epidemics and Other Studies in the History of Medicine*(New York: Cambridge University Press, 1992), 80; Engelhardt, "Concepts of Health and Disease," 127, 132; Porter, "Body and the Mind," 234; Logan, *Nerves and Narratives*, 38—41; 巴特比: "宁愿不变得有些通情达理," 出自 *Putnam's*(December 1853), 613. 关于在近期才被驯化的家庭中发动的性别战争里，女性对歇斯底里的具体运用，请参见 T. Walter Herbert, *Dearest Beloved: The Hawthornes and the Making of the Middle-Class Family* (Berkeley: University of California Press, 1993)。

［36］莫特博士出自 Rosenberg, "Body and Mind," 83, *Medical Journal* at 84; 孔贝引自 Ralph James Savarese, "Nervous Wrecks and Ginger-Nuts: Bartleby at a Standstill," *Leviathan: A Journal of Melville Studies* 5, no.2(October 2003), 28—29; Henry Ward Beecher, *Eyes and Ears*(Boston: Ticknor and Fields, 1862), 203; Alexis de Tocqueville, *Democracy in America*, ed. J. P. Mayer (New York, 1945), 537; Todd, *Student's Manual*, 373。

［37］Flint, "Remarks upon Dyspepsia," 65; "自立抑或从未立就的" 参见 O. S. Fowler, *Self-Culture, and Perfection of Character; Including the Management of Youth* (New York: Samuel R. Wells, 1847); Ross, *Golden Rules*, 142; George Moore, *Man and His Motives*(New York: Harper & Brothers, 1848), 121, 更宽泛的内容看 121—123; Caldwell, *Physical Education*, 25—29。 主人公如此评价巴特比称, "但是他的身体没有病痛；折磨他的是他的灵魂"。①*Putnam's*, November 1853, 554.

［38］Flint, "Remarks upon Dyspepsia," 65.

［39］Harvey Newcomb, *How to Be a Man: A Book for Boys*(Boston: Gould, Kendall, and Lincoln, 1847), 100—101; Caldwell, *Physical Education*, iv; *Massachusetts Teacher* (August 1850), 244; *Atlantic Monthly*, vol. 1(March 1858), 582—586.宗教刊物反对比彻

233

———————

① 译文参考［美］赫尔曼·梅尔维尔:《水手比利·巴德: 梅尔维尔中短篇小说精选》, 陈晓霜译, 新华出版社 2015 年版, 第 21 页。——译者注

"自然法则"的演讲，他们主张"对体力的崇拜属于世界的野蛮时代"，对此，希金森茫然的现代主义回应说，"确实如此，那些时代就更好了"。参见 *Atlantic Monthly*，March 1858，585。

[40] Caldwell，*Physical Education*，8；Hoffman，Diary，157，October 30，1848；*American Annals of Education 8*，*no*.7(July 1838)，315；贾维斯引自 Rosenberg，"Catechisms，" 192；同样可参考 "Progress of Physical Education，" *American Journal of Education*(January 1826)，19—23；and Michael Sappol，*A Traffic of Dead Bodies：Anatomy and Embodied Identity in Nineteenth-Century America*(Princeton，NJ：Princeton University Press，2002)，175—184。

[41] 火药源自 J. E. D'alfonce，*Instructions in Gymnastics*(New York：George F. Nesbitt & Co.，1851)，i；Caldwell，*Physical Education*，27；*Atlantic*，vol.7(March 1861)，285；Combe，*Principles of Physiology*，125；Murphy，*Enter the Physician*，140—141，146；William A. Alcott，*The House I Live In；or，The Human Body*(Boston：Light & Stearns，1837)，v—vi，28；Eugene Becklard，*"Know Thyself"：The Physiologist；or Sexual Physiology Revealed*，trans. M. Sherman Wharton，from the 4th Paris ed.(Boston：Bela Marsh，1859；rpt.，New York：Arno Press，1974)。

[42] "认识汝自身"见 *Massachusetts Teacher*(September 1853)，258；"每块肌肉和神经"见 *Duties of Employers and Employed，Considered with Reference to Principals and Their Clerks or Apprentices*(New York：J. S. Redfield，1849)，23；Alcott，*House I Live In*，v—vi，28；"所有者和享有者"出于 *Massachusetts Teacher*(November 1850)，344；贾维斯部分参 Rosenberg，"Catechisms，" 192。

[43] Lemuel Shattuck，*Report of a General Plan for the Promotion of Public and Personal Health*(Boston：Dutton & Wentworth，1850)，240—241；Hitchcock，*Dyspepsia*，14—15；美国生理学协会引自 James C. Whorton，*Crusaders for Fitness：The History of American Health Reform*(Princeton，NJ：Princeton University Press，2014)，110；《道德改革者》引自 Rice，*Minding the Machine*，99—100。更一般的可参考 Starr，*Social Transformation*，17—21，30—59。

[44] 曼的部分引自 *North American Review*，July 1855，62；*New-York Daily Times*，October 15，1852；*Atlantic Monthly*(March 1861)，283—284，286；Gunn，*Domestic Medicine*，109；Charles Fayette Taylor，*Theory and Practice of the Movement Cure*(Philadelphia：Lindsay and Blackiston，1861)，3—6；Sedgwick's in *New-York Daily Times*，February 27，1854。

[45] Diary，Francis Eugene Butler，Papers 1830—1900(Special Collections，Rutgers University)，January 7，8，and 9；February 5，1850. Tailer，Diary，October 20，November 21，December 14 and 25，1849；January 18，24，and 31，1850；March 2，April 9，May 24 and 28，1850。

[46] Bruce Bennett and Deobold B. Van Dalen et al.，*A World History of Physical Education*(Englewood Cliffs，NJ：Prentice-Hall，1953)，362—419；"不畏艰难的努力"见 *Atlantic*，March 1861，299；奥尔科特的部分见 Murphy，*Enter the Physician*，176；Tailer，Diary，January 17，March 6，and April 12，1850。

[47] "一块表"参考 *Atlantic*(March 1861)，283—284；"最多的锻炼"及"全身"出自 *Atlantic*，vol.7(March 1861)，287。同样可参考 Taylor，*Theory and Practice*。

[48] "意志"参见 *The Gymnastic Free Exercises of P. H. Ling*，ed. and trans. M. Roth(Boston：Ticknor，Reed and Fields，1853)，x；此论述重见于 *Duties of Employers and Employed*，23—24；"小职员还是裁缝"以及"手脚"出自 *Atlantic*(March 1861)，284；Frederic L. Holmes and Kathryn M. Olesko，"The Images of Precision：Helmholtz and the Graphical Method in Physiology，" in M. Norton Wise，*The Values of Precision*(Princeton，NJ：Princeton University Press，1997)，198—199；"自我恢复"参考 *Atlantic*，vol.7(January 1861)，56；Warren in Murphy，*Enter the Physician*，183。同样可参考 Ezra Champion Seaman，*Essays on the Progress of Nations*(New York：Charles Scribner，1852)，35—46。

[49] *Atlantic*，vol.3(May 1859)，540；Foster，*Down East Diary*，May 14，1850，287；Charles Richard Williams，ed.，*Diary and Letters of Rutherford Bichard Hayes*(Columbus：Ohio State Archaeological and Historical Society，1922)，1：284—285；James

234

W. Alexander，"The Merchant's Clerk Cheered and Counselled," in *The Man of Business*，*Considered in His Various Relations*(New York：Anson D. F. Randolph，1857)，35；*New York Tribune*，December 24，1846；"sound sleep" in *Atlantic*，vol.7(March 1861)，296；Alcott，*Forty Years*，17.

[50] *Atlantic*，March 1861，298；Higginson in *Atlantic*(March 1858)，587；比彻部分见 Michael Newbury，"Healthful Employment：Hawthorne，Thoreau，and Middle-Class Fitness，" *American Quarterly* 47，no.4(December 1995)，690；Foster，*Down East Diary*，76(November 23，1847)。在特罗尔博士的健身房里，墙上挂着一幅人体模特的肖像。*Atlantic*，March 1858，592；"人肉机器车间"源自 *Atlantic*(March 1861)，284；Dio Lewis，*The New Gymnastics for Men，Women and Children*，25th ed.(New York：Fowler & Wells Company，1891)，15—16；*New York Tribune*，December 24，1846。Ottignon 和大都会体育馆的广告参见 *New-York Daily Times*，December 9，1852。体育馆供暖，见 Foster，*Down East Diary*(December 13，1849)。

还有："当我走到运河街时，我又走到了 Othingham 的体育馆，发现几个人在锻炼身体，他们除了自己的常识和判断外，没有其他的指导者，这样的常识判断易于舛错，会使他们陷入与健身训练的根本法则相悖的巨大困难之中。有些人举重举得不仅给自己造成负担，也给自己带来危险，而且所有的锻炼都做得既不注意动作的优美，也不注意在锻炼时对身体进行适当的保养。整个设施外表脏乱，更衣室也只能与穆尔金先生的体育馆那样的最差的样态相比拟。" Tailer，Diaries，November 22，1849.

[51] D'alfonce，*Instructions in Gymnastics*，5—7；Van Dalen，*World History*，371，376—377；*Atlantic*，March 1861，287—288；May 1859，542—543；Halsted，*Full and Accurate Account*；Townsend，"Working Chairs，" 26—27；Green，*Fit for America*，183—184，曼的部分见 199；"从头到脚检验一下"出自 *New-York Daily Times*，November 6，1852；*North American Review*，July 1855，64；Dr. Barnett's Improved Parlor Gymnasium，"Gymnasium，" box 1(Warshaw Collection)。

[52] *Atlantic*(March 1861)，287.

[53] Horace Greeley，*Recollections of a Busy Life*(New York：J. B. Ford & Co.，1869)，303.有关斧子这一主题的变体，请参阅 Thoreau，*Walden*，32；Beecher，"Health and Education，" in *Eyes and Ears*(Boston：Ticknor and Fields，1862).204；"娱乐与休息"参考"What Shall I Do for a Living，No.II，" *American Phrenological Journal*，vol.17(March 1853)，49。

[54] Hitchcock，*Dyspepsia*，221；*Journal of Health* in Green，*Fit for America*，88；Tailer，Diaries，May 1，1850；Hoffman，Diary，January 26，1850；Rev. E. F. Hatfield，*The Night No Time for Labor：A Sermon on the Early Closing of Stores*(New York：D. A. Woodworth，1850)，126；Combe，*Principles of Physiology*，121—123；Alcott，*Forty Years*，278.

[55] Sylvester Graham，*A Treatise on Bread，and Bread-Making*(Boston：Light and Stearns，1837)，34；John C. Warren，*Physical Education and the Preservation of Health*(Boston：William B. Ticknor，1846)，68；科尔部分见 Andrew Lyndon Knighton，"Idle Threats：The Limits of Productivity in 19th-Century America" (PhD diss.，University of Minnesota，2004)，139；Adam W. Sweeting，*Reading Houses and Building Books：Andrew Jackson Downing and the Architecture of Popular Antebellum Literature，1835—1855*(Hanover，NH：University Press of New England，1996)，11，18—19，23—24；Richard L. Bushman，*Refinement of America：Persons，Houses，Cities*(New York：Knopf，1992)，242—250。Anne C. Rose，*Voices of the Marketplace：American Thought and Culture，1830—1860*(Lanham，MD：Rowman & Littlefield，2004)，65—67.同样可参考 Roderick Nash，*Wilderness and the American Mind*(New Haven，CT：Yale University Press，1967)，67—83。

[56] Edward Jarvis and Thos. Laycock，"Notice of Some Vital Statistics of the United States，in a Letter to the Hon. Horace Mann，" *Journal of the Statistical Society of London*，vol.9(October 1846)，278—279；*North American Review*，vol.97(October 1863)，324；Warren，*Physical Education*，11；Gunn，*Domestic Medicine*，152；*Atlantic*(May 1859)，542；帕特森的部分见 Thomas Augst，*The Clerk's Tale：Young Men and Moral Life*

235

209

in Nineteenth-Century America (Chicago: University of Chicago Press, 2003), 62. "Contributions to Vital Statistics," *North American Review* (October 1863), 324; James Wynne, MD, *Report on the Vital Statistics of the United States, Made. to the Mutual Life Insurance* (New York: H. Baillière, 1857), 207—210。同可见 Jay, "American Agriculture," *Journal of the American Geographical and Statistical Society* (March 1859), 84。E[dward] J[arvis], [Untitled review of works on vital statistics], *American Journal of the Medical Sciences* (July 1852), 162—164.

[57] Henry A. Patterson, Diary, January 1841, vol.3, 47(New-York Historical Society); Edward Isaiah Thomas, Diary, 1852—1858, June 11, 1856(American Antiquarian Society); Hoffman, Diary, 101, April 10, 1848.

[58] "Extracts from an Address on Physical Education," *Massachusetts Teacher*, vol.6(August 1853), 232.更一般的可参考 Louis Dumont, "A Modified View of Our Origins: The Christian Beginnings of Modern Individualism," in *The Category of the Person*, *by* Michael Carrithers, Stephen Collins, and Steven Lukes(New York: Cambridge University Press, 1988), 93—122。

[59] James Madison, "Federalist No.39" (1787; New York: Modern Library, n.d.), 243; Jarvis, *Lecture*, 8; *Massachusetts Teacher*, vol.3 (November 1850), 347; Daniel Child Papers, box 6, commonplace book, vol.1, 171.这就是为什么大卫·休谟早在《道德原则研究》(1751)一书中, 就将致力于保持健康和避免疾病痛苦的体育锻炼视为自我掌控的精髓。Michel Foucault, *The Birth of Biopolitics: Lectures at the Collége de France, 1978—1979* (New York: Palgrave, 2008), 272.杰斐逊在共和国的建国信条中用"对幸福的个人追求"取代了"公共幸福", 使生活过程在政治上占据了新的中心地位, 见 Hannah Arendt, *On Revolution* (New York: Viking Press, 1963), 115—140。

[60] Mary Douglas, *How Institutions Think* (Syracuse, NY: Syracuse University Press, 1986), 73.

[61] Adam Smith, *Theory of Moral Sentiments* (1759; New York: Augustus M. Kelley, 1966), 4.

[62] Jürgen Habermas, *Legitimation Crisis*, trans. Thomas McCarthy (Boston: Beacon Press, 1973), 1; *Atlantic Monthly*, vol.7(January 1861), 60.

[63] 马克思部分来自 Toby Miller, *The Well-Tempered Self: Citizenship, Culture, and the Postmodern Subject* (Baltimore: Johns Hopkins University Press, 1993), 5; John Todd, *The Young Man: Hints Addressed to the Young Men of the United States* (Northampton, MA: Hopkins, Bridgman & Co., 1854), 139—140; Benjamin Franklin, *The Autobiography of Benjamin Franklin*, ed. Leonard W. Labaree(New Haven, CT: Yale University Press, 1964), 156。

[64] Bryan S. Turner, *The Body and Society: Explorations in Social Theory* (Oxford, UK: Basil Blackwell, 1984), 62.

第五章

数人头，算利润

在 1841 年出版的《波士顿生死统计》中，莱缪尔·沙特克比较了 该城过去三十年间的死亡率，然后发现居民的身体状况有着急剧的下降。 他从种族、年龄、性别和居住地的原始数据推断，并以英格兰的人寿保险数据作为对照，进而辨识出有害空气、不良饮食以及挤满了外国人的赤贫街区的肮脏街道，成了医疗危机不断加剧的根源。 爱德华·贾维斯赞扬沙特克为社会改革所做的量化尝试并指出，有了这样的大数据，当局就有能力去承付必要的广泛卫生倡议来缓解危险了。 贾维斯本人也很快受国会聘请，为 1850 年度联邦人口普查得来的死亡率数字编制一卷摘要集，一份旨在为全国公民的健康和疾病提供一个通用的衡量标准的规模空前的摘要。[1]

沙特克和贾维斯皆为于 1839 年成立于波士顿的美国统计学协会（ASA）的成员，该协会的建立旨在促进将社会视为各个部分的总和的观点。 这也是共和政府的一条公理，与政府有关联的普遍性和透明度的理念也是如此。《美国地理和统计学会会刊》（*Journal of the American Geographical and Statistical Society*）号称，这些概念一同将统计学置于政治启蒙的街垒之上，"发展出可以用数学精确计算的结果"，并以此引领我们"一步步获得关于支配社会体系的诸法则的知识"。 随之而来的有如雪崩的数字，不断膨胀的人员和财产、农场和工厂、婚姻和迁移、当然还有死亡和疾病的枚举，成了在当时的碎片化状况下重新整合社会的紧要手段。《北美评论》热情洋溢地评论亚当·西伯特的《统计年鉴》(*Statistical Annals*)并坚称，只有更多地了解彼此，"人民自己……逐渐摆脱地方上的反感和偏见，直到相互的兴趣和感情从熟识里产生，假以时日，成熟为沉稳持久的爱国主义"。[2]

本杰明·福斯特、威廉·霍夫曼、爱德华·泰勒、查尔斯·弗伦奇、罗伯特·格雷厄姆、塞缪尔·曼森、亨利·帕特森、爱德华·托马斯和乔治·凯利并没有在这一新的社会会计体系的管理上扮演什么直接的角色。尽管如此，这些统计数字还是彻底受到职员的生产价值的影响，其组织方式也遵奉着和文书工作一样的信条，即要将事件的流动通量提炼为各构成部分，然后将之重新配置为更有用的因果链图案和表格序列。事实上，统计从众多互不统属的个人生活的细节中，得出对集体经验的广泛记录，事实证明它在记载社会从稳定和绝对性向运动和相关性的巨大转变这一方面，是独一无二的有效方式。流动性、时间性、相对性、新颖性、匿名性和效用——所有这些"使人不再为王"①的法则——得以重铸为在同等程度上依赖人和利润的普遍秩序的基础。

全员计入

弗朗西斯·利伯尔在其于 1836 年提出的人类物种福利调查中解释说，统计学建立在"一些对人类经验没有什么价值的孤立事实"之上。利伯尔在 19 世纪 20 年代末从德国来到美国后，在波士顿开办了一所会员制的体育馆和游泳学校，他意识到只有将所有这些孤立的事实收集起来并分级后，它们才能成为有关支配社会体系的法则的知识的统计数字。在实际的语境里，这是通过将一个事实与另一个事实（然后又和另一个，又和另另一个）加以交叉参照来实现的，既可以时间交叉（例如，将 1850 年居住在纽约市的未婚男性人数与五十年前的人数相比较），也

---

① 参见本书第 115—116 页，《颂诗，赠 W.H.钱宁》部分。——译者注

可以是空间上交叉（将 1850 年居住在纽约市的未婚男性人数与同年居住在南卡罗来纳州查尔斯顿的人数作比较），又或者时间和空间同时交叉（比较过去五十年居住在纽约市和查尔斯顿的未婚男性人数的变化）。所有这些统计的实务原则颇为简单：收集到的事实数量越多、种类越丰富，就能进行更大量的比较，获得更丰富、更精确的关于人类境遇的记录。 B.F.福斯特在《复式记账明解》（*Double-Entry Elucidated*）中总结其会计哲学的自然主义基础说："只有从一系列特殊事实出发，思维才能上升到一般真理。"事实证明，对商业科学来说为真者，同当时所谓的"政治科学"也息息相关。[3]

162

　　当然，人口普查官自 1790 年以来就一直在统计美国每个"住居房屋"内的居住人数。 然而，这些从来充其量都只是按年龄群体和性别排列的加总。 只有家户主的个人身份需要确认，主要是为了官僚程式的方便。 这样瘠薄有限的量化符合联邦宪法的初衷，即建立每十年对全国人口进行一次清查，以确定税率和代议比例的制度。 这还反映了归属于小邦联的庇佑的社会生活的父权制结构。《北美评论》承认，就算是在新生共和国时期，也有着对政府的要求，"但要满足由樵夫和农民组成的共同体的索求和紧急需要……还没有什么信息"。[4]

　　《评论》还称，劳动分工将人们重新分配为"如此众多的阶级"，因此使共同体成了一种难以捉摸的状态。 托克维尔也发现民主制的公民总是牵涉到对自身的幸福条件的议价，"时代的联系随时都有断开的危险，前代的事迹逐渐湮没"①。 对于前人，容易遗忘，因此，"对于后人，根本就无人去想"②。 这种社会性的健忘促使来自波士顿的医师、统计学活动家杰希·奇克林于 1844 年写信给莱缪尔·沙特克，诉说其在为马萨诸塞州给边疆的移民定居点的捐资加以记述一事上不断历之的挫折。 奇克林抱怨说，假若这些年来已有一套完善的出生和定居

––––––––––––––

　　①②　译文参考［法］托克维尔：《论美国的民主》（下卷），董果良译，商务印书馆 1991 年版，第 626—627 页。——译者注

地登记制度建立起来的话，"我们就可以从中推断出这些"离开了自己的家乡，前往国内其他地区的"移民的大致人数"。 然而，由于此类信息的空缺，无法确切了解对国家发展来说至关重要的人口大迁徙的数量或特点。 美国人显然需要新的记忆源泉——也可以说是集体身份的源泉——来跟上易变的生活环境。[5]

在一个越来越多的人生活在熟悉的家户和村庄网络之外的社会之中，不可知性颇为普遍，而作为一种建立在不可知条件上的知识体系，统计学恰恰能充当这样的源泉。 事实上，作为时代的特征，财产和人口的激增正是统计学实践的衡量标准，也成了统计学实际的枚举对象。 事实证明，统计学从特殊者出发进行一般化概括，形塑出个别与普遍之间的新关系，从而能独一无二地、无需诉诸或恢复任何旧的等级制，而在后父权制的骚乱中生成秩序。 将"一个民族的年龄、性别、物质环境、职业和人数"与"其道德和社会状态"作比较，并进一步同"其教育和工业"作交叉对比，能够导致一系列回归结果，将多元性和杂多性转化为规律性甚至共同性基础。 统计本身并没有被市场社会使一切事物的价值永远相对化的趋势所吓倒。 事实上，统计记录产生于比较，它本质上就是相对的，而且在哲学上与民主政体、资本主义经济相一致，都将自我占有擢升为分散了整个社会主权的不可剥夺的权利。 虽然这样的相对性颠覆了树立起单一超验真理的可能性，但统计学——与商业账簿不同——达成了一种回应，基于无限多的自主碎片或者说弗朗西斯·利伯尔称之为"事实"者之上的社会生活的全面观察。[6]

约翰·辛克莱爵士（Sir John Sinclair）的《苏格兰统计报告》（*Statistical Account of Scotland*）就是这一新认识方式的原型，租金、工资、气候条件、耕作方法、学校、道路、桥梁和旅店，以及每个家庭每个成员的年龄、职业和出生地，这是一份空前地无所不包的记录，所有内容都按教区再分割，于18世纪最后10年内分21卷出版。 辛克莱的数据汇编是一部"吸纳了来自九百支笔杆子的贡献的大作"，旨在为一个"基于统计研究的政治经济学体系"的项目提供原材料。 这一新方案

163

因其首次尝试组织起对整个社会关系的结构的全面描述，而不是简单地衡量"一个国家的政治实力"而广受称赞。 这征示着一种不同于产生自一百年前的、以"政治算术"的名义的死亡表和预期寿命估值的有意识的进步。 其起初希望从臣民的生活中，获致对联合王国的纵览的兴趣，也是由传统权威结构的解体所驱动的，与后来的定量分析并无两样。 当时，威廉·配第解释说，17 世纪不列颠的革命性动荡激发了对扎根于"**数字、重量**或**度量术语**"的更可靠知识的焦急索求，尝试使政府摆脱"个别人易变的心智、意见、胃口和激情"。 但是，与此同时，政治算术致力于巩固而非取代威权统治。 因此，计算的数字被视为国家机密，服务于中央集权机构，以加强统治者自上往下强加秩序的能力。[7]

统计学颠倒了知识与权力之间的关系，这就是为什么《苏格兰统计报告》的出版标志着社会量化史的一个分水岭。 辛克莱自己宣称，其数字首先意在揭示"［社会］实际享有的幸福程度"，然后意在大规模流传为一个不亚于"政治学的**新分支**"。 这标志着哲学绝对主义和政治绝对主义的终结，因为这样一来，社会要根据日益增长的可获得的关于自身的现存知识的数量和质量来决定自身的秩序，但这些知识对个人的观察力来说却是没法获得。 例如，"比较性的生育率和死亡率……受地点、气候、职业、繁荣程度等不同情况的影响"，只不过是在成千上万的互不相连的生命的碎片化细节被统计学整理并出版之前，纵难称不可设想，也是不可见的人类经验的一个轴。 随之而来的汇总、相关性和制表符将地方的特殊性转录为非在地的普遍性，然后将这样普遍的图景返回到其源头，告知公民卫生措施在预防疾病方面的功效、教育对犯罪行为的影响、健全的成年人可获职业的范围以及由手工或机器生产的商品各自的货币价值。 爱德华·贾维斯甚至坚称，个人经验本身只有在获得统计学审查后方变得可以理解。"如是有关每一个体的公开和永久记录［意味着］他能够查实自己的身份、个性以及与他人的关系。"假若离开了这对于差异的系统化，一介大共和国的公民就很难认可他人，遑论明智而可信地谈论如政治代表权、经济竞争、道德效仿和自我完善等相互关切的重要话题了。[8]

1854 年，人口普查办公室主管 J.D.B.德鲍（J. D. B. DeBow）宣称，不断增长的海量信息将"增加公众对更多信息的渴望"，并唤起人们热衷于接纳测量制度的递归性，它的整理和比较被标榜为对日益复杂的社会现实的真实表达。 受易见的"人对人的关注"的影响，统计学显然已经超越了其词源学上的根基，反映了市场对社会的重塑——不再先验地将人捆绑在一起，成为一个超然的集体，而是由人主动地捆绑在一起的实体。《合众国杂志与民主评论》（*United States Magazine and Democratic Review*）阐明了扩大联邦人口普查的调查类别的需要，并宣称共同体将由下而上地、经由基于"对事物真实状况的更积极了解"的自我调节的反馈回路运行。 一份来自 1844 年的国会报告以类似的措辞为一间新统计局的设立背书，文中称政治压迫是以"片面和不完善的信息"为根据制定的法律导致的，因为它们总是偏向于一个阶级而非另一者。由于合众国政府建立在"人民**大众**"之上，其立法审议需要涵盖"共同体的**每一利益**和**每一阶级**"。 正因如此，共和国才有责任组织一个充分的涵盖公民生活的方方面面的统计学程式，作为工具它使得政府同时服务于全体与个人，为国家的座右铭"**合众为一**"（*Epluribus unum*）赋予了新的、更远为多元的含义。 因此，在 1839 年出版于美国的第一部有关这一主题的理论著作《统计调查原理》（*Principles of Statistical Inquiry*）中，阿奇博尔德·拉塞尔（Archibald Russell）辩称，"调查不基于任何党派色彩"，这是因为"所有利益，无论是商业还是制造业的，农业还是商业职场的，都应同样得到代表"。[9]

《哈珀杂志》比较了 1850 年联邦人口普查的 138 份质询及其 6 份分开的明细表——包括能解决杰希·奇克林在绘制全国移民模式地图时所遇挫折的每个人的"出生地"一栏——与 1790 年国家的首次普查的六项询问构成的一本单独的"小册子"，然后同样对之赞叹不已："在其算术的外在之下，有着我们现实生活中最为基要的事实。"人口普查办公室的德鲍的前任，约瑟夫·肯尼迪（Joseph Kennedy）在描述第七次全国社会生活普查的空前广泛的范围时兴奋地宣称，对如此庞大的"孤立事实"的清单作交叉引用，使范围近乎无限的排列组合成为可能，这样的事实能产出"最为直接地关系到生命、财产、幸福促成和痛苦减轻"的记录。"人类的心智满意地沉浸于已探明且能表现出人类大家庭对自身的真实状况的逐步的了解的结果之中。"[10]

然而，"人类大家庭的真实状况"并不像数字所示那样，是一个颇直截了当的算术函数。 这是因为统计数据是定性而非定量的事项，是一个特定的计数体系的结果。 事实上，联邦人口普查的规模早在十年前就已显著扩大，以应对 19 世纪 30 年代的政治和经济动荡，后者揭示出共和国已不再是农民和樵夫的专属领地。 人口明细表扩展到 74 栏，增加了职业类别，列举了教育机构，评估了识字率，疯人也被计入。此外，还为农业和制造业企业的调查制定了特定的明细表——全部都是为了在忙于瓦解旧秩序的市场社会中寻找新的等级制度和共同性的源泉。 然而，尽管有着随之而来的卷帙浩繁的事实，但给出的结果却被普遍认为无法使用。 就连美国统计学协会也正式表示遗憾称，正是该组织竭力游说，"这些文件才得到国会的批准"。[11]

报告里自由黑人①精神失常的比例高得惊人，支持奴隶制的论客热切追捧之，这是人口普查数字歪曲性质的最臭名昭著的例子。 问题的部分原因是行政性的。 处理从实地发回的成千上万份手稿，将人口普查的新问卷生成的海量数字转录到细分成冗长浩繁的分散栏目的大号纸张上，需要密集的文员工作投入。 只有这样，才能将原始数据制表并建立有效相关性。 但是，国会拒绝为人口普查深远的统计计划所必需的官僚机构提供资金，使其项目注定在社会和科学上变得无关紧要。同样，在华盛顿的办公室也没有制定周期审查手续的手段，即使在发现错误后也无法纠正已填好的人口普查空格中的各色不合致。 事实证明，这些结果"非常不准确，因此根据这些结果得出的任何结论都是完

166

---

① 自由黑人，指在北美的英国殖民地以及 1865 年废除奴隶制之前的美国，未被奴役的非裔人士。 ——译者注

全不可靠的"，既不能指导立法，也不能为公众对话提供信息。[12]

但是，这些挫败也是设计缺陷造成的，无论怎样的行政监督都无法弥补。正如莱缪尔·沙特克很快解释的那样，一旦我们"想知道一些比单纯的人数更多的东西"，单纯的数字列就不再足够了。量化未必能得出统计学知识，也就是说："需要加以组合和演绎才能充分发挥其作用"。沙特克认为，第六次普查收集数据的计划"过于笼统，除了原初制定的分级外，无法容许任何别的分级"。这也就是说，只要围绕静态社会秩序的传统范畴来组织，那么增加这么多新的研究课题对知识的贡献就微乎其微。例如，家庭户口的构成或棉纺厂的产量，仍然是基于有关家户和棉纺厂的本质的传统观念来计算的。随之产生的推断至多也不过能再生这些惯例，也即使组合和演绎的范围仅限于父权制家庭生活的结构或长期以来纺织品生产在制造业经济里所处的角色之内。1849 年，纳胡姆·卡彭（Nahum Capen）敦促国会修改 1850 年即将到来的普查的分类法，他写道，"为了将人口普查变成一个能够记录我们的境况不断出现的快速变化、我们人民的顽强抱负、企业的不合常规[以及]财富前景令人兴奋的新诱惑"的统计调查工具，我们需要一个全新的统计计划，它要有能够"以很多不同方式摘要和组合"海量匿名细节的足够的弹性。莱缪尔·沙特克认为，只有这样才有可能产生"更多有趣而重要的结果"。[13]

1845 年，沙特克在自己设计的波士顿人口普查中首次实现了这一点。波士顿人口普查吸纳了英国人近来的创新，采用了一种向所有人提所有问题，然后在普查表格里为每个人分配单独一行的分级方法。这种"个人查问模式"，沙特克称之为个性化分类法，为收集"许多不同类纲的事实"提供了一个前所未有的计划，这些事实由于其随后显现的多样性，可以在涵盖所有男人、女人和孩子的丰富关系中进行组合和重组，从而揭示了在一个以运动和关系为基础的社会中，整体和部分之间的广泛互动。"迄今为止的人口普查开展计划"从未能使对衍生自"数量几乎不可能确定的类纲"的比较得以可能，这是因为迄今为止计人的人口都是受到家户的集体庇佑，而这必然会将所有个人信息的反馈结果都清除，包括每个社会成员个人的"肤色、性别、年龄、家庭状况、职业、出生地、财富、教育及其他"。沙特克进而阐释说，其所产生的几乎不能确定数量的对比将"具有或多或少的意义和重要性"。事实上，这种对各种报表的意义的不确定性，脱离了任何有关社会秩序来源的先验假设，正是这种新的普查体系的关键所在，也是其认识论突破的关键所在。也就是说，只有在收集数据——在所有个人化的经验残片被妥当"摘要组合"——之后，而非之前，"我们人民的不屈抱负"及其企业的不合常规及其财富令人兴奋的崭新前景才会显现出来。这样的步骤假定只有了解自我，社会才可发现，颠倒了前者与后者间旧有的共同关系。因此，公共生活成了一群离散变量之间的相互作用的函数，而这样的函数与任何关于它们有什么共同点的强制性概念，甚至与

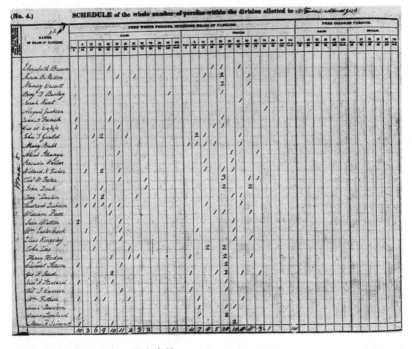

填好了的 **1840** 年度人口普查表格。

为资本主义算账

169

Dwelling-houses numbered in the order of visitation	Families numbered in the order of visitation	The Name of every Person whose usual place of abode on the first day of June, 1850, was in this family.	Age	Sex	Color	Profession, Occupation, or Trade of each Male Person over 15 years of age.	Value of Real Estate owned.	Place of Birth, Naming the State, Territory, or County.	Married within the year	Attended School within the year	Persons over 20 yrs of age who cannot read & write	Whether deaf and dumb, blind, insane, idiotic, pauper, or convict.	
1	2	3	4	5	6	7	8	9	10	11	12	13	
16	14	Jane Hagan	23	f				Ireland					1
		C. Floyd	25	f									2
17	17	S. E. Guiles	20	m		Counsellor	15,000	Mass					3
		Elizabeth	25	f				"					4
		Charlotte	2	f				"					5
		N. McGarran	21	f				Canada					6
		Mary "	23	f				"					7
		Sarah "	40	f				"					8
18	18	S. R. Russell	27	m		Merchant		Mass					9
		Louisa	29	f				"					10
		Ellen	1	f				"					11
		Hannah (Unknown)	50	f				"					12
19	19	G. W. Wales	34	m		Merchant		"					13
		Maria	32	f				"					14
		John Mathew	31	m		Laborer		Ireland					15
		Eliza Graham	42	f				Mass					16
		N. Healy	24	f				Ireland					17
20	20	G. H. Fosdick	25	m		Merchant		Mass					18
		Catherine	24	f				"					19
		G. Boylen	40	m		Laborer		England					20
		H. Hay	20	f				Mass					21
		E. Sanders	25	f				"					22
21	21	G. A. French	50	m		Merchant	7,000	"					23
		Lucy P. "	45	f				"					24
		John P. "	16	m		none		"		1			25
		Charles E. "	13	m				"		1			26
		S. Wm. "	8	m				"		1			27
		Joseph P. Williams	21	m		Clerk		N. Y.					28
		Mary Morgan	20	f				Ireland			1		29
22	22	Sutton Brose	40	m		Machinist	8,000	Me.					30
		Mary	38	f				Mass					31
		Albert	10	m				"					32
		Sophia Hilton	50	f				Mass					33
		Nathaniel Downes	24	m		Carpenter		"					34
		Henry Morgan	21	m		unknown		"					35
		Mary E.	27	f				"					36
		Augustus	20	m		none		"					37
		William Tierney	21	m		Comb Maker		"					38
		George	17	m		Clerk		"					39
		Catharine Finley	20	f				Ireland			1		40
		Samuel Price	15	m				"					41
		James Braden	10	m				"			1		42

填好了的 1850 年度人口普查表格。

一开始就构成共同点的概念完全无关。 社会失去了自主地位，同时又被重构为由个人生活的"微小分支"系统性汇编而成的短暂、任意的经验"组合"。 在美国地理和统计学会的一次演讲中，约瑟夫·肯尼迪专门介绍了囊括个人化的调查模式在内的 1850 年人口普查报表的成就，他宣称私人经验的独异性成为发现"美国人民在其所处的全部关系中的数量和境况"的手段。 肯尼迪承认国家以往全部的统计调查都不过是构造了些基于偏颇方案和狭隘意识形态的"偏差和假想"，同时又进一步宣称，"每一个体的历史"因而擢升为统计学项目的组织原则。[14]

　　这些统计值是真正的美利坚体系，是用于将每个公民的独有性质转录为可互换的字符的序列，并与从其他人（在人口普查官员来访之前，报纸已提前向他们提供了一份询问清单）——实际上是从所有人——那儿收集到的类似数据加以重新组合的科技成果。"一家之主；农场、制造工厂、商店和工坊的所有者、代理人和利用者；教育、慈善和宗教机构的负责人；各城镇和各县的官员"——所有人都动员起来一起编就这本国民经验的分类账。 有鉴于此，在第七次人口普查的《汇编》（*Compendium*）的前言中，德鲍写道："就像商人的簿记一样，公民可以一目了然地读出一年或一年时段的所有结果，与其他时段的结果对比后，复推出道德、教育、财富或权力方面所致的损益。"[15]

　　1854 年，弗朗西斯·威廉·埃德蒙兹绘制了一幅题为《做人口普查》（*Taking the Census*）的无伤大雅的风俗画，从中可以观察到这一社会的新统计体系的实际逻辑。 埃德蒙兹的油画描绘出一家人在朴素村舍中聚在敞开的壁炉旁迎接客人的情景。 阳光透过房屋敞开的门窗穿进，乍看之下，不过是当时流行的乡村生活感伤的复述。 但埃德蒙兹并没有绘上乡邻间的随意拜访。 相反，一家人聚起来欢迎人口普查员，根据人口普查办公室在寄出 15 000 份将要构成随后报告的原材料的"填空"纸时的指示，普查员手执羽毛笔和对开本，自信满满地在这家人面前摆出架势，提出问题，然后尽职尽责地将其答辩记录在"任何中人之慧都能看懂的表格"上。 事实上，在将日常生活换位为标准的人

170

口普查范畴标志着个人经验转化为"关于事物的真实状况的实证知识"的那一刻，埃德蒙兹的乡村田园诗就变成了关于社会重塑的清晰图景。[16]

实际上，这一进程在人口普查调研员跨过任意家人的门槛之前就开始了，因为首先有必要设计制造一套系统来偿付联邦当局临时招募的由3 276名下级公务员组成的临时大军的薪金，才能对分散在整片大陆上的人口加以调查。 具体实现途径是将每位副司法官查访的住居数的平方根乘以每个普查区所构平方英里数的平方根。 由此画出的抛物曲线就是降序薪级表的基础。 所有的查访一经完成，一式三份的填空表格也填好，这些表格就会邮寄回华盛顿，由在11月份额外增补雇员后的人口普查办公室加以审核，如有必要，表格还会返回实地更正，其后再制表、打印，并分发到业已知悉出生率、结婚年龄和精神病患人数的变化的社会层面。 埃德蒙兹作画的同年，至少有五万册合订本《汇编》付梓，其将"1 000万乃至1 500万份数据"浓缩成一册比率表和比较表，展示了敏锐的统计能力和书面表达优于口头表达的内在效率。《汇编》用八开纸而非对开纸印刷以减轻全册体积和重量，从而使其更便于握持和阅读以及邮寄，遑论排放在商业图书馆的"统计学书架"上，《汇编》注定要送达几乎美国的每一户家庭，而且"它必须在一定程度上成为后者谈天和讨论的主题"。[17]

并非所有人都乐意采纳这种"无所不知"的新体系，即使普查员受到专门指示要在提出询问和记录答复时"以消解偏见、确保信任和善意的绅士风度"行事。 在1850年夏天，一则新闻流传全国，一名众议员向一位冥顽不化的公民解释说，夫人，我的公事就是来查究。"好吧，不管他叫什么名字，你去告诉议员先生，他的行为非常愚蠢，让你跑来跑去问一些无聊的问题。"反对财政量化的人警告称窥探人民的家庭经济是直接税的马前卒，并调动了人们对政府阴谋腐败的传统恐惧。"无私爱国的辉格党竞选活动者和巡回演说家们自信满满地告诉老太太，设计清点她们的家禽、黄油、鸡蛋和家纺的做法是要确定每样东西要多少量才能为范布伦①先生的常备军供给衣食。"[18]

人口普查法案本身在参议院引发了一场有关宪法意图和州特权问题的长期尖刻辩论，并只在1849年国会会议的最后一天才获通过。最强硬的反对统计改革者最终孤注一掷企图把记录奴隶姓名、出生地和后代的建议删去。反对者大声讶异于联邦拿这类信息有什么用处。甚至还有人对这些事实的实际存在表示怀疑。阿拉巴马州参议员金（King）解释说，"女人十有八九……不知道自己究竟生了多少个 ［笑］。"事实上，人口普查官员按照新的个人调查模式查访奴隶区，这一现象可怕地预示着联邦政府将对奴隶主与其动产的专属关系进行更为严厉的干预。在某场辩论中，威廉·西沃德曾试图以科学客观性的据实语法来化解南方州的反对意见。西沃德解释说，"每个女性生育的孩子数量、活着的孩子数量以及死亡的孩子数量"——全都是有实效的细节，目的不外乎"确定……相对寿命长短的问题"。当然，目的并未提及也未正式承认黑人的平等性。另一位人口普查法案的支持者向国会同僚保证说，事实上，记录报告更有可能证实占主导的种族假说，因为向奴隶和自由白人提出同样一套标准个人问题，首次令人口之间的直接比较成为可能，这无疑为关于奴隶天生劣等的"阿加西教授②理论"提供新的经验主义证据。但金和国会同僚并不满意。他们发觉，统计科学将"社会大众的社会和身体状况"置于普遍基础上以开展比较，以等价性取代了有机等级制度，进而对父权制权威和共和传统构成了内在威胁。[19]

172

统计不仅引发了对"不受欢迎的入侵者"和暴政"瘟疫"的传统恐惧，更不用说废除奴隶制了。正如托马斯·卡莱尔对现代实证主义所抱怨的那样，"［我们的］灵魂、身体和财产几乎没有留下任何片段或纤维，而是被探测、解剖、蒸馏、干燥和科学地分解了"，在这种怀疑的驱使下，一种更新形式的惶恐也显而易见。《马萨诸塞教师》在其版面

---

① 马丁·范布伦（Martin Van Buren, 1782—1862），美国第八任副总统（1833—1837）及第八任总统（1837—1841）。——译者注
② 路易·阿加西（Louis Agassiz, 1807—1873），19世纪瑞士出生的美国生物学家和地质学家，公认的地球自然历史学者，以冰川理论闻名。——译者注

上对"根据我们的相对价值来评级、定价和贴标签"的知识风尚表达了类似的担忧,并直接回应了卡莱尔的抱怨。 这些怀疑者意识到,统计学真理把活生生的、呼吸着的人转变成人为合成的抽象概念、标准差、样本、估计值、概率、等值、相关性、回归、极值化、可能性和方程式——这些全都基于一种和自身人性的零和关系。 为文明化进程付出的代价太高了。 在另一个当年流行的讽语中,人口普查执行官问道:"家里有几个男丁?"不合逻辑的推论回应说:"一天三个男丁",这表明一旦要求每个人都用普遍化的人口普查范畴的经验主义语法来说话,就会引发交流的危机。 另一个双关语用更尖锐的语言阐述了同样的观点:

> "夫人,我是出来做人口普查的(out with the census),还有——"
>
> "呃,我想你是不是疯了(out of senses),居然跑到我家来,问这些问题。"[20]

173

威廉·埃德蒙兹所作《做人口普查》。

这种对"经济学家和计算器"的统治的抵制，是因为大众意识到，统计学试图用一种常识来取代另一种形式的常识，而结果证明，更新后的版本更契合于一个有着相对价值和自立之男的社会。[21]

行业尺度

新的常识最为明确地体现于第七次人口普查批量生产的明细表中，且被认为是几十年来在衡量经济投入和产出方面自业自得的失败之后的圆满成就。 这些早先的企图可以追溯到詹姆斯·麦迪逊提出的在 1790 年第一次联邦人口普查中加入职业查询的建议。 麦迪逊认为，这将是确定美国经济各部门相对规模的有效手段，鉴于派系在政府中扮演的角色以及新生共和国中"土地利益、制造业利益、商业利益、富人利益[以及]众多的次要利益"间关系特征的结构性张力，这一信息尤为重要。 但是，尽管国会通过了其他几项将美国的首次人口普查扩展到宪法授权的简单人头统计之外的建议——例如，由名字来识别每个家庭的家主，以及不仅要区分奴隶和自由人，而且区分"白人"和"所有其他自由人"——这清楚地证明了种族身份在美国公民生活中日益增长的重要性——但职业清单被立法者否决了，他们认为，正如麦迪逊后来向杰斐逊抱怨的那样，它只不过是"给闲人编书"的材料而已。 毫无疑问，麦迪逊对政治算术的威权制遗产有所察知——他也借鉴了英国辉格党人在 1753 年坚决反对人口普查的做法，认为它"会彻底毁掉英格兰人民最后的自由"——参议院以多数挫败了麦迪逊将联邦人口普查变为"获取最有用的信息的机会"的计划。[22]

到了下一次人口普查，杰斐逊本人也参与了扩大普查范围的努力，1800 年，他以美国哲学学会（APS）会长的身份在一次强调了十年一次的人口普查在"推进有用知识"方面的作用的纪念仪式上署名。 他认为引入年龄分类尤为重要，因为这样就使构建预期寿命表得以可能。 康

174

涅狄格艺术与科学院（Connecticut Academy of Arts and Sciences）也采纳并支持了麦迪逊早先对列出每个家户之主的职业的呼吁，并给出了更为详尽的阐述。 兹确定九个类别——学问家职业、商人和买卖人（这一定义囊括了银行家、保险商、掮客和"各色小贩"）、海员、手工业者、农业劳动者、所有其他类型的劳动者、住家佣人、乞丐和"靠收入生活却无特殊职业的人"——每个受访者只被分配到其中一类，以确保"他只在本表中出现一次"。 这一规则显然有着统计学合理性，但在一个劳动分工仍然不确实、不固定的农业社会中却体现了实践上的困难。 例如，居住在马萨诸塞州商业化程度更高的地区的农民，有将近一半仍然从事手工艺劳动和其他行当，实践着某种由非专业化、前工业经济的物质需求催生的职业易变性。 然而，这些分类学问题仍然没有考虑的意义，因为国会再次否决第二次尝试将人口普查变成政治经济学的统计摘要。[23]

这一切在 1810 年发生了改变。 第三次联邦人口普查首次强制要求公务员亲自查访每家宅地——这样的计划需要将美国划分为形式上的各统计区——并且首次以"制造业摘要"为重要内容。 当然，麦迪逊现在已经是总统了。 然而，利用人口普查来记录全国制造业活动的关键性推动力，来自贸易禁运以及与之相关的国货运动，即为有能力替代供应不再可获得的外国商品的国内产业的利益代言。 坦奇·考克斯（Tench Coxe）是汉密尔顿手下的财政部助理部长，他在 1791 年那份具有里程碑意义的《关于制造业的报告》（*Report on Manufacture*）的问世上发挥了核心作用，在总结了 1810 年人口普查结果的《美利坚合众国艺术和制造业声明》（*Statement of the Arts and Manufactures of the United States of America*）中，他宣称，"非常有用的数据"确实已经收集齐全，使将国内贸易（和美国制造的商品）的价值与对外贸易或外国进口商品的价值进行比较得以可能。 然而，由于没有人有法律义务透露这些信息，以及制裁拒绝回答人口普查询问的人的正式的法律约束——还有金钱罚款——相反，行业报表不完整得令人担忧。 普查员还获得自由裁量权

175

去决定将哪些内容纳入制造活动调查。国会收集的企业官方汇编"仅旨在给问询提供一个方向"。结果，这些报表被判定为"不完美"，几年后《北美评论》抱怨说，在根据原始数据创建一个连贯指数时，考克斯"被迫通过反对假设（objecture）和演绎来填补如此多的鸿沟"。历史学家后来发现，1810年人口普查的官方《美利坚合众国艺术和制造业声明》中报告的产品价值总额有超过一半根本不在报表内，而是考克斯自己的独立估算给出的。[24]

尽管如此，利用联邦人口普查的行政机构，系统地了解工业化经济的做法还是开创了一个先例。此外，人口普查范围的扩大一方面显然是为了满足时代的需要，同时也是出于发展美国的统计方案的总体企图，除了考克斯的《艺术和制造业说明》，还有塞缪尔·布洛吉特的《经济：美利坚合众国统计手册》（*Economica: A Statistical Manual for the United States of America*）（1806）、蒂莫西·德怀特的《纽黑文市统计说明》（1811）、蒂莫西·皮特金的《合众国商业统计观点》（*Statistical View of the Commerce of the United States*）（1816）和亚当·西伯特的《统计年鉴》（1818）。这些作品是对社会量化在公共生活中日益重要的地位及其原始状态的证明。例如，亚当·西伯特800页厚的《年鉴》援用了收集自办公室和当局的杂录的范围宽泛的数据，他发现在詹姆斯·麦迪逊最初提议的30年后，自己仍在争辩收集职业和行业信息的迫切需要，而这样的"最有用的事实"仍不为人所知，尽管"它比任何其他信息都更能让人了解我们经济的实际状况"。在1820年的下一次联邦普查前夕，《北美评论》对西伯特的工作进行了回顾，详细阐述了这些主张，并认为国家的"生产性或者说盈利模式"需要成为系统性衡量的主题。共和国需要一种超越农夫和重商主义者的世界的统计学，提供"对所有的……资本的解释"，即一个能揭示公民为追求物质幸福而施展"头脑和身体能力"的所有通途的知识体系。[25]

这似乎终于在1820年实现了，当时合众国第四次人口普查采纳了麦迪逊最初提出的职业调查提议——尽管没有像支持者希望的有那么多

176

细节——同时还提醒执行官注意"区分从事农业、商业和制造业的人员有很大困难，［因为］人口中有相当一部分人……会同时从事这三种职业"的事实。[26]除了新的"劳动力"数据外，人口普查还在其制成品的明细表中引进了一个更庞大的系统，建立了一个基于普遍性和等价性的计划，以改进十年前漫不经心的先例，而普遍性和等价性是生成制表摘要的基本条件。从华盛顿发给现场干员的官方指令包括了14个标准问题，指引他们记录生产中使用的原材料类型和数量、受雇人员的人数和工资，并按性别进一步区分，使用的机器类型（如有），以及成品的质量和数量。家户生产排除在记录之外，因为"似乎易于推断"，这类生产仅构成"附带的"工作，而非任何人的首要经济活动，因此不应被用来确定"该人所属的社会阶级"。这种取消资格的做法同人口普查的职业分类法完全一致，后者类似地也禁止任何人既当农民又当工匠，因为担心这会不可挽回地歪曲社会分工的统计数据。现在，真正意义上说，由于人口普查本身而非别的统计规则，农业可能首次作为一种成熟职业出现在历史记录中。[27]

一旦为企业树立起固定的问询逐项登记表，就有可能向所有从事生产的企业提出相同的问题，这样就有可能生成一份可比的——比较当然是统计学程式的关键——涵盖全国所有行业的资产和支出摘要。因此，1820年的人口普查填空就像一张收入和支出的资产负债表。为了进一步尝试系统化，人口普查办公室发布了一份按字母顺序排列的需要调查的制造业分支的清单。清单延展很广，但并非必须恪守，因为公务员们也承认横贯合众国各地的生产活动之多种多样，单靠一套指导方针无法无遗地预见其变化。真正意义上说，该登记表"只是意在给问询提供一个方向，而每个问询者都会在其中加入每一其职分当记录却又未曾列入的制成品"。但是，不管是严格遵守预先印制的生产性企业索引，还是由人口普查员的个人自由裁量来修改——尽管他们一般会努力通过包含14个常见问询的表格来标准化新的制造清单表——事实证明其结果之片面和随意丝毫不亚于十年前收集的数字：1820年度回答的

177

还是那张构成传统商业经济的核心的纺织业、冶金业、皮革业、玻璃业和造船业的清单。在这方面，第四次人口普查设计中引入的形式合理化实际上仍然不能被描述为统计学性质的，因为它们仍然统计的是早已知晓的东西，而不是揭示物质生活的"算数外在"之下的诸现实。这就是约瑟夫·肯尼迪最终在1859年不予考虑的依赖于狭隘的意识形态习惯的封闭系统。[28]

事实上，在此之前展开的所有对美国生产性工业的调查都是基于与1791年汉密尔顿的《关于制造业的报告》相同的范式，而用美国第一任财政部部长的话说，后者致力于"诸如促进美国独立于外国"。这些都是道德经济学和政治算术的传统信条，即确定这项或那项事业之于公共利益的相对重要性，然后根据同样的等级制度来收集其后构成了官方的经济知识的诸信息。1810年的人口普查中的新行业明细表的明确目标可能在于发现整个国家的"制造业实际状况"，但这仅仅是指能够以国产商品代替被禁运的进口商品的企业，或者那些对新纳领土上的移民定居而言至关重要的行业。这样的标准忽略了"鞋、靴、马鞍、缰绳、挽具、毛皮和羊毛帽、普通锻件、针织长袜、商店和家庭的服装制作、羊毛制品、肥皂、蜡烛、钾碱、金属制品（铁除外）、钟表以及其他各种实际制作的物品"，这是因为它们起初就没有在进口经济中发挥有意义的作用。[29]

随后的十年见证了一股实证主义倡议的迅速高涨，科学实证主义与围绕市场组织的社会秩序的兴起激发的改良主义焦虑相交织。美国生理学会和美国统计学协会的成立正值全国明显爆发经济恐慌之际。弗朗西斯·利伯尔制定了他的物种福利调查纲要，阿奇博尔德·拉塞尔出版了《统计调查原理》，时值国会就即将出台的人口普查法案进行辩论，寄希于将该法案改造成一个用于衡量社会关系而非国家的政治状况的全面统计工具，因为"良好的秩序更多地取决于前者而非后者"。联邦体系之外也采取了类似的措施，明显可见于州和城市人口普查规模之空前，其中许多创新都被纳入到1840年的十年一次的普查之中。第六次联邦人口普查除了对关于医学主题的"生死"统计产生了新的兴趣外,还旨在收集"与矿业、农业、商业和制造业……有关的所有信息,以全面展示全国的经营、产业、教育和资源"。 对全国有形资产的宽泛登记甚至促使杰希·奇克林注意到,虽然人口构成了过往的全国调查的首要对象,但调查的重点正在转移。 1840年后,"财富"将成为人口普查项目的核心。[30]

阿奇博尔德·拉塞尔和同僚们很快就明白,普查在定量上的扩展并不一定能保证其定性上更真实的结果。 在提交给国会的一份备忘录中,美国统计学协会针对雄心勃勃、颇为全面的第六次人口普查所具的缺陷解释说,在报表上,纽约州奥尔巴尼有35名居民被列为从事商业职业,而在另一个面积只有奥尔巴尼一半的哈德逊河谷城镇特洛伊,同一栏就给出总人数为796人。 在描述肯塔基州种麻业、新罕布什尔州开采的烟煤质量、在新奥尔良做生意的进口商数量以及在马萨诸塞州从事商行活动等方面,也明显存在类似的差异。 人口普查办公室的职员们受雇就是要揭露这类明显的不一致性,并将其反馈给地方公务员加以纠正,然而,后者并未得到执行。 官僚主义的疏忽并非唯一的问题。统计学协会发现,尽管"新英格兰每一个城镇和合众国每一个县"都拥有这样的行业,但有些副司法官从一开始就未能将零售商人纳入调查。[31]

缺失的数据表明,困难远远超出了行政管理不力的问题,因为事实上人们尚未让普查员准备好有效的标准来确定什么算真正的商业职业。人口普查办公室是一个每十年重新设立一次、根据宪法规定对全国人口进行调查的特设业务机关,但与此相似,它被禁止向普查执行官提供何者可定性为"制造业"的有约束力的标准定义,而这削弱了对全国行业的"全面了解"的明确目标的达成。 相反,所有执行者都分到了一份179 借鉴自制定于1820年的制成品明细表而产生的公认详尽的有45个不同行业部门的清单。 这样,人口普查报表就提前确定了哪些种类的生产值得统计——而这样的一份登记表是依赖于对构成生产经济的诸要素的已有知识的——并于其后根据既知的行业惯例来分别设计每个行业分支的特定问询，这样的事实证明它既武断又传统。它肯定无法反映"我们的境况不断出现的快速变化"或"企业的不合常规"，可后两者才是时代的特征，也是最需要统计学排序的。因此，在呈给全国各行业分支的个别问询的详细逐项登记表中，还需要添加第 46 个杂项类别专用于登记"所有其他制成品"，这样类别之缺乏定义甚至违背了整个文档的系统性设想。因此，第六次人口普查试图全面了解美国经济发展状况的史无前例的雄心壮志，其最终意义反倒在于其失望的支持者得出的实际结论；也即是说，任何衡量并因而统制市场社会生活的尝试都需要全新的统计范式。[32]

这种情况发生于 1850 年。人们普遍认识到过去十年的失败，并重整旗鼓，在阿奇博尔德·拉塞尔和莱缪尔·沙特克各自撰写的呼吁书中，纽约历史学会和美国统计学协会呼吁国会听从专家意见以修正过往的错误，并创建一种能够实现统计学潜力的新人口普查方式。他们的计划未获普遍采纳。比方说，国会仍然任命政治人物而非专业人士来主导人口普查办公室。它还成立了一个名为"人口普查委员会"（Census Board）的新团体来负责监督新人口普查的设计，由国务卿、总检察长和邮政总局局长组成。然而，委员会的存在本身就为统计学界提供了一个前所未有的、能影响行将来临的调查结构的机会。约瑟夫·肯尼迪被任命为委员会秘书长，这意味着一旦国会在 1850 年 5 月批准该法案，他就成为人口普查的监管书记员。虽然来自辉格派的肯尼迪没有专业资格，但他颇忠实于其对有用知识的新兴狂热，并在起草人口（奴隶和自由人）、死亡率、农业活动、工业企业以及包括学校、教堂、监狱和新闻业在内的各种民间机构的各别调查明细表上，征集到了拉塞尔、沙特克以及纳胡姆·卡彭、杰希·奇克林和爱德华·贾维斯的直接帮助。拉塞尔和沙特克甚至前往华盛顿，追踪参议院就即将到来的人口普查权限进行的激烈辩论，与肯尼迪以及来自马萨诸塞州的资浅参议员约翰·戴维斯（John Davis）保持着日常联系，戴维斯是美国统计

180

学协会的成员，他在美国度量衡标准化方面发挥了重要作用，而前一年的度量衡修正案恰恰促成了人口普查委员会的成立。 与此同时，分化后的参议院成立了自己的人口普查相关的特别委员会，以试图抵制委员会的激进议程。[33]

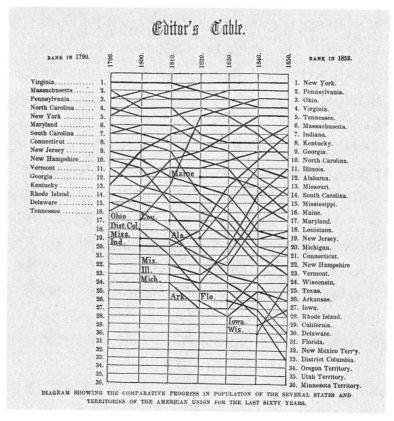

摘自《哈珀周刊》，1854 年。

统计学的游说团体本身在设计新明细表一事上并非铁板一块。 这些差异在估量行业方面尤为明显。 例如，在谈到对 1840 年的失望时，杰希·奇克林建议国会说，"明确而准确地查明少数的主要事实，比尝试大量却只能得到粗略的报表的做法要更好。"奇克林认为，第六次人口普查在统计学上的雄心壮志，由于文件缺乏对需调查者的"清晰明确"

的想法而注定要失败。他以统计商业活动的失败企图为一例，问道：
"受雇于**商业**活动者指的是什么？""包括流动小贩、小批零售者或批发
商人吗？"特洛伊和奥尔巴尼两地的报表，正是因为缺乏统一的定义，
使其揭露的结果可想而知变得毫无意义。奇克林总结道，为了避免今
后再发生类似的挫败，有必要将术语标准化。而将之实现的最好办
法，就是限制人口普查的问询主题的范围。[34]

　　纳胡姆·卡彭则对奇克林关于减少人口普查所含主题数量的建议提
出异议。他认为，任何这样在定量上的牺牲，事实上都不会带来定性
上更准确的报表。事实上，这样做会产生相反的效果。卡彭认为：
"一项工作的完成通常要根据其规模和重要性来精心决定。"他对"由问
询某些主题而忽略其他，来减少人口普查的对象"的趋势，提出了切中
肯綮的批评。后者必定会导致对主题的专断选择，进而违背包容性公
理，有损害整个统计事业之虞。反之，他建议扩大人口普查的范围，
从而使统计学雄心与工业时代经济生活主题日益增多的数目保持一致。
卡彭认为，要实现这种延展，最好的办法是建立由多份明细表组成的体
系，而每份明细表主要又都由自身的一套专门适配于工业各分支的问询
集合。借用更缜密、更细致的盘问，既可以改进准确性，同时也不至
于牺牲包容原则。[35]

　　此时，J.D.B.德鲍加入了这场辩论，他在新奥尔良《每日花絮》
（*Daily Picayune*）上发表了一系列致华盛顿人口普查委员会的"信"。
曾在路易斯安那州近来的州人口普查中发挥了主导作用的德鲍认识到，
一旦决定将人口普查变为一种统计工具，基于既存等级来确定人口普查
类别的旧范式就失去了任何意义。他还发现了旧普查方法的循环本
质，即"使单单普查本身就能提供的信息，在做普查的过程中变得必不
可缺"！德鲍抱怨说，甚者，对普查主题加以更详尽的规范说明也无法
解决这本质上为认识论的问题。但德鲍更关注的是这个问题在政治上
而非哲学上的可能影响。南方工业化的愿景令他联想翩翩，他对纳胡
姆·卡彭提议的建立一个多份专门的制成品明细表的体系感到困扰。

182

德鲍警告说，这一计划会破坏既是统计学理想，也是国家统一的关键的"统一性规则"，然而在一个宗派化的张力不断加剧的时代，这样的原则已经不再是理所当然的了。 由此，对生成具有普遍意义的可用结果而言，必要的是建立一套整个制造业经济普遍适用的问询集。 德鲍论证说，为不同的经济分支设计各自的明细表只会一语成谶，从而使国家进一步分化为诸自主的社会和经济单位。 例如，关于大米、棉花和甘蔗的问询都是专门提给南方的，尽管这些作物在联邦几乎所有州都有种植之迹可寻。 德鲍承认，北方的这些种植行业可能仍处于萌芽状态，但在 1790 年，马萨诸塞州的制造业也是如此，而现下所有人都为第一次人口普查中没有包括制造业而感到遗憾。 同样，专门调查工业生产的明细表也仅限于北方州。 结果就是，原本旨在成为"代议制的伟大共同量具"的人口普查将成为不折不扣的分裂手段。[36]

1850 年最终采用的产业明细表方案，同时采纳了杰希·奇克林就对调查主题加以更严格定义的背书、纳胡姆·卡彭关于扩大普查范围的提议以及 J.D.B.德鲍为了统一性的主张。 事实上，第七次人口普查标志着 1850 年份的又一次巨大妥协——又一在碎片化的现实中建立统一性的企划——但比亨利·克莱①同年维护奴隶制共和国的企图要来得成功得多（下一次国家制造业经济评估法的重大变革是在 1880 年）。 约瑟夫·肯尼迪观察到，这为一个经年累月的问题提供了一个极优雅的解决方案，这个解决方案"建立在与任何以往用于类似目的的方案都完全不同的原则之上"，因为人口普查统计制造企业的新方法基于给人口普查执行官的单一指示，即列出每个"生产物品年度价值为 500 美元物品的公司、企业或个人"。 这意味着所有预先存在的、既定的等级制都被明确废除。 虽然 1820 年首次使用的 14 项标准问询的集合在事实上被再度起用，但新的 500 美元货币门槛使其首次"适用于生产性行业的每个

---

① 亨利·克莱(Henry Clay, 1777—1852)，美国国会历史上最重要的政治家与演说家之一，辉格党的创立者和领导人，美国经济现代化的倡导者。 他曾经任美国国务卿，并五次参与竞选美国总统，但均告失败。 ——译者注

分支的任意枝节"。 这导致了对行业的概括看法同对于构成国家生产 183
经济的任何**先验**形式或幻象的完全脱离。[37]

在新框架下，不论哪种特殊的工业活动的形式，其对国家物质生活
或多或少都有内在的重要性。 在先前的所有调查中，某些制造业分支
的特殊贡献或地位决定了其在关于生产性实践的官方记录中的地位（抑
或被排除在外），而新的框架与此形成了反差。 因此，1850 年的人口普
查为工业经济生成了一份前所未有的包容性登记单，其特征只有在所有
报表得以整理后才能确定。 马萨诸塞州洛厄尔的纺织业巨头和曼哈顿
南街的家具装饰商，都有资格被纳入同一个完全由其产品的价值决定的
物质世界，更不用说纽黑文和辛辛那提的泔水商人了。 因此，制造业
活动那 500 美元的界线生成的是前所未有的范围之广、种类之多的"事
实"的集合。 仅举几例，糖果商、镜子制造商、衣料商、裁缝和女帽制
造商等行业首次出现在经济生活的国家官方记录中。 所生话语之复调
性，则自说自话地明证——如果有人拒绝回答生产明细表上的问询，即
有首犯处 30 美元罚款之危殆——且凸显了新报表的本真性。 事实上，
人口普查里如此多种不同类型的制造业的海量在场，更不用说制造商本
人，无可争辩地证明了统计学真理恰如其所宣称的那样，是"一个各方
可以亲切会面的中立之地"。[38]

利润统计

在一个不再受任何超验权威统治的社会里，人们在讨价还价中相
遇。 换句话说，与前工业时代和前统计学时代对大同社会的想象相
反，1850 年详尽记录下来的经济并不依赖于影响公共秩序的既存的公
益模型。 要树立共同性，就要恰恰相反：首先要探明物质事实，然后
再将其加总为一个全体。 因此，这一统计全国"工业产品"的体系与
保障人口普查的崭新"个人问询模式"倚赖着同一条公理。 因为后者

推翻了早先无力发现"除最初制定的"之外的事实的人口分级体系，而新的制造业明细表吸纳的是同样的通过个体化以实现普遍化的后父权制
184　体制。　换句话说，事实证明，个人问询模式无论是在统计日益增多的商品数量还是统计人的个体数量方面都同样有效。

　　这一分类法不仅催生了一个视域空前的工业全景，它还改换了分级自身的本质，并由此改变了生成经济知识的手段。　因为殊为固定的500美元的总数实际上构成了一个颇为易变的边界。　无需每十年进行一次修订，它就能根据不断变化的营商条件来提供多样的工业活动图景。事实证明，货币本位制和其所度量的市场有着一样的弹性。　但这并不意味着它缺乏稳定的参照点。　500美元这一数目的执行颇严格，更不用说事实上也总能做到。　但是，与以前的人口普查中所体现的普遍利益概念不同，新的人口普查并没有在结果中重现那些对国家生活至关重要、值得调查的经济部门。　情况恰恰相反。　1850年的报表反映了易变之市场所特有的波动和相对性，而且在未有事先了解这些产业的需要的前提下，刻录了新产业的崛起和旧产业的消亡。　500美元的门槛成了知识的自主模式的基石，换言之，基于一种将变化视为永恒者之条件。甚至可以得出结论说，人口普查实现了其时广为流行的永动之理想，就像某类事实证明对整个工业时代的信息系统都至关重要的自动反馈机制一样运转。　因此，废除稳定等级和可预测结果之后的分类法，成了稳定性和可预测性的新基础。　杂多性和多元性不再必然被压制或归入单一的主体性之下。　在这方面，第七次人口普查为资本主义的无序状态提供了一种结构性的解决方案，为工业生活带来了系统和控制，同时又没有牺牲人员和货物的不断流动和易变性所带来的利润。

　　"年度价值500美元"令货币成了公分母以及统计学中立性的基石，不受狭隘的政治利益、传统等级制或者说不受"偏差和假想"的污染，尽管后者看起来不太可能。　制成品明细表不仅是企业分类账记录投入与产出的一面明镜，其商品形式本身也物化为了统计学真理。　这表明，市场和统计学有着共同的类比基本公理，即让一切都具有可比性

或可交换性。 这两种体系都能将人为现实自然化，使苹果和橘子成为
"活生生的经济"中的对应要素，遑论定制西装和铁矿石。[39]

　　亨利·凯里在一篇关于"商业价值的本质"的文章中承认，将货币　　185
擢升为价值的终极度量衡也引发了一系列理论问题。 因为货币本身算
是一个流动的、不确定的变量，它反映所交换物品的相对性质。"因此
关于价值，能说的只有它是不确定的。"事实上，无论是像凯里这样的
经济学家，还是像 B.F.福斯特这样的"会计房大师"，抑或是信贷机
构、财政部公务员、银行家和制造商，都无法就衡量财富或资本的妥当
方法达成一致。 例如，新的人口普查里，适格纳入的企业之 500 美元
的物品价值，是根据生产这些商品招致的费用，还是根据销售这些商品
赚得的收入来确定？ 这价值是体现在企业目前的商品库存中，还是仅
仅体现在最终的交易中？ 总额按无差别的总数计算，还是按物品明
细？ 首要衡量的，是哪些钱？ 对于这些问题，没有一个统一的答案，
只是存在一个普遍的认识，即工业市场上的价值是一场相对的而非绝对
的事件，而经济度量的主体和客体同时存在于一个长期的流动态中，甚
至是在转型之中。 大卫·李嘉图业已指出，买卖成本没有不变的尺
度，因为"不存在其本身不与要探明其价值的物品一样，受到同样的变
化影响的商品"。《亨特商人杂志》附和了李嘉图的见解，该刊坚持认为
"价值没有共同的标准或尺度，也不可能有别的非共同的……**价值**在本
质上是相对的，它永远不可能是固定和绝对的，而必须随着所有可交换
物的需求和供给而时刻变化"。 又一位评论家写道，纵使货币价值可以
稳定下来、令人安心，但要充当衡量经济活动的手段，它仍然值得怀
疑——甚至在"统计学上是荒谬的"。 这是因为同一笔钱或资本会被多
次重复统计，"一个行业分支的成品始终会成为另一分支的原材料"。
因此，举例来说，在联系从羊毛到纱线到布再到服装的生产链中，纱线
的价值将被计算三次，布的价值将被计算两次。[40]

　　但统计学家对衡量真实价值兴趣不大。 在 1850 年，有一个比确定
投资回报率更重要的目标。 他们试图做的是描绘并因而表征——有些

人甚至想说发明——经济秩序本身。 因此，与账册一样，新人口普查所得的数字，不必折射财富本身。 它们只是需要为比较提供一个连贯背景。 这驱动人口普查的设计者建议采纳 500 美元的年度价值，他们将这一或为任意得来的数字擢升到了阿基米德式的地位。 就此而言，金钱不是一种物质，而是一种功能，或者说是一种参照物。 1844 年，美国最重要的杂志作家纳撒尼尔·威利斯（Nathaniel Willis），在其发表于《美元》的一篇文章中，从现金的第一人称的身份视角出发，声明道："我被数以千计的人接手又复脱手，他们既不拥有我，也不索求我，却有资格同我相识。"正是其杂乱无章使金钱脱离了具体的人和物，而变成了一种没有任何内在或超验性质的客观现象，只有当无论多么遥远的两个或以上的行动者借以联系在一起时，它才会出现。 而统计学对于离散事实之间关系的构想也恰恰是如此，直到它们被比较并化作相对的尺度，否则"这些离散事实对人类经验而言没什么价值"。 同样地，货币以只能通过比较才能知道的东西，或者用市场术语来说，通过交换才能知道的东西来取代绝对者。 马克斯·韦伯也指出："货币计算，而不是现实的货币使用，因此，它是目的合乎理性的生产经济的特殊手段。"①在《统计调查原理》一书中，阿奇博尔德·拉塞尔热情洋溢地宣称，人口普查有效地将交换的相对性和流动性转化为"一个和谐整体的基础，在这个和谐整体中，所有利益，无论是商业利益还是制造业利益，无论是农业利益还是职场利益，都同样得到代表"。[41]

这少说也是种自负。 但是，人口普查对经济事实的收集是否像统计学真理的倡导者所主张的那样，绝对免于**先验的**强加和定性判断？新的分类法真的比其"粗略"的前身要来得更客观、更普遍、更包容吗？ 换句话说，统计数据真的包含有其自身意义的来源，并且构造出一个免于观点和激情之害的系统，一类仅为"习惯于数字的学校教师"服务的课题吗？ 拉塞尔将统计学家比作字典的编纂者，并承认"完全

---

① 译文参考［德］马克斯·韦伯：《经济与社会》（上卷），林荣远译，商务印书馆1997 年版，第 107—108 页。 ——译者注

有可能安排出使读者倾向于当代的某种或别种主要政治信条的事实性细节"，此时其本人当然也意识到了这门新科学的唯名论倾向。他的观点是，如果不首先明确地决定事实的定性，就不能或不该收集事实。因而，人口普查不能在没有"主导思想"的情况下执行，1844年的美国统计学协会的一次讲话也阐明了这一点，因为人口普查会在其他方面陷入这样一个循环：一方面是影响了事实收集的对经济生活的先入之见，另一方面是旨在影响对经济生活的先入之见的事实收集。拉塞尔在《统计调查原理》中提出了这样的"主导思想"，他适度强调了制造业是"为**批发贸易**而进行的任何种类的原材料的制造"。这意味着，将自然转化为实际使用的工具的做法，并不能统计为工业活动，除非这些工具作为可售商品流通。据此，货币成了经济的"化身和最纯粹的表现"，商品于此不是通过其制造而是通过其交换来获得价值的。统计学接纳了这一商业公理，并将其转化为一门科学。[42]

从某种程度上来说，拉塞尔的定义是非常反直觉的。他承认并指出，制造业"很容易让人联想到它是原材料的完善"。然而，他对着自己的告诫自问自答道："[统计学家]并非在此意义上用这个词的。"拉塞尔及其同侪渴望能发明出得以成为时代的"快速变化……不屈抱负……企业的不合常规，[以及]令人兴奋的新诱惑"的缩影的知识体系，而冬天在家里织长袜的活动，仅有"琐碎"的经济意义，以至于可以理所当然地将其排除在记录之外。村里鞋匠的生产性努力也是如此。"他能得到什么样的报酬呢？他不知道自己做了多少双靴子，也不知道自己修补过的靴子的价值，只是为了微小的收益而工作，他不会准确记录业务的进展情况。"换言之，根本没有切实可行的办法可以将所有这些地方性的事业转化为全国工业的公开统计。[43]

而在1862年《合众国的物质进步》（*Material Progress of the United States*）一书中，吉尔伯特·柯里（Gilbert Currie）指出，如果将价值低于500美元的所有生产性努力都纳入人口普查，结果将会"惊人地庞大"。弗朗西斯·沃克对1860年人口普查报表的分析更为详尽。"在

43 624 名从事制桶业的工人中"——沃克从人口明细表关于鸡舍的问询题上得到的这一数字——"只有 13 750 人的产量被计入'工业产品'",这一数字则是沃克从制造业明细表中符合 500 美元标准的企业所雇用的工人名单中得出的。"在普查的 112 357 名铁匠中,只有 15 720 人……在从事报告中的工艺生产;242 958 名木匠中只有 9 006 人;51 695 名画家中仅 913 人。"换句话说,人口普查记录中算作"工业"者同除此之外仍可被视为勤业劳动者之间,有着巨大的差距。且不论忽视家户制造业,因为在工业劳动分工和现金交易的特定条件下,它肯定会不复往昔之重要性。但沃克抱怨说,人口普查的分级方案也把独立工匠从正式——实际上可以说是官方——的经济图景里抹去了。[44]

沃克由此认为,人口普查仍然存在着结构性缺陷,而这是因为问询仅限于"生产适于销售的物品"的拥有"用复式记账法记账的熟练会计队伍"的制造企业。在回应这些批评时,约瑟夫·肯尼迪声称,实际上那些为"次要利益"(指低于货币化门槛的 500 美元的企业)工作的人,其大部的劳动都包含在大型制造康采恩的汇报价值里面了。他指出:"一个行业分支的成品始终会成为另一分支的原材料。"介此推理,肯尼迪重新将劳动力定义为资本投资。在 1850 年发给人口普查官的关于就业数据记录的指示中,也可看出同样的门道。现场执行者获悉,"为所有工人的所有劳动支付的月平均金额"要除以"雇用的工人数量"。这样就可以确定每个企业支付的平均工资,然后这就是填在空栏上的数字。毫无疑问,这个数字准确扼要地再现了公司的加总劳动力支出,但它的做法是抹去了所有零碎的天数和季节性雇用,更不用说构成受雇劳动者自身经历的一部分的收入上的差异了。就这样,无序的薪金生活,被转录进了分类账的"和谐整体"中。人口普查员还获悉要在支付工资额度的那一栏一并列入膳宿的成本。就此而言,劳动力的价格再次反映了资本家的支出,而非生产者的收入,它将劳动力转化为一种可交换的、抽象的创造交换价值的过程,在一个日益显现为"经济"的独特活动领域内。在"社会统计"的明细表里还有六个额外的关于实际工资支付情况的问询，它们往往未及问到或没有得到答复，但这也并不改变那一图景。 生产性努力的消失，或者说生产性努力被吸纳进资本的荫蔽之下，这标志着浪子的最终胜利。 个人劳动与自然混合相生的额尖汗液，成了商业企业的资本积累的辅助手段。[45]

"计入意味着解释；解释意味着控制；而能受控制者将决定何者可被计入。"温尼弗雷德·巴尔·罗腾伯格（Winifred Barr Rothenberg）曾这样描述从"集市向市场经济"的历史变迁中的同义反复。 统计学为了衡量这一变迁而得以发明，但其事实上也构筑了这一变迁。 勤业——将自然转化为可使用的对象的身体性行为——不再是界定如今所谓的工业经济的决定性行为。 这是因为，除非是雇佣劳动，否则这种劳动无法融入一个具有共同价值观的包容性世界。 历史证明人口普查的统计数据格外善于叙述经济的日趋复杂，不论是沃克等自由土地派（free-soil）论客的生产者主义（producerist）的语法，还是霍勒斯·布什内尔这样在 1851 年对已逝的物质标准还来自"土壤能产出什么"，而非市场能承受什么的失落时代的怀旧感达到至臻的乡土情怀主义者，都无法在其统计数据中找到一席之地。[46]

简而言之，根据生产是为了交换的"主导思想"来统计工业活动的做法，意味着商业已成为工业的同义词。 新的经济知识，建立在空前广泛的工业主题明细表之上，它通过建立新的边界（即利润）消除了旧有的偏见和界限。 因为每一个"生产物品年度价值为 500 美元物品的公司、企业或个人"显然意在让其物品的价值能够超过其支出。 就此而言，正如旧日的道德经济学一样，人口普查的强大公分母及其客观事实的来源同样依赖着一个"理想型"。 新一代的理想，正是追求利润增额，而统计数字则将这一理想恰到好处地重塑为普遍的物质逻辑。 统计学计算依赖着同账册的一样的假设基础，而前者不仅记录，甚至是怂恿了资本主义去放弃劳动价值论，转向供给与需求这对异卵双子。 商业圈可能会抱怨说新人口普查忽视了有关全国批发和零售业的商业数据，但生产的统计数据本身，将经济变为全体充满可互换性的一种生

189

态，使制造业成了交换的一种功能，反之则不可。[47]

约瑟夫·肯尼迪为新机制辩护称："有必要设立一些限制，而且众人相信，我们看到的是非常适当的限制。"1850年的报表毫无疑问表现得要比以往的任何结果都来得丰富得多、包容得多、多样得多、动态得多、广泛得多。正因如此，弗朗西斯·沃克忧心忡忡地指出，它们"获得了来自国内外的编辑、经济学家和政客们的援引和背书、呼吁和争辩；人们信心十足地将其用于查明国家增长的定律；经济立法也为其所形塑；它们成了国内税收的基础，并支配了银行资本在各州间的分配"。[48]那么，谁还会来怀疑说，这样的普遍性依赖的是一个将商品擢升到认识论状态的全盘排斥的等级制，并因而会催生一种只为利润而工作的经济，同时还要将任何威胁到数据连贯的社会事实都加以"排除"呢？事实上，倘不排除非正式的、乡土的市场——比如村里鞋匠每年修补的靴子的数量——市场自身就不会起作用，与之相似，人口普查也不会起作用。只有为某种价格而交换了的东西，才有了纳入经济统计记录的价值。[49]

190 因此，手推车和实物交易成了共同财富和常识的基础，成为一种通用语法，使以运动而非物质为驱动力的快速财产现实秩序化。买卖不再仅仅是处理个人辛勤劳动的成果的手段。在一个定义了所有价值（all value）和所有价值观（all values）的市场体系中，买卖本身就是劳动的对象。这就是小职员创造的世界。

注 释：

236 [1] Lemuel Shattuck, "On the Vital Statistics of Boston," *American Journal of the Medical Sciences* (April 1841), 373—384; Walter F. Willcox, "Lemuel Shattuck, Statist, Founder of the American Statistical Association," *Journal of the American Statistical Association* 35, no.209, pt.2 (March 1940), 469—470.同样可参考 James H. Cassedy, *Demography in Early America: Beginnings of the Statistical Mind, 1600—1800* (Cambridge, MA: Harvard University Press, 1969), 244—250, 294—303.

[2] *Journal of the American Geographical and Statistical Society* (February 1859), 56; *North American Review*, vol.9 (September 1819), 219.同样可参考 Michael E. Hobart and Zachary S. Schiffman, *Information Ages: Literacy, Numeracy, and the Computer Revolution* (Baltimore: Johns Hopkins University Press, 1998), 146—172。

〔3〕 "Memorial from Francis Lieber"（24th Cong., 1st Sess., Senate, Doc.314），3.关于利伯尔的影响的证据，见 "The Approaching Census," *United States Magazine and Democratic Review* 5（January 1839），77—85。 这些年利伯尔同样在波士顿协会为如下的书籍而演讲，Diffusion of Useful Knowledge: *First Annual Report*（Boston: Daily Advertiser, 1830），5。 福斯特部分出自 J. G. C. Jackson, "The History of Methods of Exposition of Double-Entry Book-Keeping in England," in *Studies in the History of Accounting*, by A. C. Littleton and B. S. Yamey（London: Sweet & Maxwell, 1956），302。"政治科学"源自 "Approaching Census," 79。

〔4〕需要一本趁手的联邦人口普查明细表和诸问询的选集的话，请参见 Carroll D. Wright, *The History and Growth of the United States Census*（Washington, DC: Government Printing Office, 1900）; *North American Review*, vol.3（September 1816），364, 367。

〔5〕*North American Review*, vol.3（September 1816），364; Alexis de Tocqueville, *Democracy in America*, ed. J. P. Mayer（New York, 1945），507; 信件来自 Chickering, February 5, 1844, box 1（Lemuel Shattuck Papers, Massachusetts Historical Society）。 沙特克在许多年前修改了其 "Complete System of Family Registration" 一文（1841, box 1）。

〔6〕 "年龄、性别、物质环境"; "道德和社会状态"; "教育和工业" 出自 J. D. B. DeBow, *Statistical View of the United States ... Being a Compendium of the Seventh Census*（Washington, DC: Beverely Tucker, 1854），9。 更一般的可参考 Peter Stallybrass, "Marx and Heterogeneity: Thinking the Lumpenproletariat," *Representations* 31（Summer 1990），69—95; James C. Scott, *Seeing Like a State: How Certain Schemes to Improve the Human Condition Have Failed*（New Haven, CT: Yale University Press, 1998）。

〔7〕Sir John Sinclair, *Statistical Account of Scotland*（Edinburgh: William Creech, 1791），vii—x; "900 支笔杆子" 见 Joseph Kennedy, "The Origin and Progress of Statistics," *Journal of the American Geographical and Statistical Society*（1860）: 100; 配第引自 *The Economic Writings of Sir William Petty*, ed. Charles Henry Hull（New York: Augustus M. Kelley, 1963），1: 244（*Political Arithmetick*, 1690）; Walter Francis Willcox, *Studies in American Demography*（Ithaca, NY: Cornell University Press, 1940），81—82; Eric Roll, *A History of Economic Thought*（London: Faber and Faber, 1973），100; Theodore M. Porter, *The Rise of Statistical Thinking 1820—1900*（Princeton, NJ: Princeton University Press, 1986），23; Peter Buck, "Seventeenth-Century Political Arithmetic: Civil Strife and Vital Statistics," *Isis*, no.241（1977），73—74, 77—80; 同样可参考 Peter Buck, "People Who Counted: Political Arithmetic in the Eighteenth Century," *Isis* 73, no.1（March 1982），28—45; Keith Tribe, "The Structure of Political Oeconomy," in *Land*, *Labour and Economic Discourse*（London: Routledge & K. Paul, 1978），90—91。

〔8〕辛克莱部分引自 David Eastwood, " 'Amplifying the Province of the Legislature' : The Flow of Information and the English State in the Early Nineteenth Century," Historical Research 62, no.149（October 1989）: 288—289; "比较性的生育率和死亡率" 见 Democratic Review, March 1845, 292; E〔dward〕J〔arvis〕, 〔Untitled review of works on vital statistics〕, *American Journal of the Medical Sciences*（July 1852）。

〔9〕J. D. B. DeBow, *Statistical View of the United States ... being a Compendium of the Seventh Census*（Washington: A. O. P. Nicholson, 1854），10; "人对人的关注" 出自 James Garfield, *Report*（41st Congress, 2d Session, House of Representatives, Report No.3），8; "The Approaching Census," *United States Magazine and Democratic Review*, vol.5（January 1839），80; "Report on Bureau of Statistics and Commerce"（28th Congress, 1st Session, Report No.301），March 8, 1844, 3; Archibald Russell, *Principles of Statistical Inquiry; as Illustrated in Proposals for Uniting an Examination into the Resources of the United States with the Census to Be Taken in 1840*（New York: D. Appleton, 1839），11。 要了解更多关于统计局的信息，参见 *United States Magazine and Democratic Review*, vol.16（March 1845），291—303。 需要"尽可能清楚和全面地了解社会力量的构成，迄今为止，人们一直假定政府控制着这些力量，但现在，大多数人都认为，这些力量真正控制着政府"。 又或者："人们逐渐发现，所有试着制定或执行法律的企图，如果不建立在对实事求是的社会情况的准确认识之上，就无异于一种最庞大危险形式的冒充。"

237

"Some Observations on the Present Position of Statistical Inquiry," *Journal of the Statistical Society of London* 23(September 1860)，363.更为宽泛的内容见 Oz Frankel，*States of Inquiry：Social Investigations and Print Culture in Nineteenth-Century Britain and the United States*(Baltimore：Johns Hopkins University Press，2006)。关于美国早期共和党（或前杰克逊时代）公共概念的终结，见 Mary Kupiec Cayton，*Emerson's Emergence：Self and Society in the Transformation of New England*，1800—1845(Chapel Hill：University of North Carolina Press，1989)；and Thomas N. Baker，*Sentiment & Celebrity：Nathaniel Parker Willis and the Trials of Literary Fame*(New York：Oxford University Press，1999)。

[10] "一家之主们"参见 Milwaukee Daily Sentinel and Gazette，June 7，1850；"Curiosities of the Census," Harper's New Monthly Magazine，vol.8，no.44(January 1854)，264—269；Kennedy，"The Origin and Progress of Statistics," 92—94。

[11] Wright，*History and Growth of the United States Census*，32—39；"Memorial of Errors Sent to Congress by the American Statistical Association," in *Hunt's*，vol.12(February 1845)，125—139.有关第六次人口普查中的错误，更多内容参见 House Reports，28th Congress，1st Session(1844)，Report No.579；Senate Documents，28th Congress，2nd Session，Doc.4；28th Congress，2d Session，Doc.No.116(1845)。1840 年度普查的问题同样可参考 Shattuck，*Report on the Subject of the State Census of 1850*，House Report No.127，Commonwealth of Massachusetts，April 1849，6—10。"不准确的普查不仅毫无用处，还可能成为法律理论的错误基础，从而造成严重的损害"(9)。

1840 年第六次人口普查的定量方面的扩张导致历史学家过分夸大了它在计算文化发展中的作用。例如可以参考 Margo J. Anderson，*The American Census：A Social History*(New Haven，CT：Yale University Press，1988)；Patricia Cline Cohen，*A Calculating People：The Spread of Numeracy in Early America*(Chicago：University of Chicago Press，1982)。

[12] 关于黑人精神错乱的具体争议，见 Edward Jarvis，"Insanity among the Coloured Population of the Free States," *American Journal of the Medical Sciences*，vol.7(January 1844)，71—84；"Reflections on the Census of 1840," *Southern Literary Messenger*，vol.9(June 1843)，340—352；关于职业申报的制表，见 Willcox，*Studies in American Demography*，87—88；Nahum Capen and Jesse Chickering，*Letters Addressed to the Hon. John Davis Concerning the Census of 1849*，30th Congress，2nd Session，Senate Miscellaneous No.64(Washington，DC：Tippin & Streeper，1849)，20；Lemuel Shattuck，*Report to the Committee of the City Council … Census of Boston for the Year 1845*(Boston：John H. Eastburn，1846)，7—16，6—8；*American Almanac and Repository of Useful Information*(1845)，154。

[13] Lemuel Shattuck，*Report of the Sanitary Commission of Massachusetts*，*1850*(Boston：Dutton and Wentworth，1850)，"想知道"见 127，"组合和演绎"见 283；"更多样"见 130；"过于笼统" 参见 Lemuel Shattuck，*Report to the Committee of the City Council … Census of Boston for the Year 1845*(Boston：John H. Eastburn，1846)，18，而"将真正展示"参见；"抽象和组合"出自 Shattuck，*Report of the Sanitary Commission*，130；卡彭见 *Letters Addressed to the Hon. John Davis*，4。学者们有时会使用 "识数"(numeracy)这一概念，但事实证明，这一历史分析范畴存在问题，因为除了外表，数字的含义并不总是相同的。

[14] "许多不同类纲"和"或多或少"出自 Shattuck，*Report to the Committee of the City Council*，18；"摘要与组合" 见 Lemuel Shattuck，*Report of a General Plan for the Promotion of Public and Personal Health*(Boston：Dutton & Wentworth，1850)，130；"数量几乎不可能确定的类纲"和"微小分支"见 Shattuck，*Report of a General Plan*，20；英国先例见 D. V. Glass，*Numbering the People：The Eighteenth-Century Population Controversy and the Development of Census and Vital Statistics in Britain*，(Farnborough：D. C. Heath，1973)，9—10，90—95；Kennedy，"Origin and Progress," 109。1850 年的人口普查是第一次 "真正意义上的科学工作的尝试"，根据 Carroll D. Wright 的说法，"Address," *American Statistical Association*，n.s.，no.81(March 1908)，7。同样可参考 McCulloch，in *A Descriptive and Statistical Account of the British Empire* in 1847，他还否定了前几次普查的价值，因为当时 "统计科学几乎可以说不存在"。引自 Glass，*Numbe-*

238

ring the People，11。

［15］"一家之主"见 *Cleveland Herald*，June 25，1850；DeBow，*Compendium*，10。

［16］埃德蒙兹的画作由纽约大都会艺术博物馆收藏；"中人之智慧"见 *Congressional Globe*，31 Congress，1 Session(Washington，DC：John C. Rives，1850)，283；15 000 份出自 DeBow，*Compendium*，29；"实证知识"in "Approaching Census,"80。

［17］关于偿付的内容，见 *Congressional Globe*，31st Cong.，1st.Sess.，568—569；Franklin B. Hough，"On the Principles of Statistics as Applied to the Census," *Proceedings of the American Association for the Advancement of Science*(Cambridge，MA：Joseph Lovering，1869)，154—157；3276 与 148 见 *Harper's*，vol.4(March 1852)，561；5 万册合订本出自 J. D. B. DeBow，*Statistical View of the United States ... Compendium of the Seventh Census*(Washington，DC：Nicholson，1854)，11，此外，还有 32 万册其他书籍，"遑论无数的摘要"；关于被送回实地更正的问题，见 National Archives，Records Group 29，Letter Book，1851—1852；"1 000 万乃至 1 500 万份数据"见 J. D. B. DeBow，*The Seventh Census of the United States：1850，an Appendix*(Washington，DC：Robert Armstrong，1853)，v；Oz Frankel，*States of Inquiry*，46—48，58—59；统计学书架源自 *Hunt's*，vol.29(October 1853)，442。

［18］"绅士风度的术语"见 Lemuel Shattuck，*Report on the Subject of the State Census of 1850*(Commonwealth of Massachusetts，House，Doc.No.127)，April 1849，18；"国会先生"参考 *Fayetteville Observer*，May 28，1850；"老太太"可见于 *Daily Ohio Statesman*，May 6，1850——这显然是 1840 年的翻版。参见 Johnson Hooper，"Taking the Census"in *A Quarter Race in Kentucky and Other Sketches*，ed. William T. Porter(Philadelphia：Carey and Hart，1847)，80—81。这种恐惧并没有消失，彰显于还是没人愿意"沦为统计数字"。Kathleen Woodward，"Statistical Panic," *A Journal of Feminist Cultural Studies*，11，no.2(1999)，181。

［19］"The Seventh Census," *Congressional Globe*，31 Congress，1 Session，672—677；Kennedy，"Origin and Progress,"107；"social and physical condition"in *Congressional Globe*. The *Democratic Review* 认为人口普查的统计学化受到来自"州权教义学派中最恪守成规的群体"的反对；"The Approaching Census,"80。关于人口普查揭示南北人口差异日益扩大的问题，见 Anderson，*American Census*，23—25。关于政府对未明确归属其权力范围的主题进行调查的合宪性，参见 Russell，*Principles of Statistical Inquiry*，21—23。　239

［20］"不受欢迎的入侵者"参见 *Fayetteville Observer*，September 10；"鼠疫"见 Franklin Hough，"On the Manner of Taking a Census," *Journal of American Geographical and Statistical Society*(April 1859)，120；Carlyle，*Sartor Resartus*(1831)，引自 George Levine，"Defining Knowledge：An Introduction,"in *Victorian Science in Context*，Bernard Lightman，ed.(Chicago：University of Chicago Press，1997)，17；卡莱尔对美国思想的影响，见 Kenneth Marc Harris，*Carlyle and Emerson*(Cambridge，MA：Harvard University Press，1978)；*Massachusetts Teacher*(April 1852)，122；"有几个男丁"见 *Daily Ohio Statesman*，September 16，1850；"疯了"参见 *Fayetteville Observer*，May 28，1850；*Natchez Courier*，June 4，1850；*Chattanooga Gazette*，June 14，1850；*Cleveland Herald*，June 17，1850；*Bangor Daily White & Courier*，July 6，1850。同样可参考 William T. Porter，"Taking the Census,"in *A Quarter Race in Kentucky*(Philadelphia：Carey and Hart，1847)，80—81。狄更斯笔下的汤玛斯·葛莱恩(Thomas Gradgrind)也许是对新的统计学感受力最出了名的讽刺："坚持事实，先生！" *Hard Times*(1854；New York：W. W. Norton，1990)。

［21］"经济学家"来自 Burke，引自 Emma Rothschild，*Economic Sentiments：Adam Smith，Condorcet，and the Enlightenment*(Cambridge，MA：Harvard University Press，2001)，17。Brinkley Messick，*The Calligraphic State：Textual Domination and History in a Muslim Society*(Berkeley：University of California Press，1992)。

［22］麦迪逊的部分，见 *Annals of Congress*(1st Cong.，2nd Sess.，1790)，1115，1145—1147；Federalist No.10 in *The Federalist*(1787；New York：Modern Library，n.d.)，56；Robert C. Davis，"The Beginnings of American Social Research,"in *Nineteenth-Century American Science：A Reappraisal*，ed. George H. Daniels(Evanston，IL：Northwestern

University Press，1972），154—156；*American State Papers*，Miscellaneous，vol.1(6th Congress，1st Session)，202—203；1753 in Alain Desrosières，*The Politics of Large Numbers：A History of Statistical Reasoning*(Cambridge，MA：Harvard University Press，1998)，24。James H. Cassedy，*Demography in Early America：Beginnings of the Statistical Mind，1600—1800*(Cambridge，MA：Harvard University Press，1969)，215—220；Cline，*Calculating People*，161—164.

［23］Census，Communicated to the Senate，January 23，1800，in *American State Papers：Miscellaneous*，vol.1(Washington，DC：Gales and Seaton，1834)，202—203(1800)；Willcox，*Studies in American Demography*，81—82；Garfield，*Report*，35—37；Winifred Barr Rothenberg，*From Market-Places to a Market Economy：The Transformation of Rural Massachusetts，1750—1850*(Chicago：University of Chicago Press，1992)，118.

［24］Anderson，*American Census*，18—19；Jacob E. Cooke，*Tench Coxe and the Early Republic*(Chapel Hill：University of North Carolina Press，1978)，497—502；*A Statement of the Arts and Manufactures of the United States of America，for the Year 1810：Digested and Prepared by Tench Coxe*(Philadelphia：A. Cornman，1814)，xxvii.考克斯的论文预见到了这一摘要，参见 *Essay on the Manufacturing Interest of the United States*(1804)；"Manufactures," in *The Federal Census：Critical Essays*(New York：Macmillan，1899)，259；*North American Review*，September 1819，221。同样可参考 Judy L. Klein，"Reflections from the Age of Economic Measurement," in *The Age of Economic Measurement*，Judy L. Klein and Mary S. Morgan，eds.(Durham，NC：Duke University Press，2001)。

［25］*North American Review*，September 1819，217—221；Timothy Dwight，*A Statistical Account of the City of New-Haven*(New Haven，CT：Walter and Steele，1811)；D. B. Warden，*A Statistical，Political，and Historical Account of the United States of North America*(Edinburgh：Archibald Constable，1819)；Timothy Pitkin，*A Statistical View of the Commerce of the United States*(Hartford，CT：Charles Hosmer，1816).

［26］Adam Seybert，*Statistical Annals*(Philadelphia：Thomas Dobson & Son 1818)，217—221；*North American Review*，September 1819，217—221；"区分人员" 以及 "发给现场干员的官方指令"（1820）出自 Wright，*History and Growth*，135. William C. Hunt，"The Federal Census of Occupations," American Statistical Association，new series，no.86 (June 1909)，468—469。

［27］Wright，*History and Growth*，309；"似乎易于推断" 出自 Wright，*History and Growth*，135。亚当·斯密在《国富论》的第一章提到 "在进步的社会中，农民一般只是农民。" ① *Wealth of Nations*，9.更一般的可参考 Steven Stoll，*Larding the Lean Earth：Soil and Society in Nineteenth-Century America*(New York：Hill and Wang，2002)。

［28］"只是意在" 出现在 Wright，*History and Growth*，135；Secretary of State，*Digest of Accounts of Manufacturing Establishments*(Washington，DC：Gales & Seaton，1823)；"算数外部" 见 "Glances at Our Moral and Social Statistics," *Harper's New Monthly Magazine*，vol.10，no.57(February 1855)，334。

［29］Alexander Hamilton，"Reports on Manufactures," *Annals of Congress*，971 and 1018—1034；Shattuck，*Report to the Committee of the City Council*，18；*Statement of the Arts*，xxvii，"鞋、靴、马鞍" 见 vi. 同样可参考 Russell，*Principles of Statistical Inquiry*，52—58。

［30］Cline，*Calculating People*，175—204；Franklin B. Hough，*History of the Census in New York*(Albany，NY：J. Munsell，1866)；"Memorial from Francis Lieber," 24th Congress，1st Session，Sen. Doc.No.314；Wright，*History and Growth*，36，143；奇克林部分出自 Chickering and Capen，*Letters Addressed to the Hon. John Davis*，21。J. H. Middleton，"Growth of the New York State Census," vol.9(September 1905)，292—306.

1818 年，*Niles*（MD）*Weekly Register* 主张说统计学被忽视了，政府应设立一个永久性办公部门来收集此类信息，参见 Davis，"Beginnings of American Social Research,"

---

① 译文参考［英］亚当·斯密：《国民财富的性质和成因研究》（上卷），郭大力、王亚南译，商务印书馆 1983 年版，第 7 页。——译者注

160。关于报表的使用，一个著名的例子见 George Tucker, *Progress of the United States in Population and Wealth in Fifty Years ... with An Appendix*(New York: Press of Hunt's Merchant's Magazine, 1855; reprinted by Augustus M. Kelley, 1964)。

[31] 关于职业申报的制表，请参阅 Willcox, "Development of the American Census," 87—88; 28th Cong., 2nd Sess., House, Doc.No.116; Chickering and Capen, *Letters Addressed to the Hon. John Davis*, 20; 28th Cong., 2nd Sess., Senate, "Memorial," December 10, 1844; *American Almanac*, 1845, 156; Shattuck, *Report to the Committee of the City Council*, 7—16; 6—8; 美国统计学协会向美国国会提交的出错纪念物，参见 *Hunt's*, vol.12(February 1845), 125—139。

[32] Wright, *History and Growth*, 36, 144; John Cummings, "Statistical Work of the Federal Government of the United States," in John Koren, *The History of Statistics: Their Development and Progress in Many Countries*(New York: Macmillan, 1918), 672—674; Shattuck, "Report on the Subject of the State Census," 6—10.

[33] J. D. B. DeBow, *Statistical View of the United States* (Washington, DC: A. O. P. Nicholson,1854), 13; DeBow, *Seventh Census*, iv; Paul J. FitzPatrick, "Statistical Societies in the United States in the Nineteenth Century," *American Statistician* 11, no.5(December 1957), 14; *DeBow's Review*(March 1848), 243; *Hunt's*, vol. 12 (June 1845), 549—551; Russell to Shattuck, January 2, 9, 16, and 24, and March 20, 1850(Lemuel Shattuck Papers, Massachusetts Historical Society); Edward Jarvis, *The Autobiography of Edward Jarvis*, ed. Rosalba Davico(London: Wellcome Institute for the History of Medicine, 1992), 98—101.

人口普查委员会的成立是更大层面上的官僚体制改革的一部分：内政部成立也是同一天，它——取代国务院——负责管理联邦人口普查并公布结果。Wright, *History and Growth*, 39—41; Cummings, "Statistical Work," 674; Davis, "Beginnings of American Social Research," 163—166。有关人口普查局工作的详细信息，请参阅 W. Stull Holt, *The Bureau of the Census*(Washington, DC: Brookings Institution, 1929), 16。关于另类样式的分类法，请参阅参议院委员会提出的人口普查计划，其中包括十个明细表，参见 DeBow, *Compendium*, 13—14。同样可参考 *DeBow's Review*, vol. 8 (May 1850), 422—444。

[34] Chickering and Capen, *Letters to the Hon. John Davis*, 19—30.请参考 Russell, *Principles of Statistical Inquiry*, 62—98。

[35] Chickering and Capen, *Letters to the Hon. John Davis*, 1—19.卡彭的信后来由 Thomas Ritchie 私人印刷，并以小册子的形式发行。

[36] *Daily Picayune*, September 27; October 6, 7, 10, and 13; November 10, 1849.同可参见 *DeBow's Review*, July 1850。

[37] Kennedy, "Origin and Progress," 115—116.

[38] "会面" 参见 "Approaching Census," 77。

[39] "活生生的经济" 参见 Gilbert E. Currie, *The Material Progress of the United States during the Past Ten Years*(New York: Gilbert E. Currie, 1862), 6。同样可参考 Jack Amariglio and Antonio Callari, "Marxian Value Theory and the Problem of the Subject: The Role of Commodity Fetishism," in *Fetishism as Cultural Discourse*, ed. Emily Apter and William Pietz(Ithaca, NY: Cornell University Press, 1993), 201—202。

[40] "关于价值能说的" 参考 *Hunt's*, vol.40(March 1859), 310; "没有共同的标准" 见 *Hunt's*, vol. 40 (March 1859), 309; *Hunt's*, vol.38 (January 1858), 57—58; *Hunt's*, vol.19 (September 1848), 523—527; 李嘉图引自 Maurice Dobb, *Theories of Value and Distribution since Adam Smith: Ideology and Economic Theory* (Cambridge: Cambridge University Press, 1973), 82; *Federal Census*, 265, 275—278, 284; Joseph A. Schumpeter, *History of Economic Analysis*(New York: Routledge), 589, 625—626。

[41] 威利斯的部分来自 Andrew Lyndon Knighton, "Idle Threats: The Limits of Productivity in 19th-Century America" (PhD diss., University of Minnesota, 2004), 249; Max Weber, *Economy and Society: An Outline of Interpretive Sociology*, ed. Guenther Roth and Claus Wittich(Berkeley: University of California Press, 1978), 86; "和谐整体" 参见 Russell, *Principles of Statistical Inquiry*, 10—11。同样可参考 Simmel, *Philosophy*

of Money，103，240，376。马克思也说了差不多的话，参见 *Grundrisse*（London：Penguin，1973），141—142，190—193，215，790—791，793，796，808—809。"构建无形分级的任务首先不是个科学任务。不存在发现或构建的逻辑，只有验证。"Jan-Erik Grojer，"Intangibles and Accounting Classifications：In Search of a Classification Strategy," *Accounting*，*Organizations and Society* 26（2001），698，同样可参考 710；*Hunt's*，vol.1（October 1839），294。

242 ［42］Russell，*Principles of Statistical Inquiry*，11—12，55—56；*Constitution and By-Laws of the American Statistical Association … and an Address*（Boston：T. R. Marvin，1844），16；同样可参考 DeBow in *Daily Picayune*，October 13，1849。在 1834 年，查尔斯·巴贝奇指出，"**造**和**制造**"（*Making* and *manufacturing*）不再是一回事。制造者"除了关注成功做工作所依赖的机械原理外，还必须关注其他原理。他必须精心安排工厂的整个体系，以便以尽可能低的成本生产出向公众出售的产品"。Babbage，*On the Economy of Machinery and Manufactures*（1835；New York：Augustus Kelley，1963），121.同样可参考 Julian Hoppit，"Reforming Britain's Weights and Measures，1660—1824," *English Historical Review* 108（January 1993），91。

［43］Russell，*Principles of Statistical Inquiry*，50—51，121—122.

［44］Francis Walker，"American Industry in the Census," *Atlantic Monthly* 24，no.146（December 1869），689，691—692；同样可参考 Walker，"Defects of the Census of 1870," *Discussions in Economics and Statistics*（1899；New York：Augustus M. Kelley，1971），1；51—53；同样可参考 "Memorial of the American Statistical Association，Praying the Adoption for the Correction of Errors in the Returns of the Sixth Census," December 10，1844，28th Congress，2nd Session，no.5（Senate），4—8。更一般的可参考 Francis A. Walker，*Discussions in Economics and Statistics*（1899；New York：Augustus M. Kelley，1971），1；6—18。

［45］"仅限于"参见 Walker，*Discussions*，690，"会计队伍"见 692。同样见于 Kennedy，"Origin and Progress," 118。社会统计问询包括以下问题："有膳宿的农场工人的平均月工资；有膳宿的日工的平均工资；无膳宿的日工的平均工资；无膳宿的木匠的平均日工资；有膳宿的女佣的周工资；男工人每周的膳宿价格。"Wright，*History and Growth*，647.

［46］Rothenberg，*Market-Places to a Market Economy*，62；Georg Simmel，*Simmel on Culture：Selected Writings*，ed. David Frisby and Mike Featherstone（London：Sage Publications，1997），235；Bushnell，"*Age of Homespun*," *Litchfield County Centennial Celebration*（Hartford，CT：Edwin Hunt，1851），114—115.关于经济科学中特有的同义反复，请参见 Melvin W. Reder，*Economics：The Culture of a Controversial Science*（Chicago：University of Chicago Press，1999），15—39。

［47］Memorial of the Chamber of Commerce of New York，36th Congress，1st Session，Senate Misc.Doc.No.14（February 14，1860），1—3.

［48］Kennedy，"Origin and Progress," 117—118；Walker，*Discussions*，689；亨特杂志根据制造业明细报表创建了一个全国劳动分工的版本，参见 vol.45（August 1861），139—144。

［49］Kreitner，*Calculating Promises*，12，22—23，34，87；关于对人口普查中没有将"社区"作为各自明细表的主语的抱怨，请参见 "Memorial of the Chamber of Commerce of New York," 36th Cong.，1st Sess.，Senate，Misc.Doc.No.14，February 14，1860。同样可参考 Timothy Mitchell，"The Properties of Markets," in *Do Economists Make Markets? On the Performativity of Economics*，ed. Donald MacKenzie，Fabian Musiesa，and Lucia Siu（Princeton，NJ：Princeton University Press）；and Eli Cook，"Pricing of Progress"（PhD diss.，Harvard University，2012）。有关排除，参见 Paul Hirsch，Stuart Michaels and Ray Friedman，"Clean Models vs. Dirty Hands：Why Economics Is Different from Sociology," in *Structures of Capital：The Social Organization of the Economy*，ed. Sharon Zukin and Paul DiMaggio（Cambridge，MA：Cambridge University Press，1990），39—56；Desrosières，*Politics of Large Numbers*，239—260。

结论　白领

1951 年，在威廉·霍夫曼离开农场和家族投身商界一个多世纪后，社会学家 C.赖特·米尔斯发表了一部有关文书工作对美国的生活造成的社会和精神影响的愤怒记述。 米尔斯将其研究命名为《白领》，为我们带来了不可避免的即视感。《白领》描绘的是一群其办公室日常是推动现代资本主义运作的引擎的"美国中产阶级"。 这是一个"没有坚实的基础[也]没有确切忠诚"的领工薪的阶级，事实证明其过去"简单到无任何英雄业绩可言"①。 其无坚实基础之无根性，构成了"既不舒适也不能释放什么的合成刺激"的源泉，只会加剧这些"可替换的"巨型纸质经济中的精明人每天所经历的"自我异化"②。[1]

当然，自爱德华·泰勒强压苦干每朝都要填满利特尔·奥登公司的墨水瓶的怒火的时代以来，办公室已经发生了巨大的变化，诸如打字机、立式文档、印名片机（Addressographs）、加法器以及工商管理的大学认证学位，不过是米尔斯调查时商业科学所引入的技术的冰山一角。女性也加入了文员劳动的行列，而且独占了办公室中更为琐碎、报酬较低的职位。 然而，尽管时隔多年，米尔斯对脑力劳动之有害的描述仍近乎逐字逐句地再现了 19 世纪评论家们归咎于办公室体制下在岗位工作的第一代"不朽的花布之子（calico）"和"办公桌花花公子"身上的

---

① 译文参考［美］C.莱特·米尔斯：《白领：美国的中产阶级》，周晓虹译，南京大学出版社 2016 年版，正文第 7 页。——译者注

② 译文参考［美］C.莱特·米尔斯：《白领：美国的中产阶级》，周晓虹译，南京大学出版社 2016 年版，正文第 8、9 页，译文有改动。 ——译者注

"稀奇古怪的怪异感觉，即恐惧、担心、欲望、焦虑和其他无数无名弊病的复合体"。换句话说，小职员作为布尔乔亚不满的典范角色的化身，也是一种传统。[2]

在谈到现代生活的日常程序时，米尔斯写道："每一间办公室……都是巨大的文件堆的一部分，是生产数以亿计的纸片以使现代社会契合其日常形态的符号工业的一部分"①。一排排办公桌和一群群录音机誊写员，以大都市摩天大楼的垂直序列堆叠起来，成为影响信息的制造、检索和传播的现代"商业体系""政府体系""战争体系"和"货币体系"的标志。米尔斯将办公室视为资本主义经济的主要生产场所，以及组织起"工薪阶层"（salariat）——书中最犀利的新名词——朝九晚五的工作生活的福特制机器逻辑基础上运作的知识工厂，它围绕着数十亿张纸条。这种"文书惯常"的令人麻木的标准化占据了人们全部的清醒时间，把人口转变成一个个被"无面孔的官僚机构"所"归档"的"数字"或"统计数据"。[3]

《白领》代表了一种"二战"后的普遍思潮，在斯隆·威尔逊的《穿灰色法兰绒套装的男人》（*Man in the Gray Flannel Suit*，1955）、威廉·怀特的《组织人》（*Organization Man*，1956）、大卫·理斯曼的《孤独的人群》（*The Lonely Crowd*，1950），甚至阿瑟·米勒的《推销员之死》（*Death of a Salesman*，1949）等其他知名的美国主流文化作品中都有体现，米勒甚至描绘了父权权威的崩溃以及由此产生的男子气概的危机。这些文本共同探讨了账簿底线带来的高昂精神成本——怀特抱怨大学忽视人文学科而偏重商业教育，而理斯曼则将"组织人"描述为随时准备与公民同胞争夺资源准入权的"对抗的合作者"——这紧密附和了梭罗对人类过分竭力将自己融入货币化礼制的卑微容器中的批判。就此而言，这些批评也预示了《瓦尔登湖》在接下来的十年后的学生反抗企业霸权的浪潮中经大众之手得以重见天日的可能。但是，

① 译文参考［美］C.莱特·米尔斯：《白领：美国的中产阶级》，周晓虹译，南京大学出版社2016年版，正文第179页，译文有改动。——译者注

这种援引了"勉力而为的小人物"①(米尔斯)、很少有机会"将命运拧进自己手中"的个人(怀特)、存在方式"习惯性地原子化和个人化——或伪个人化"(理斯曼)的说法的社会学修辞,同时也直接表达了法兰克福学派对官僚主义极端非人性化影响的恐惧,这种影响在 20 世纪的黑暗时期表现得如此灾难性。[4]

事实上,这正是《亨特商人杂志》所说的"准备就绪者"的世界与 C. 赖特·米尔斯的"小人物"的巨大文件堆之间的主要区别。 虽然这两种类型的人都是资本主义变革的后代,但 20 世纪的小职员已经不再是商品体系的解放性效应的化身了。 他成了明确的受害者。 在受 IBM 管理的经济中,白领阶层成了被打败的阶级,也就是说,成了他们自己日复一日管理的世界的牺牲品。 没有什么比其衣领的符号学更能集中表现这种际遇的颠倒了。 作为 19 世纪的个人流动性的表现,本杰明·福斯特在 18 岁生日那天骄傲地把脑袋伸进立式领饰中,"就像他生当如此一样",而一百年后,米尔斯的白领则获得了相反的含义,成为利润束缚个人灵魂的象征,成为资本主义集体化人格的时尚配饰,米尔斯认为这是一种毁灭性的矛盾。 事实上,没有比这灾难性的迹象更能表明,早先的黄金时代已经悲剧性地结束了,正如米尔斯在其书的开篇题词中引用 R.H.托尼的话那样,"大多数人拥有自耕之地和劳作之工具"②。 在"办公室取代了自由市场"之前,在"老式中产阶级"的创业本能被企业标准的要求践踏之前,这个失落的本真个人主义时代已蓬勃发展。[5]

在米尔斯的控告写就 50 年后,另一位美国社会学家理查德·桑内特更新了不断发展的小职员问题。 桑内特于 1998 年出版的《没有面目的人》同样探讨了经济与人性的相互关系。 然而,现今这种关系是由

---

① 译文参考[美]C.莱特·米尔斯:《白领:美国的中产阶级》,周晓虹译,南京大学出版社 2016 年版,正文第 4 页。 ——译者注
② 译文参考[美]C.莱特·米尔斯:《白领:美国的中产阶级》,周晓虹译,南京大学出版社 2016 年版,正文第 1 页。 ——译者注

后福特主义商业模式塑造的，这种模式推翻了20世纪70年代滞胀的自上而下的指令结构。 桑内特描述了办公室的去官僚化以及由此产生的"弹性时间"的神圣化，现在，"弹性时间"被认为是公司应对以不断加速的高速和波动性运作的常年变化的市场所必不可少的。 这种"后工业"资本主义基于"偶然性"的诸公理，将由专业劳务承包商中介提供的"临时"就业变成了劳动力中增长最快的部门。 桑内特发现，临时"项目"的规格明细，也就是其后被称作"零工经济"者，系统性地取代了对"工作职务"的长期奉献①。 他就新的管理规划带来的神经性后果指出，"这种弹性制度会很自然地引发焦虑"②。 而这样的规划之下的"及时"供应链——显然是上一个时代由下级的抄写员所辖的"快速资产"的新化身——向所有人发出了正式警告。[6]

桑内特用一则关于某加入了工会的看门人的成功儿子的轶事阐明了这些发展态势，这个儿子实现了父亲寄托给下一代人的野望，而根据定义，这样的野望要"摈弃父亲的生活方式"③。 我们能从这个儿子将自己杠杆化为更有利可图的人力资本的形式的做法中，看到其不懈追求个人和职业幸福的轨迹，先是在纽约市的商学院学习，然后在西海岸的一家风险投资公司就职，最后在芝加哥找到了一份新活计。 为了适应妻子与他不同的职业道路，他离开了芝加哥的岗位，搬到了密苏里州的一个办公园区，但很快就被"精减优化"了，（十四年里）第四次搬家搬回纽约市的郊区。 桑内特总结道："不确定感被编织进了资本主义充满活力的日常经验。"④作为一种商业价值——遑论作为心理学陈词滥调——弹性的出现，使个人经验有了同市场本身一样的条件性和瞬息性。 职业成功的新关键词从"信任、忠诚和相互承诺"让位于"短暂而疏远的

194

---

① 译文参考［美］理查德·桑内特：《没有面目的人：新资本主义之下工作的个人后果》，周悟拿译，上海译文出版社2023年版，序言第1页。 ——译者注
② 译文参考［美］理查德·桑内特：《没有面目的人：新资本主义之下工作的个人后果》，周悟拿译，上海译文出版社2023年版，序言第1页。 ——译者注
③ 译文参考［美］理查德·桑内特：《没有面目的人：新资本主义之下工作的个人后果》，周悟拿译，上海译文出版社2023年版，正文第5页。 ——译者注
④ 译文参考［美］理查德·桑内特：《没有面目的人：新资本主义之下工作的个人后果》，周悟拿译，上海译文出版社2023年版，正文第22页，译文有修改。 ——译者注

人际关系"以及"超然的态度和表面的合作精神"①。[7]

和早先的米尔斯一样，桑内特最终陷入了对美好时光的怀旧式拥护，尽管 1951 年的米尔斯渴望着弹性制度，而在 1998 年，桑内特却将弹性制度描画为中产阶级生活方式的祸根，一方面米尔斯谴责企业用工的呆滞成规，可桑内特却颂扬这样的用工，将其视为业已消逝的避免劳动力快速流转的福特制战略带来的职业保障。与之相应，米尔斯的"自由市场"保证了"老式中产阶级"的个人主义，却是个令 19 世纪的观察家们震惊的"繁忙、喧闹、争论不休"的社会性形式，后者反过来，竟在向往那种"部长、法官和州长都偶尔在田间劳作的日子"，其时关于商品交换的许诺，尚未取代下地劳动的可靠果实，也还未引诱年轻人出卖自己与生俱来的权利，而给"涂脂抹粉的人性"的恣意打下手。[8]

如此，市场社会不断循环着回到自身。一代人所指涉的"美国梦"原来是另一代人的噩梦，成为一个不断循环的衰落神话。19 世纪 50 年代的"快走、快驾、快吃、快喝、快讨价还价[和]快做生意"最终演变成 20 世纪 90 年代的"快音乐、快电脑和快餐"，证明了事物越是变化，就越是保持不变。这种服慑于资本的生活永动机——"停滞不前的辩证法"——在这种情况下，慢性疲劳和肠易激的症状会继续出现，人们会在大量自助文献的熏陶下对自己的饮食产生恐慌性的担忧，并按照身体质量比进行锻炼，包括在当地的 CrossFit 健身房进行体力劳动。当然同样地，今天的立式跑步机办公桌也是 1846 年②霍尔斯特德博士的"马术运动"椅所应有的继承者。两者都在人性与市场的迫切要求之间调停斡旋，寻求改善"玛门与人"之间紧张的关系，事实证明，这是资本主义孜孜不倦地自我改造的共同点。[9]

---

① 译文参考[美]理查德·桑内特：《没有面目的人：新资本主义之下工作的个人后果》，周悟拿译，上海译文出版社 2023 年版，正文第 13—14 页，译文有修改。——译者注

② 原书前文是 1844 年。——译者注

　　每一个时代都在哀悼某时代的逝去，而别的时代也在哀悼别的某时代的逝去，怀旧成了这种循环性的完美表达。斯维特兰娜·博伊姆 (Svetlana Boym)指出，从社会的激荡苏醒后，人们会对更安全的过去产生憧憬，18 世纪的法国和 20 世纪的俄国就是证据。①既然资本主义是一个反复激变的体系——"今安能复望滚滚浪涛倒泻，抑或滞此而不行邪？"这句反问出自 1843 年伊齐基尔·培根在尤蒂卡青年协会上的提问，而他未能等来答复——在这个每代人都要重新经历同样的失去家庭生活和家园的遭遇的社会里，怀旧占据着一个特别重要的位置。[10]

　　在曼哈顿一家批发商的办公室里，霍勒斯·潘恩回忆起他的乡下童年说："爸坐在那儿脚踩铁皮。""妈拿着她的针线活坐在桌台旁。"乍看似对往昔价值的顽固愚忠者，然则实际上却是对更替了诸价值的相对性本身的热切表现。作为一种以无法更易的变化为基石的信条——据其定义，即一种对已经永远消失了的现实之信仰——怀旧例证了商品自身所固有的嬗变，后者正是资本积累的条件。换句话说，渴望永恒的唯一永恒之处，就是这种渴求本身。这使得怀旧成为一种由对回忆的回忆构成的决定性的想象行为，与奥斯汀·弗林特对"心理偏执"的诊断，即将消化不良者从对时间和地点的任何"真实"感解离开来的症状，并无二致。如此，它成了又一个能稳固资本主义的永久革命的知识体系。与人口普查的空栏、个人日记、合约磋商、神经崩溃以及账册一样，怀旧也协助了"无秩序状态……的总运动"向新秩序的来源的转化。[11]

　　这是一种危险的——甚至可以说是精神分裂的——状况，它指示了这样一个文明：繁荣与失败密不可分，工业的充裕与贫困的景观相毗邻，金钱既充当社会的公分母，又是社会的最终分子，大都市因其同时身为高度可见又前所未闻的匿名性场所，既受赞美也遭谴责。这类颠倒激起托克维尔更为保守的成见："人们为自己是人而感到自豪，但同

---

　　①　参见[美]斯维特兰娜·博伊姆：《怀旧的未来》，杨德友译，译林出版社 2010 年版，正文第 5 页。——译者注

时又经受了我难以名状的对上帝赋予我们支配自然的力量的苦涩遗憾。"他认识到，市场社会陷入了自己制造的漩涡，因为尽管使一切都变得可流通交换的趋势或许对商业有益——托克维尔还注意到，"法国人为取得战争的胜利所做的一切"，全被美国人"用到降低成本方面去"①——但对社会契约来说，它远没有那么有利。175 年后，就连自诩为"资本主义工具"的《福布斯》杂志也不得不承认，"商业革命正在摧毁美国梦"。[12]

这种普遍的失落感在美国的政治话语中也得到了一致的表达。每隔四年，总统候选人都会争相表达他们对陷入下行螺旋的处境艰难的中产阶级状况的担忧。[13]因此，在 2012 年，巴拉克·奥巴马谈及"那些曾努力工作并相信美国梦的家庭，却感到实现梦想的几率越来越小"，而米特·罗姆尼则承诺："我的焦点、我的关切、我的精力将用在帮助中等收入人群上……我认为[他们]受奥巴马经济学的伤害最大。"他们说的话都很正确，这意味着在 2016 年轮次的总统竞选中，愈发被新自

196

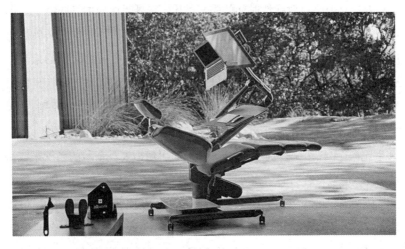

Altwork 公司新设计的工作站。

---

① 译文参考[法]托克维尔：《论美国的民主》（上卷），董果良译，商务印书馆 1991 年版，第 469 页。——译者注

由主义计量经济学的"持续业绩改进算法"所左右的选民的焦虑，只会来得更加严重，以至于长期被忽视的"工人阶级"都被重新引入政治话语。 一如《美国颅相学杂志》早在离今颇远的时候的市场所引发的社会断裂的循环周期中就认识到的，公众非常明悉旧事物正在轰然落幕，而新事物"正像魔法一样在革命之中出现"。[14]

如今，这种魔力体现在"无纸化办公"的管理幻想中，这一梦想随着 20 世纪 70 年代末里根主义的兴起而首次出现。 自那时候起，谷歌文档®让无需打印就共享文件得以可能，Dropbox®使文件的存储和传播变得完全虚拟化，TurboScan®将复印操作数字化，方便地通过电子邮件发送，Doodle®则以其电子同步系统来协调办公室日程表，Basecamp（它的商标似乎存在争议状态）可将商业数据即时上传到全美和全球各地的交互站点，打消了对实体文件以及亲身出现在办公室的必要。 所有197 这些信息都以连续的实时数据流的形式被访问，其字体已通过空间抗锯齿和子像素渲染技术适应电子屏幕，通常使用诸如 Georgia 之类的衬线字体，其字母具有升高的 x 轴高度，以方便网络辨认。[15]

无纸化似乎是对弹性时间的完美类比，它既是个隐喻，同时也是个用于管理商品形式之非物质本质的专门术语。 然而，资本主义仍然充斥着纸张，即使原料已经不再是破布或任何别的形式的有形的纸浆。尽管有各种新颖的信息管理方法，但经济的组织方式仍然沿用 19 世纪使纸张成为"有史以来发现的最方便的材料"的存储和检索原则。"文档""文件夹"和"卷宗"继续发挥着它们在博伊德公司的作用。 正如19 世纪 30 年代印刷抄机（press copiers）的出现需要一个新的系统来"保存文件"一样，它们的结构可能已经发生了变化，但在用户之间实现无缝连接或通信的需求却始终未变。 事实上，在使所有数字应用互相可读取这一方面，HTML 所取得的突破，似乎只是 P.L.斯宾塞当初成功建立"可以说是左右了世界"的全国性商业笔法标准在晚近的精心完善。[16]

数字化文件的替代性质使得知识可以在同一瞬间栖身于无限数量的

表面之上,以一种语境替代另一种语境,并以不断扩大的时间性和价值性为原本单一的存在赋予共生的轨迹,这不是机器逻辑的功能,而是商品逻辑的功能。 笔和纸已经产生的虚拟现实,充当了资本在各地间、在各种形式间转移的条件,资本在商人、工业和金融业的具现形式之间来回穿梭,给人类的想象力注满了同样的可替代性价值。 因此,资本主义的历史同社会的经济起源无关,而是同经济在社会之中呈现的方式有关,同资本如何获得意识有关。 经济学家将这一过程称为"认知规制俘虏"(cognitive regulatory capture)。[17]其先驱是最没可能的现代革命者——内战前美国商人所辖的小职员——在创造自身的同时也创造了市场,因此成了我们今天能若无其事地称之为"人力资本"的原型。然而,这并不是一个平凡的管理学量规或比喻。 这是当代生活的模板,是对账簿底线的"解体、分析和个体化"如何成为衡量我们自身的标准的令人痛心的证明。

注 释:

[1] C. Wright Mills, *White Collar: The American Middle Classes* (New York: Oxford University Press, 1956), xvi—xvii.　　　　　　　　　　　　　　　242

[2] "稀奇古怪的怪异感觉"参见 Scott Sandage, *Born Losers: A History of Failure in America* (Cambridge, MA: Harvard University Press, 2005), 24—25; "花布之子"及"办公桌"参见*United States Democratic Review* (February 1855), 120。

[3] Mills, *White Collar*, 189, 289.　　　　　　　　　　　　　　　243

[4] "是什么水泥和铝制的狮身人面像击开了他们的头颅并吞食了他们的大脑和想象力?" Allen Ginsberg, *Howl* (1955; San Francisco: City Lights, 1996)。 Mills, *White Collar*, xii; William Whyte, *The Organization Man* (New York: Simon and Schuster, 1956), 14; David Riesman, in collaboration with Nathan Glazer and Reuel Denny, *The Lonely Crowd: A Study of the Changing American Character* (New Haven, CT: Yale University Press, 1950), 21.法兰克福学派尤其关注法西斯主义的流氓资产阶级根源。 参见 Siegfried Kracauer, *The Salaried Masses: Duty and Distraction in Weimar Germany* (1930; London: Verso, 1998), 该书首次出版时, 将白领阶层描绘成现代资本主义的推动者和受害者, 走在了时代的先锋。 关于一般背景情况, 请参见 Richard Gillam, "White Collar from Start to Finish: C. Wright Mills in Transition," in *Theory and Society* 10, no.1 (1981), 1—30。

[5] Mills, *White Collar*, xvi, 3, 15; Foster, *Down East Diary*, 232—233 (November 16 and 23, 1849).对于威廉·霍夫曼而言, 衣领也是他要展现给乡村买家看的自信的商业人格面具的一部分。 William Hoffman, Diary, 1847—1850 (New-York Historical Society), July 3, 1850.

[6] Richard Sennett, *The Corrosion of Character: The Personal Consequences of Work in the New Capitalism* (New York: W. W. Norton, 1998), 9, 11.更一般的可参考 Michael E. Hobart and Zachary S. Schiffman, *Information Ages: Literacy, Numeracy, and the Computer Revolution* (Baltimore: Johns Hopkins University Press, 1998) and Dan Lyons,

"Congratulations! You've Been Fired," *New York Times*，April 10，2016。

［7］Sennett，*Corrosion of Character*，18—31；Charles H. Foster，ed.，*Down East Diary by Benjamin Browne Foster*(Orono：University of Maine at Orono Press，1975).更一般的可参考 David Harvey，"Money，Time，Space and the City," in *The Urban Experience*(Baltimore：Johns Hopkins University Press，1989)，165—199。

［8］Washington Irving，*Rip Van Winkle*(Philadelphia：David McKay Co.，1921)；S. G. Goodrich，*Recollections of a Lifetime；or，Men and Things I Have Seen*(New York：Miller，Orton and Mulligan，1856)，64；"涂脂抹粉的"参见 *Cultivator*，June 1854，175。圆木小屋的意象也与此相关。请参考 Joyce Appleby，ed.，*Recollections of the Early Republic：Selected Autobiographies*(Boston：Northeastern University Press，1997)，6，42。

［9］"快走"出自 *Boston Medical and Surgical Journal*，引自 James H. Cassedy，*Demography in Early America：Beginnings of the Statistical Mind*，*1600—1800*(Cambridge，MA：Harvard University Press，1969)，158；"快音乐"可见于 Benjamin Barber，*Jihad vs. McWorld：Terrorisms's Challenge to Democracy*(New York：Ballantine Books，1995)，4；"停滞不前的辩证法"引用的是 Rolf Tiedemann，参见 Walter Benjamin，*The Arcades Project*，trans. Howard Eiland and Kevin McLaughlin (Cambridge，MA：Harvard University Press，1999)，943。参见 Pamela Paul，"Why Can't We Sit Still Anymore?" *New York Times*，October 9，2015。

［10］Svetlana Boym，*The Future of Nostalgia*(New York：Basic Books，2001)，xvi；Ezekiel Bacon，*Recollections of Fifty Years Since：A Lecture Delivered before the Young Men's Association of the City of Utica*，*February 2*，*1843*(Utica：R. W. Roberts，1843)，24.

［11］Albert Prescott Paine，*History of Samuel Paine*，*Jr.*(1923)；Austin Flint，"Remarks upon Dyspepsia as Connected with the Mind," *American Journal of the Medical Sciences*(January 1841)，65；Karl Marx，"Wage Labor and Capital"（1849），in *Selected Works*(New York：International Publishers，n.d.)，1：261.可参考格奥尔格·卢卡奇论"先验的无家可归"的部分，见 Lukacs，*Theory of the Novel：A Historico-Philosophical Essay on the Forms of Great Epic Literature*(1920；London：Merlin Press，1988)，40。

244 ［12］"感到自豪"引自 Albert Boime，*The Magisterial Gaze：Manifest Destiny and American Landscape Painting c. 1830—1865* (Washington，DC：Smithsonian Institution Press，1991)，6；Alexis de Tocqueville，*Democracy in America*，ed. *Harvey C. Mansfield and Delba Winthrop*(Chicago：University of Chicago Press，2000)，386；Edward Hess，"The Business Revolution That Is Destroying the American Dream," *Forbes*，February 24，2011。请参见 Louis A. Sass，*Madness and Modernism：Insanity in the Light of Modern Art*，*Literature*，*and Thought*(New York：Basic Books，1992)。

［13］与这场危机相关的修辞和现实并不局限于美国，这些在整个去工业化的西方都很常见。

［14］*American Phrenological Journal*，vol.10(1848)，253.同样可参考 Luc Bultanski and Eve Chiapello，*The New Spirit of Capitalism*(London：Verso，2005)。

［15］"到了 2000 年，纸张在信息系统中还会像今天一样重要吗？几乎肯定不会。" F. W. Lancaster，*Toward Paperless Information Systems*(New York：Academic Press，1978)，1；Kate Harrison，"5 Steps to a(Nearly) Paperless Office," *Forbes*，April 19，2013.同样可参考的 1980 年《联邦文书工作削减法》(Paperwork Reduction Act of 1980)，该案于 1995 年修订，以及与之相同的 2010 年《平实写作法案》(Plain Writing Act of 2010，H.R.946，Pub.L. No.111—274)。

［16］Abigail J. Sellen and Richard H. R. Harper，*The Myth of the Paperless Office*(Cambridge，MA：MIT Press，2002)，6.

［17］T. J. Clark，"Should Benjamin Have Read Marx?" *Boundary 2*(2003)，43，44.同样可参考 Maurizio Lazaratto，"Immaterial Labor," in *Radical Thought in Italy：A Potential Politics*，Paolo Virno and Michael Hardt，eds.(Minneapolis：University of Minnesota Press，2006)。

索　引

图书在版编目(CIP)数据

　　为资本主义算账 ：小职员创造的世界 ／（美）迈克
尔·扎基姆（Michael Zakim）著 ；潘泉译. -- 上海 ：
上海人民出版社，2025. -- （都市文化研究译丛）.
ISBN 978-7-208-19509-7

　　Ⅰ. F150.9

　　中国国家版本馆 CIP 数据核字第 20252AS953 号

责任编辑　吴书勇
封面设计　胡　枫

都市文化研究译丛

为资本主义算账
——小职员创造的世界

[美]迈克尔·扎基姆 著
潘　泉 译

出　　版	上海人〻出版社	
	（201101　上海市闵行区号景路 159 弄 C 座）	
发　　行	上海人民出版社发行中心	
印　　刷	上海商务联西印刷有限公司	
开　　本	635×965　1/16	
印　　张	17.25	
插　　页	4	
字　　数	234,000	
版　　次	2025 年 7 月第 1 版	
印　　次	2025 年 7 月第 1 次印刷	

ISBN 978 - 7 - 208 - 19509 - 7/D·4499
定　　价　88.00 元

都市文化研究译丛

[英]雷蒙德·威廉斯

《透过电视了解城市：电视剧里的城市特性》

[英]彼得·格林汉姆

《规划世界城市：全球化与城市政治》

[英]彼得·纽曼、安迪·索恩利

《没有郊区的城市》

[美]戴维·鲁斯克

《城市秩序：城市、文化与权力导论》

[英]约翰·伦尼·肖特

《正义、自然和差异地理学》

[美]戴维·哈维

《下城：1880—1950 年间的兴衰》

[美]罗伯特·M. 福格尔森

《水晶之城：窥探洛杉矶的未来》

[美]迈克·戴维斯

《一种最佳体制：美国城市教育史》

[美]戴维·B. 泰亚克

《文学中的城市：知识与文化的历史》

[美]理查德·利罕

《空间与政治》

[法]亨利·列斐伏尔

《真正的穷人：内城区、底层阶级和公共政策》

[美]威廉·朱利叶斯·威尔逊

《布尔乔亚的恶梦：1870—1930 年的美国城市郊区》

[美]罗伯特·M. 福格尔森

《巴黎，19 世纪的首都》

[德]瓦尔特·本雅明